KB119051

신노인복지론

이은희 · 박양숙 공저

SOCIAL WELFARE FOR THE ELDERLY

학지사

머리말

『신노인복지론』은 급변하는 노인복지실천현장에서 바로 적용할 수 있는 교재로 기획하여 출간하였다. 2025년이면 노인인구 비율이 20%를 넘어 초고령사회가 되는 우리나라는 인구변화와 함께 고령자를 위한 다양한 정책과 서비스가 쏟아지고 있다.

『신노인복지론』은 『새로 쓴 노인복지론』(2017)을 수정하고 다듬는 과정을 거쳐 새롭게 출간하게 되었다. 변화하는 노인복지환경에서 노인복지를 공부하는 학생, 실천가들에게 도움이 되는 교재가 되기를 기대해 본다.

2000년 고령화사회 이후 고령사회 그리고 초고령사회까지 우리나라는 그야말로 상상을 초월하는 인구고령화 속도를 경험하고 있다. 이 책에서도 다루었지만, 우리나라 지방 소도시는 초고령사회를 넘어 인구 소멸의 시대를 경험하고 있다.

준비 기간이 짧은 초고령사회는 어쩌면 위기일지도 모른다. 초고령사회는 전반적인 사회체계의 변화를 이끌고 있으며, 앞으로도 급격한 변화를 가져올 것이다. 2020년부터 경험하고 있는 코로나19의 팬데믹과 4차 산업혁명은 사회체계를 완전히 변화시키고 있다고 해도 과언이 아닐 것이다.

우리나라가 경험해 보지 못한 급격한 사회변화에서 인간의 고령화는 한 개인이나 그 가족의 문제가 아니라, 국가와 사회의 역할을 더욱 강조하게 되었다.

이에 이 책을 통해 초고령사회에서 노인복지를 공부하는 학생과 실천가들에게 귀한 지식이 전달되기를 기대해 본다.

『신노인복지론』은 총 4부, 13장으로 나누어 대학교육 과정과 맞추었다. 제1부에서는 인구고령화 등 노인과 관련된 현상과 용어를 다루고, 제2부에서는 한국의 노인복지정책을 실어, 한국적 현실을 살펴보았다. 제3부에서는 노인복지실천현장에 대한 이해를 담았고, 제4부에서는 노인 관련 이슈를 실어, 노인문제의 현황과 대책 등을 논의하고자 했다.

각 장의 끝에는 '토론해 볼 문제'를 실어, 학생들이 서로 의견을 나눌 수 있도록 하였다. 이 책을 읽는 이들이 노인복지 환경변화를 이해하고, 노인복지 실천가로 성장할 수 있기를 기대한다.

2024년 2월
이은희, 박양숙

차례

제2부

한국의 노인복지정책

제3부

노인복지실천

제7장　노인복지실천 · 163

제8장　노인상담과 사례관리 · 197

제4부

주요 노인문제의 현황 및 과제

제1부

현대사회와 고령화

제1장 인구고령화와 노인문제

제2장 노년학의 이해

제1장

인구고령화와 노인문제

:

근래의 급격한 평균수명 증가는 산업혁명을 통해 인류가 획득한 성과 중에서 가장 큰 선물이라고 할 수 있다. 개인적으로 장수한다는 것은 매우 축복받은 일임에 틀림이 없으나, 국가적으로나 사회적으로 준비되어 있지 않은 상태에서 고령사회를 맞는다는 것은 필연적으로 여러 문제를 수반할 수밖에 없다. 누구나 오래 살 수는 없지만, 노인이 된다는 축복 이면에는 노화로 인해 스스로 독립된 생활을 할 수 없게 되어 결국에는 누군가에게 의존할 경우가 생길 수 있는데, 이는 노인에게는 고통스러운 일일 수 있다. 의학 기술의 발달과 개인의 건강 유지(증진) 노력으로 인간의 수명을 연장하였으나, 노화와 함께 나타나는 노인성 질환이나, 만성질환은 장기간의 보호가 필요한 의존적인 고령 인구를 늘리는 데 큰 몫을 하게 되었다.

인간의 자연스러운 노화현상은 보편적인 상황이 되었지만 노인 당사자나 가족 그리고 국가와 사회가 준비되어 있지 않다면 인간의 장수가 결코 축복만을 안겨 주지 않는다는 것이다.

이 장에서는 현대사회 노인인구의 증가와 관련된 인구증가 현상, 특성, 사회경제

적 영향 등에 대해 살펴보고, 고령화의 진전으로 인한 다양한 노인문제에 대해서 살
펴보기로 한다.

1. 급격한 인구고령화에 대한 이해

우리나라는 특히 1980년대 이후의 소득수준 향상에 따른 식생활 개선, 의학의 발
달, 보건위생의 향상 등 생활여건이 개선되면서 평균수명이 지속적으로 증가하고
있다. 동시에 출산율이 감소하여 총인구에서 65세 이상 노인인구가 차지하는 비율
이 2000년을 시점으로 전체 인구의 7% 이상이 되어 UN에서 규정하는 고령화 사회
(aging society)로 진입하였다. 이는 세계에서 유례를 찾을 수 없는 속도이다.

통계청은 노인인구비율이 14%가 넘는 2017년에 고령사회, 2025년 초고령사회에
도달할 것이라 전망하였다. 하지만 급속한 고령화 속도로 2017년 14.3%의 노인인구
비율을 보이고 있으며, 2023년 65세 이상 고령인구는 전체인구의 18.4%인 950만 명
으로 집계되었다(통계청, 2023a).

또한 통계청은 장래인구추계에서 2026년 초고령사회로 들어설 것을 전망하였으
나 이보다 1년 앞당겨진 2025년에 초고령사회에 진입할 것이라는 전망을 내놓고
있다.

이러한 노인인구의 급속한 증가로 우리나라는 이미 고령사회로 진입한 선진국과
같이 노인 부양 및 보호 문제, 생산연령인구의 감소에 따른 사회와 경제의 활력저하
문제, 의료와 연금을 비롯한 사회보장비용 증대 문제, 그리고 다양한 노인문제 발생
등의 심각한 사회문제를 예고하고 있다.

1) 심각한 인구고령화 현상

우리나라의 평균수명이 남녀 모두 50세를 넘은 것은 1960년대 가까이 되어서였
다. 그 이후 1960년대 산업화 과정을 거치면서 평균수명은 지속적으로 상승하여,

1981년에 남녀 평균 66.2세였던 것이 2000년에는 평균 76.1세로 20여 년 만에 평균수명이 약 10년 연장되더니, 2015년 82.1세, 2021년에는 83.6세로 연장되었다. 2002년에는 여성노인의 평균수명이 무려 80세를 넘었고 2021년에는 86.6세로 나타났다. 남자의 평균수명은 80.6세로, 남녀 평균수명 차가 6세로 매년 그 간격이 줄어들고 있다(KOSIS, 국가통계포털, 2023). 세계의 평균수명은 73세이며, WHO(2019)의 국가별 평균수명에서 일본은 84.3세, 스위스 83.4세, 우리나라는 83.3세로 세계 3위의 장수국가가 되었다.

이 같은 인구고령화 추세는 앞으로 더욱 급격하게 진행될 것으로 예측된다. 〈표 1-2〉의 장래 노인인구 증가 추이를 보면, 2000년에 노인인구 비율이 7%를 넘어 고령화사회로 진입하였으며, 2018년에는 14.3%로 노인인구가 빠른 속도로 증가되어 고령사회로 진입하였다. 또한 2025년에는 이 비율이 20.6%로 초고령사회(super aged society)로 진입하고, 노인인구비율이 30%가 넘는 시기를 2035년으로 내다보고 있다.

표 1-1 평균수명의 증가 추이   (단위: 년, %)

연도 구분	2016	2017	2018	2019	2020	2021
평균	82.4	82.7	82.7	83.3	83.5	83.6
남	79.3	79.7	79.7	80.3	80.5	80.6
여	85.4	85.7	85.7	86.3	86.5	86.6

출처: KOSIS, 국가통계포털.

표 1-2 노인인구의 증가 추이   (단위: 년, %)

연도	1980	1990	2000	2010	2017	2018	2019	2020	2021	2022	2025	2030	2060
노인 인구 비율	3.8	5.1	7.2	11.0	14.2	14.3	14.9	15.7	16.5	18.4	20.6	24.8	40.1

출처: KOSIS, 국가통계포털.

또한 〈표 1-3〉에서와 같이 향후 OECD 주요 국가와 우리나라 노인인구 증가 추세를 비교해 보면, 2040년경에는 일본을 제외한 주요 국가보다 우리나라 노인인구 비율이 더 높을 것으로 추계되고 있고, 2050년경에는 모든 주요 국가의 노인인구 비율보다 한국의 노인인구 비율이 가장 높을 것으로 예측되고 있다.

표 1-3 **주요 국가 노인인구 비율** (단위: 년, %)

연도	한국	일본	프랑스	독일	이탈리아	미국	영국
2010	11.0	22.5	16.5	20.5	20.6	12.8	16.6
2015	12.9	26.2	18.5	20.9	22.1	14.1	18.1
2020	15.7	28.1	20.4	21.5	20.2	16.2	18.5
2025	20.6	29.5	22.2	27.2	24.8	18.4	19.6
2030	24.3	30.7	23.9	25.9	27.6	20.1	21.3
2040	32.5	34.9	26.7	30.3	33.3	20.5	23.7
2050	38.0	37.7	27.8	30.2	36.0	22.3	25.3

출처: OECD (2021), Health at a Glance 2021. OECD Publishing, Paris. URL: https://www.oecd.org/health/health-at-a-glance.

2) 인구고령화의 특성

(1) 고령화의 속도

〈표 1-4〉와 같이 각국의 인구고령화 속도를 보면, 고령화사회에서 고령사회로 도달하는 데 걸리는 기간이 프랑스는 115년, 미국은 72년, 영국은 47년, 독일은 40년 등으로, 고령사회로의 진전에 시간적 여유가 있었다. 인구고령화라는 사회적 변화가 장시간에 걸쳐 완만하게 진행되어 왔기 때문에 소득 및 의료 보장 등 다양한 노인문제를 해결하기 위한 노인복지 정책 및 서비스를 개발할 시간적 여유가 있었다.

이에 비해 일본은 세계에서 최단기간인 24년을 기록하였는데, 우리나라는 이러한 일본의 기록을 경신할 정도로 인구고령화 진행속도가 매우 빠르게 진행되면서 그보다 훨씬 단축된 약 17년이 소요되었다.

또한 고령사회에서 초고령사회로 진전되는 데 불과 8년이 걸릴 것으로 예상되고 있어 선진국과 달리 정책적 대비를 할 수 있는 시간적 여유가 부족하기 때문에 더욱 문제가 심각하다고 할 수 있다. 인구고령화에 대한 대비가 전혀 없는 상황에서 인구고령화 현상과 마주하였다. 즉, 인간의 수명연장이라는 축복이 재앙으로 변하는 순간을 맞이하고 있다.

표 1-4 인구고령화 속도의 국제적 비교　　　　　　　　　　　　　　　　(단위: 년, %)

구분	도달 연도			증가 소요 연수	
	고령화사회 (7%)	고령사회 (14%)	초고령화사회 (20%)	고령사회 도달	초고령사회 도달
프랑스	1864	1979	2019	115	40
영국	1929	1976	2020	47	44
독일	1932	1972	2010	40	38
미국	1942	2014	2030	72	16
일본	1970	1994	2006	24	12
한국	2000	2017	2025	17	8

출처: 통계청(2023c). 「장래인구추계」.

(2) 급격한 인구구조의 변화

1980년대에는 덴마크, 노르웨이, 미국에서, 1990년대에는 프랑스 등과 같은 국가에서 출산과 육아에 대한 사회적인 지원을 강화함으로써 출산율이 증가 추세로 전환되고 있으나(OECD, 2003), 대부분의 국가에서 급속한 인구고령화는 저출산과 생산노동인구의 급속한 감소라는 사회현상과 관련되어 있다.

노인인구는 급격하게 증가하고 있는 반면에 생산가능인구(15~64세 기준)는 2017년 3,612만 명을 정점으로 감소하기 시작했다. 통계청에 따르면, 1980년대 2372만 명, 1990년대 290만 명, 2000년대 3,370만 명에서 2020년대 3,728만 명으로 감소하다가, 2030년대에는 3,381만 명, 2040년대 2,852만 명, 2050년대에는 2,419만 명으로 예상된다.

이는 합계 출산율의 감소에서 확인할 수 있다.

우리나라 합계 출산율을 보면 2013년 1.19명에서 2014년 1.2명, 2015년 1.24명으로 증가하는 것으로 보였다. 하지만 2016년 1.17명으로 2013년보다 낮아지고, OECD 국가 평균의 1.63에 못 미치는 초저출산국가가 20년 이상 벗어나지 못하고 있다. 특히 2017년 1.05명에서 2022년에는 0.78명으로 심각한 저출산문제에 직면하고 있다. 인구의 현상유지 2.1명에서 벗어난 우리나라의 인구감소 시계는 3년째 자연감소중인 심각한 상황에 직면해 있다(통계청, 2023c). 1970~1974년 사이 우리나라 합계 출산율을 보면 4.21명으로 40여 년 전까지만 해도 지금의 4배에 달했다. 낮은 출산율과 평균수명의 연장으로 인해, 우리나라는 세계에 유례가 없는 급격한 인구구조의 변화를 겪는 나라가 되었다.

이와 같이 향후 지속적인 출산율 감소로 인한 유소년 인구의 급감현상은 장래 생산가능인구의 노동력 감소 및 사회적 노인부양문제와 아울러 사회와 경제 전반에 걸쳐 광범위한 부정적 변화를 발생시킬 것으로 전망하고 있다.

표 1-5 OECD 국가의 합계 출산율

국가	평균	이스라엘	체코	멕시코	튀르키예	미국	벨기에	독일	영국	캐나다	포르투갈	일본	이탈리아	스페인	한국
명	1.58	3.00	1.83	1.82	1.70	1.66	1.60	1.58	1.53	1.53	1.35	1.30	1.25	1.19	0.81

출처: OECD (2021).

표 1-6 한국의 합계 출산율 추이 (단위: 년, 명)

연도	2010	2013	2016	2018	2020	2021	2023(6월)
합계 출산율	1.23	1.19	1.17	0.98	0.92	0.81	0.7

(3) 고령화의 지역별 편차 심화

일반적으로 농어촌지역이 대도시나 인구이동이 많은 신흥지역보다는 고령화 속도가 매우 빠르게 나타나고 있다. 〈표 1-7〉에서 보듯이 2021년(6월) 기준으로 65세 이상 인구비율이 가장 높은 지역은 전남(23.9%), 가장 낮은 지역은 세종(10.0%)이다. 2021년에 초고령사회로 진입한 지역은 경북(22.2%), 전북(21.8%), 강원(21.2%)으로 대부분이 농어촌 지역임을 알 수 있다.

☿ 표 1-7 **고령인구 비율**(시 · 도)　　　　　　　　　　　　　　　　　　(단위: %)

행정구역별	2021(6월)	2015	2010	2005	2000
전국	16.7	13.1	10.9	8.9	7.0
서울특별시	16.4	12.6	9.7	7.2	5.4
부산광역시	19.8	14.6	11.3	8.3	6.0
대구광역시	17.0	12.7	10.0	7.8	5.9
인천광역시	14.4	10.7	8.6	6.9	5.4
광주광역시	14.5	11.3	9.0	7.1	5.6
대전광역시	14.8	10.9	8.7	6.9	5.5
울산광역시	13.1	8.8	6.8	5.3	4.0
세종특별자치시	10.0	10.6	-	-	-
경기도	13.5	10.5	8.7	7.1	5.7
강원도	21.2	16.9	14.8	12.1	9.3
충청북도	18.4	14.8	13.2	11.3	9.1
충청남도	19.5	16.4	14.9	13.3	11.2
전라북도	21.8	17.8	15.2	12.9	10.3
전라남도	23.9	20.5	18.3	15.6	11.9
경상북도	22.2	17.7	15.6	13.4	10.7
경상남도	17.9	13.8	11.8	10.2	8.4
제주특별자치도	16.0	13.8	12.2	10.0	8.0

출처: 통계청(2023b). 전국 시 · 도별 고령인구 비율(65세 이상).

3) 인구고령화 현상의 영향

인구고령화 현상은 사회 및 경제에 심각한 영향을 주어 사회 전반에 많은 문제를 초래하게 된다. 인구고령화 현상이 사회 · 경제에 미치는 영향은 다음과 같다.

(1) 노년부양비 및 노령화지수의 급격한 상승

전통사회나 농경사회에서는 부모부양에 대한 책임이 자녀나 가족의 책임으로 인식하고 있었다. 그러나 현대화에 따른 핵가족화, 출생률의 감소, 여성의 사회참여 증가 등과 같은 사회변화에 따라 노인부양에 대한 가치관이 변화하면서 노인부양 및 보호의 문제는 심각한 사회문제로 대두되고 있다.

노년부양비[1]는 노년부양비의 숫자가 낮을수록 부양부담이 낮고, 숫자가 커질수록 부양부담이 높게 나타난다.

〈표 1-7〉에서 보는 바와 같이, 노년부양비 및 노령화지수는 기하급수적으로 증가하고 있다. 저출생의 문제가 지속되고, 생산가능인구가 급감하면서 노년부양부담은 더욱 가속화될 것으로, 예측되고 있다.

노령화지수[2] 또한 빠르게 증가하여, 생산가능인구를 상당한 정도로 초월할 것이라 예상할 수 있다.

이와 같이 노년부양비 및 노령화지수의 급격한 상승은 해를 거듭할수록 생산가능인구의 노인부양부담을 심각하게 가중할 것으로 전망되어 노인부양과 관련한 다양한 문제를 예고하고 있다.

표 1-8 **노년부양비 및 노령화지수** (단위: 백 명당)

구분	총 부양비	노년부양비	노령화지수
1960년	82.6	5.3	6.9
1980년	60.7	6.1	11.2
2000년	39.5	10.1	34.3
2020년	38.7	21.8	129.3
2021년	39.7	23.1	139.5
2025년	44.5	29.7	201.5
2030년	51.4	38.6	301.6
2040년	76.0	60.5	389.5
2050년	95.8	78.6	456.2
2060년	106.3	90.4	570.6
2070년	116.8	100.6	620.6

출처: 통계청(2023c). 「장래인구추계」, 2021년 기준 전국 장래인구추계 자료.

---

1) 생산가능인구(15~64세) 100명당 65세 이상 노년 인구의 비율을 말하는 것으로 생산가능인구 100명이 부양해야 할 노년 인구의 수를 의미하는 것이다. 노년 부양비=(65세 이상 인구/15~64세)×100
2) 유년층(0~14세) 인구에 대한 노령층(65세 이상) 인구의 비율로 이 지수가 증가할 때 이러한 현상을 노령화라고 하며, 인구의 연소화에 대한 상대적 개념이다. 노령화지수=(65세 이상 인구 / 0~14세)×100

(2) 경제 전반의 활력 저하 및 성장잠재력 약화

인구고령화 현상은 노동력 감소와 노동력의 질 저하, 그리고 저축, 투자, 소비 위축 등에 따라 경제 전반의 활력 저하와 성장잠재력의 약화를 초래할 것으로 전망된다. 우리나라는 생산가능인구가 빠른 속도로 줄어들고 있다. 통계청 장래인구추계에 따르면, 2017년 3,757만 명에서 정점을 찍고 내리막길로 내려오고 있다. 2047년경에는 2,562만 명으로 줄어들 것이라는 전망을 내놓고 있다. 향후 노인의 사회적 부양비 확보에 심각한 문제가 예상된다.

생산가능인구를 중위층 중심으로 살펴보면, 그 연령이 2020년 43.7세에서 2025년에는 46.9세, 2030년 49.8세, 2031년에 50.4세로 전망되고 있다. 전체 인구의 고령화에 따른 노동력의 질 저하로 생산성 하락이 불가피하고 국가경쟁력이 저하될 것으로 보인다.

이외에 피부양인구 증가에 따라 저축률이 감소되고, 주택 및 교육 시장에서의 수요 감소로 내수가 위축되며, 한 국가가 물가상승을 초래하지 않으면서 달성할 수 있는 최대 성장률인 잠재GDP성장률은 2030년 이후 OECD 국가의 평균(1.1%)보다 낮은 0.8%를 예상하고 있다. 한 나라의 기초체력을 알 수 있는 이 지표는 지속적으로 하락하고 있는 상황이다.

(3) 사회보장비 부담 증가와 세대 간 갈등의 심화

인구고령화는 연금수급자의 연금수급기간의 연장 및 연금액의 증가와 관련이 있다. 연금수급자 수와 연금지급비용 및 노인의료비 급증 문제는 고령국가에게 또 다른 위기로 다가오고 있다. 평균수명의 증가는 연금수급기간이 연장되고 노화로 인한 신체적 · 정신적 기능 저하, 노인성 질병 등으로 발병률, 입원율, 입원일수 등이 타연령층에 비하여 높기 때문에 더 많은 의료비 지출에 대한 압력요인으로 작용하고 있다(박광준 외, 1999: 33).

이와 같이 인구고령화로 인한 연금 및 노인의료비 증가로 사회보장지출의 증가는 피할 수 없으며, 그 외에 주택과 노인복지서비스 비용도 대폭 증가할 것으로 전망되어 사회보장에 대한 국민의 부담이 가중되면서 생산연령층과 노인계층 간의 갈등이 사회불안 요인으로 작용하게 된다.

(4) 노인문제의 증가

① 성비와 결혼 상태

여성의 평균수명은 남성보다 길며, 고령으로 갈수록 노인인구 중 여성노인이 차지하는 비율은 더 높아지게 된다. 남성노인은 여성노인보다 4~6년 정도 더 일찍 사망에 이르는 것으로 보고되고 있으나 남성노인의 평균수명도 증가하고 있어 남성노인과 여성노인의 평균수명 차이가 줄어들고 있다.

실제로 최근의 자료에 의하면, 한국인의 평균수명은 여성이 남성보다 6년 더 생존하는 것으로 조사되고 있다(통계청, 2023c). 한국인의 평균수명은 지난 40여 년간 20세 정도 늘어났으며, 남녀 간의 평균수명 격차는 점차 줄어들고 있다.

남녀 간의 성비 불균형은 동거상태에서의 불균형으로 나타난다. 65세 이상 인구의 혼인상태를 보면 배우자가 있는 여성노인의 비율이 남성노인의 경우에 비해 훨씬 낮은데, 이는 배우자 없이 사는 여성독거노인의 비율이 높다는 것을 의미한다.

우리나라의 평균초혼연령은 남성 33.7세, 여성 31.3세인 것을 고려할 때(여성가족부, 2023), 남녀 모두 평균수명을 산다고 가정해도 여성노인이 독거로 살 기간은 8년 이상이 될 것이다. 또한 의존적인 노인을 부양하고 보호하는 주 부양자는 배우자가 약 20% 이상 차지하는 것으로 나타났다(통계청, 2012a). 여성노인의 경우는 배우자의 부양을 책임질 가능성이 많고, 또한 배우자 사별 후 독거생활을 하게 되거나 의존적 상황이 되었을 경우에는 부양과 보호의 문제에서 더욱 어려움을 겪을 가능성이 크다는 것을 예측할 수 있다.

② 노인가구의 증가

노인가구 혹은 노인단독가구란 가구 구성원 중에 노인이 포함되어 있는 가구 전체를 일컫는다. 노인가구에는 노인부부가구와 독거노인가구 등이 포함된다.

고령가구 수와 독거노인가구 수는 해를 거듭할수록 증가하는 추세에 있다. 고령가구의 수적 증가 추세도 심각한 문제지만, 특히 보건복지부의 노인실태조사(2020) 자료에 의하면, 노인단독가구(독거+부부가구)의 증가가 두드러지고 있으며, 자녀 동거가구는 감소하고 있다. 2008년 66.8%의 노인단독가구에서 2020년에는 78.2%로 증가하였다.

표 1-9 독거노인 증가 추이   (단위: 천 명, %)

	2014	2015	2016	2017	2018	2021	2023 (6월)	2025	2035
65세 이상 인구 수	6,277	6,541	6,757	7,066	7,372	8,537	9,500	10,585	15,289
65세 이상 가구 수	1,152	1,202	1,266	1,336	1,405	1,670	1,990	2,240	3,440
전체 노인 중 독거노인 비율	18.4	18.4	18.7	18.9	19.1	19.6	20.8	21.8	23.3

출처: 통계청(2023c).

통계청이 발표한 2023 고령자통계(2023년 6월 기준)에 의하면, 노인가구 대비 1인 노인가구는 36.2%로 나타났다. 노인가구 3가구 중 1가구는 독거가구로서, 70대의 1인가구가 가장 높았으나(2021년), 80대의 1인가구가 점차 증가하고 있는 것으로 나타났다. 이는 연령이 증가함에도 가족과의 동거 현상이 나타나지 않는 핵가족화 현상을 뚜렷이 보여 주는 것임을 알 수 있다.

표 1-10 노인가구 및 독거노인가구의 증가

구분	총 가구	노인가구	구성비	독거노인가구	노인가구 대비 독거노인가구 비율
2000	14,507	1,734	11.9	544	31.3
2005	16,039	2,350	14.7	746	31.7
2010	17,495	2,923	16.7	991	33.9
2015	19,013	3,664	19.3	1,202	32.8
2021	21,148	4,732	22.8	1,670	35.1
2020	20,349	4,642	22.8	1,589	34.2
2030	22,036	7,438	33.8	2,586	34.7
2035	22,497	8,788	39.1	3,131	39.0

이와 같은 고령가구 수와 독거노인의 수적 증가는 빈곤, 질병, 소외 및 고독, 무위 등의 문제 발생을 예고하고 있고, 특히 갑작스러운 질병 발생 시 위기개입을 할 수 없는 등 노인보호상의 문제를 야기할 수 있다.

2. 인구고령화와 사회문제

20세기 전까지만 해도 우리나라 노인의 평균수명은 사회적으로 이슈화될 만큼 높지 않았고, 또한 노인문제에 노출된 사람이 많지 않았으므로 사회적 관심의 대상이 되지 못하였다.

최근 우리나라는 노인인구 수와 초저출생국가로 노인인구의 비율이 급격하게 증가하고, 사회적·경제적으로 격변하는 사회변동을 겪게 되었다. 이는 상대적으로 사회변혁에 대처할 자원이 부족한 노년층에게 사회문제로 대두되게 되었다.

노화 및 관련 현상을 구체적으로 논하기에 앞서, 노인문제의 발생배경에 대하여 먼저 살펴보기로 한다. 이 장에서는 현대적인 노인문제는 직·간접적으로 현대화(modernization) 현상 때문에 발생한다고 보며, 다양한 노인문제가 구체적으로 현대화 요인과 어떠한 인과관계가 있는지에 대해서 살펴본다. 그리고 인과관계 요인에 따라 현재 발생하고 있는 노인문제의 양상에 대하여 알아보기로 한다.

1) 사회문제와 노인

현재 노인과 관련된 연구를 하는 학자는 물론 사회복지학을 공부하는 학생 그리고 대중매체 등에서도 노인들이 겪는 위험이나 위기를 사회문제로 취급하고 있다.

사회문제는 사회현상을 어떠한 이론적 입장에서 보느냐에 따라 각기 다른 정의를 내릴 수 있겠으나, 장인협과 최성재(2006)의 정의를 인용하고자 한다. 그들은 다음 일곱 가지 조건이 있을 때 이를 사회문제로 정의할 수 있다고 하였다.

첫째, 사회적 가치에 비추어 바람직하지 못하다. 둘째, 상당수의 사람이 그 현상에 관련하여 고통, 손해 또는 부당한 처우를 받고 있다. 셋째, 상당수의 사람 또는 일부 영향력 있는 사람이 그 현상을 문제라고 인식하고 판단한다. 넷째, 사회가 전반적으로 그 현상의 개선을 원한다. 다섯째, 현 사회현상의 개선 가능성이 있다. 여섯째, 그 현상의 근본 원인이 사회적 요인에 관련되어 있다. 일곱째, 집단적 차원 또는 사회적 차원에서의 행동으로 개선이 가능하다.

이러한 일곱 가지 조건에 대해서 좀 더 상세히 설명하면 다음과 같다.

첫째, 사회적 가치에 비추어 바람직하지 못한 현상이라는 것은 사회에서 일반적으로 받아들이고 있는 가치기준에 비추어 볼 때 위배되거나 그것을 위협한다는 것이다. 예를 들면, 노인이 부양가족 없이 빈곤한 상태에서 의식주를 제대로 해결하지 못하는 것은 인간 존엄성의 가치 또는 경로의 가치관에 위배된다.

둘째, 상당수의 사람이 그 현상에 관련되어 고통, 손해 또는 부당한 처우를 받고 있다는 조건은 다수의 사람이 그 현상과 관련하여 어려움을 당하고 있어야 한다는 것이다. 노인인구 수나 비율이 증가한 것도 현실이지만, 경제적 문제나 신체적 문제로 어려움을 겪고 있는 노인이 많이 발생하고 있다.

셋째, 상당수의 사람이나 일부 영향력 있는 사람이 그러한 사회현상을 문제로 인식하고 판단한다는 것이다. 여기서 상당수의 사람이란 절대적인 수적 개념과 비율적 개념(상대적 개념)을 모두 포함하고 있다. 일부 영향력 있는 사람은 한 사람이나 소수의 사람 또는 상당수의 일반 대중일 수도 있다(Rubington & Weinberg, 1981: 장인협, 최성재, 2006 재인용). 한 사람은 정치적 주요 인물, 유명한 학자가 될 수 있고, 소수의 사람은 몇몇 학자, 해당 문제에 대한 전문가 등일 수 있다. 우리나라에서 대통령이나 보건복지부 장관 혹은 대중매체 등이 노인이 겪고 있는 다양한 어려움을 사회문제로 인식하고 사회적인 관심을 환기하려 한다면 그것은 사회문제가 될 수 있는 한 조건이 되는 것이다.

넷째, 사회가 전반적으로 개선을 원하고 있는 조건의 경우 사회문제 자체로 인하여 이득을 보는 사람도 없지 않으므로 사회적 소수가 현 현상으로 이익이 있을 때 개선을 원하지 않을 수도 있으나, 이 문제는 대부분의 사람이 개선을 원하고 있다는 것을 의미한다. 하지만 노인문제를 방치하였을 경우 이익이 되는 소수조차 없으면 당연히 그것은 사회문제가 된다.

다섯째, 개선 가능성(Merton, 1971)이 있다는 것은 극단적인 현상(예: 지진, 태풍 등 자연재해)은 제외하고 그 외의 경우 인간적인 노력으로 개선이 가능해야 한다는 것이다. 이 조건의 경우, 문제 되는 사회현상은 대부분 인간적인 노력으로 그 전부 또는 일부를 개선할 수 있다고 본다.

여섯째, 현상의 근본 원인이 사회적 요인에 관련되어 있다는 것은 문제의 근본 원인이 개인적 요인이 아니라 사회의 구조, 사회적 관계, 작용 등에 관련되어 있어야 한다는 것이다. 예를 들어, 사회적으로 강제 퇴직된 노인의 문제는 개인의 능력이나 노력으로 해결이 어렵다는 것이다.

일곱째, 집단적 또는 사회적 차원에서 조치를 취함으로써 문제가 해결될 수 있다는 것은 여러 가지 사정으로 개인적 차원에서의 문제해결이 거의, 혹은 전혀 불가능하고 집단적 차원에서라야 해결이 가능하다는 것을 말한다. 이 조건도 개인문제와 사회문제를 판별하는 기준이 된다. 개인적 차원에서 문제가 해결될 수 있으면 일반적으로 이를 사회문제로 볼 수 없을 것이고, 또 사회적 차원에서 계획하고 정책적인 결정을 내려서 해결될 수 있는 문제는 개인의 힘으로는 해결 불가능한 것이다. 예를 들면, 연금제도 및 건강보험의 사회보험이나 공공부조 방식 등은 집단적·사회적 차원에서의 접근이라고 할 수 있다.

이상의 일곱 가지 조건이 어떤 의미로는 사회문제의 일반적인 특성으로 간주될 수도 있어 비판의 여지도 있으나, 우리나라의 노인문제가 가지고 있는 현상에 모두 해당되기 때문에 사회문제로 정의하는 데는 별 무리가 없을 것이다.

이러한 사회문제로서의 노인문제를 사회적 차원 또는 국가적 차원에서 계획적인 개입으로 해결해야 하는 구체적인 이유는 다음과 같다.

첫째, 노인문제는 인도주의, 평등주의 및 경로 가치관에 비추어 볼 때 이러한 가치를 위협하고 또 가치기준에 위배되므로 바람직하지 못하다.

둘째, 현재 노인인구가 급격히 증가하고 있고, 이에 비추어 많은 노인이 비슷한 문제로 고통을 당하고 있음을 볼 수 있다.

셋째, 현재의 노인문제는 언론매체를 통하여 자주 보도되고 있어 빈번하게 일어나는 문제임을 알 수 있고, 또한 학문적 연구의 주요 대상으로서 그 심각성이 인정되고 있다.

넷째, 우리나라는 전통적인 경로효친의 가치관을 존중하고 있으며 사회복지에 대한 국가의 책임과 역할이 강조되고 있는 이때에 사회 전체가 노인문제의 개선을 바라고 있는 것은 당연하다.

다섯째, 이와 같은 노인문제는 경제발전에 따라 복지부문 투자가 증가하고 있고 지역사회의 참여와 관심을 촉구하고 있는 추세이므로 해결전망이 더 밝아졌다고 할 수 있다.

여섯째, 노인문제는 사회제도나 가치관이 결부된 사회적 관계가 원인이 되고 있음을 알 수 있다.

일곱째, 노인문제는 개인 및 가족적인 차원에서는 해결이 힘들고 적어도 지역사회 또는 국가적 차원에서 해결될 수 있다. 긴 여가시간과 역할상실의 문제는 퇴직제도의 개선이나 여가시설의 확충 및 프로그램의 개발 등으로, 수입절감 및 건강보호 문제는 연금제도와 건강보험 및 보호제도의 개선 등으로, 그리고 사회적·심리적 고립 및 소외문제는 지역사회의 참여와 관심 속에서 사회서비스를 강화함으로써 해결될 수 있다. 이처럼 노인문제는 지역사회 및 국가 차원에서 계획적인 개입과 지원이 있어야 근본적인 해결이 가능하다.

2) 노인문제의 원인 및 양상

(1) 노인문제의 원인

오늘날의 노인문제의 원인을 포괄적으로 잘 설명하는 데 뒷받침할 수 있는 이론은 카우길과 홈즈(Cowgill & Holmes, 1972)가 주창한 현대화 이론(modernization theory)이다. 이 이론은 한 사회의 현대화 정도가 높으면 높을수록 노인의 지위는 더욱 낮아진다는 것으로서, 현대화가 노인문제를 발생시키는 요인이라고 본다.

[그림 1-1]에서 보듯이, 현대화 이론에서는 현대화 현상을 현저하게 잘 나타내는 핵심 요인으로 건강기술의 발전, 생산기술의 변화, 도시화, 교육의 대중화 등을 들고

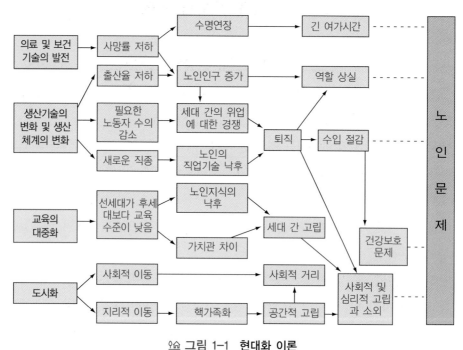

♀☆ 그림 1-1 **현대화 이론**

출처: 장인협, 최성재(2006) 재정리.

있다.

첫째, 건강기술의 발전은 사망 감소 및 출생률 감소를 초래하여 결국 노인인구를
증가시킨다. 그리하여 노인은 젊은이에게 밀려나 퇴직하게 되어 역할상실 및 여가문
제를 갖게 된다.

둘째, 경제적 생산기술이 변화하여 도시지역에 새로운 직업이 많이 생겨나는데,
이 새로운 직업에는 젊은이가 먼저 참여하여 개척한다. 따라서 노인의 직업 기술과
지식은 젊은이에 비해 뒤떨어지게 되고, 이 때문에 압력을 받아 노인은 결국 퇴직하
게 된다. 한편, 일을 하고 보수를 받아 생활하는 것을 윤리적으로 건전한 가치관으로
받아들이고 있기 때문에 직접적인 지식과 기술이 젊은이에 비해 낙후된 상태에서 계
속 일을 하기 위해 노인은 젊은 직장 동료에게 의존하게 된다. 그러나 이러한 의존
정도가 한계에 이르면 불가피하게 퇴직을 할 수밖에 없다.

셋째, 도시화는 농촌에서 도시로 또는 도시에서 도시로 직업을 찾기 위한 지리적

이동을 유발하고, 새로운 지역에서 직업을 얻은 젊은이는 거기에서 결혼하여 정착을 한다. 이렇게 거주지역이 달라지게 됨으로써 자녀와 노부모 간의 지리적 분리현상이 생기고, 이것이 사회적 상호작용을 약화하여 사회적 관계의 분리를 초래하며, 결국은 노인의 지위가 하락하는 데 영향을 미친다. 한편, 도시화는 사회적 이동(계층 간의 수직적 이동)의 기회를 제공하고, 따라서 노인보다는 자녀의 지위가 상승되는 지위의 전도현상이 생긴다. 지위의 전도현상은 사회적 상호작용에서 거리감을 주고, 이에 따라 사회적 분리가 생기게 되며, 결국 노인의 지위는 하락하게 된다.

넷째, 교육의 기회가 확대됨에 따라 교육은 점차 대중화되어 자녀세대는 부모세대보다 교육을 더 많이 받게 된다. 이러한 교육의 격차는 사회적 지위를 전도하여 지적 및 도덕적 분리를 촉진하고, 이러한 현상은 결국 노인의 지위를 낮게 만들고 있다. 젊음에 대한 예찬은 젊은이끼리의 상호작용을 조장하며 노인과의 분리를 촉진하고, 이는 사회적 분리와 지적 분리를 촉진하여 결국은 노인의 지위가 하락한다는 것이다.

이상과 같은 현대화 이론에 근거한 네 가지 요인이 노인문제의 발생원인이라는 것을 알 수 있다.

(2) 노인문제의 양상

앞서 설명한 현대화 이론에서와 같이 건강기술의 발전, 생산기술의 변화, 도시화, 교육의 대중화 등이 현대화의 핵심요인이 되어 빈곤, 질병, 역할상실과 소외의 노인 4고(苦)의 문제를 초래한다고 볼 수 있다.

① 빈곤

노인은 퇴직으로 정기적인 수입원이 단절되고 연금, 퇴직금, 저축, 재산수익 등으로 수입이 대치된다. 우리나라에서 노인을 위한 소득지원정책으로 대표적인 것으로 기초연금이 있다. 기초연금은 2008년 기초노령연금을 시작으로 노후소득보장을 위한 중요한 정책으로 자리 잡아 가고 있다. 기초연금이 노인의 빈곤완화에 효과가 있다고 보고 있으나, 우리나라의 노인들은 절대적 빈곤과 상대적 빈곤이라는 위기에 놓여 있다. 우리나라 노년층은 사회보장제도가 성숙되지 못한 시대를 살아왔고, 개인적으로 노후 준비가 부족한 세대이다.

노후준비가 부족한 한국 노인의 경제상황은 갈수록 악화되고, 상대빈곤율은 2000년대 들어 개선되고 있으나 여전히 빈곤하다. 우리나라 노인의 상대빈곤율은 2018년 43.4%로 2015년의 49.6%보다는 개선되고 있지만, OECD회원국 평균보다 3배 높은 수준으로 나타나 여전히 빈곤하다(OECD, 2021). 부동산을 비롯한 자산을 포함해도 우리나라 노인 빈곤율은 주요 8개국 중 가장 높은 수준이다. 소득에 자산을 포함한 연금화 방식으로 본 빈곤율도 26.7%로 집계되었다. 독일 10.7%, 미국 9%, 호주 7.0%, 이탈리아 7.3%보다 높은 수치이다(통계청, 2023a).

또한 세계 96개국의 노인복지 수준을 비교하는 세계노인복지지표의 2015년 발표에 따르면 노인이 살기 좋은 나라 항목에서 한국은 60위에 머물렀는데, 특히 소득보장 영역에서 낮은 순위(82위)를 기록해 노인 빈곤의 심각성을 드러냈다.

② 질병

생물적 또는 신체적 노화에 따른 건강의 약화는 어떤 의미에서는 막기 힘들지만, 많은 경우 노인은 수입의 부족으로 적절하게 건강보호를 받을 수 없기 때문에 더 큰 문제가 된다.

노인은 젊은이에 비하여 유병률이 2~3배 이상이 되며, 만성질병과 합병증으로 빈번한 의료진료가 필요하다. 특히 노인질병의 진료는 고액진료가 많기 때문에 의료보험이나 의료보호의 제도적 뒷받침 없이 개인이 일시에 진료비를 부담하기는 상당히 어렵다. 또한 현재의 의료보험 및 의료급여 제도는 노인질병의 특성을 고려하지 않고 있어 진료비 부담이 큰 문제가 되고 있다. 더구나 적절한 건강보호를 받기 위해서는 의료시설에 대한 접근이 용이해야 하는데, 대부분의 의료시설이 대도시에 편중되어 있어, 특히 농어촌 노인이 진료를 받는 데 많은 문제가 있다. 노인의 건강상태는 경제수준과 상관관계가 있다는 연구결과가 많은데(Wan, 1985), 이는 경제수준이 높을수록 건강보호를 받을 수 있는 여건이 좋기 때문일 것이다.

그러므로 노인의 건강은 신체적 노화로 약화되는 것이 일반적이지만, 적절한 의료서비스를 받는다면 건강을 유지하고 노화의 속도를 지연하여 기능적으로 활발한 노후생활을 더욱 연장할 수 있다는 전제하에서 노인의 건강보호 문제는 노인 문제로서 크게 관심을 가져야 할 것이다.

③ 역할상실

앞서 현대화 이론의 4요인에서 설명하였듯이, 노인은 건강기술의 발전 및 생산기술의 변화로 젊은이와의 경쟁에서 밀려나 강제 퇴직하게 되고, 이로써 직업적 역할을 통한 사회적 역할이 상실되며, 여가문제가 초래된다. 즉, 노인인구는 많아지고 노동력은 제한되면서 젊은 세대와 노인세대 간에 취업 및 직업역할 수행에서 경쟁이 생기고, 신체적·정신적 기능이 약화되는 노인은 경쟁에서 뒤처지므로 연령에 제한을 두어 노령자를 생산현장에서 물러나게 하는 퇴직이 제도화되었으며, 이에 따라 노인은 직업적 역할을 상실하게 된다. 그리고 많은 경우에 직업적 역할에 수반하여 다른 사회적 역할도 수행하는데(예를 들어, 회사의 사장이면 다른 경영인협회의 회원 또는 간부가 되는 역할도 겸하게 된다), 퇴직으로 인해 이러한 부수적인 역할까지 상실하게 되는 경우가 허다하다.

우리나라 노인세대의 대부분은 뚜렷한 정년퇴직을 거쳐 역할을 상실하기보다는 다른 여러 이유로 역할을 상실하고 무엇을 해야 할지 모르는 가운데 방황하고 있다.

④ 소외

자녀의 교육수준이 높아지면서 부모세대의 지식수준은 낮아지고 뒤떨어지게 된다. 공식적 교육은 강력한 사회화의 수단이 되고, 또한 교육수준은 다른 세대 간에 사회화의 차이를 가져온다. 이는 부모의 지식수준이 낮고, 뒤떨어짐과 더불어 세대 간의 갈등과 고립을 가져온다. 이러한 현상은 가정과 사회에서 세대 간의 고립과 소외를 낳으며, 이에 따라 부모와의 동거·별거문제 등 심각한 갈등이 야기된다. 교육의 대중화는 기존에 부모가 담당해 오던 사회화의 기능을 교육기관이 대신하게 되었다. 즉, 부모나 자녀는 사회화의 기능을 통해 소통할 기회가 줄어들거나 아주 없게 되어 부모와 자녀의 심리적 분리가 일어나고 이는 노인세대의 소외를 가져오게 된다.

한편, 현대화의 핵심요인인 도시화는 사회적 이동과 지리적 이동을 유발한다. 사회적 이동은 사회적 지위의 전도 등을 통하여 사회적 거리감을 크게 만들고, 이는 세대 간의 고립을 초래한다. 그리고 지리적 이동은 가치관 또는 사회화의 차이와 더불어 핵가족화를 촉진하고, 핵가족화는 부모와 자녀 간의 공간적 분리를 가져와서 결국 사회와 노인 간, 젊은 세대와 노인세대 간, 가정 내 부모와 자녀 간에 사회적 · 심리적 고립, 즉 소외라는 문제를 발생시킨다.

토론해 볼 문제

1. 여러분이 생각하는 '노인'에 대한 이미지에 대해 토론해 보세요.

2. 우리나라 인구고령화의 심각성에 대해 설명해 보세요.

3. 우리나라의 인구고령화 현상이 사회 · 경제 전반에 미치는 영향은 무엇인지 설명해 보세요.

4. 우리나라 인구고령화 특성에 대해 설명해 보세요.

5. 노인문제가 사회문제로 정의될 수 있는 이유는 무엇인지 제시해 보세요.

6. 현대화 이론에 의거하여 현재의 노인문제의 원인과 양상에 대해 설명해 보세요.

노년학의 이해

1. 노인 및 노화의 개념

1) 노인의 개념

노인(the aged, the elderly, older person)을 한마디로 정의하기는 매우 어렵다. 그러나 우리는 일상생활에서, 사회정책 및 행정적인 면에서, 그리고 학문적인 면에서 노인이라는 단어를 자주 사용하고 있다. 노인복지학을 논할 때 우선 노인의 개념을 어느 정도 명확히 해 두고 출발하는 것이 순서이므로, 여기서는 편의상 노인에 대한 개념 정의를 추상적인 정의와 조작적인 정의로 나누어 검토해 보기로 하겠다.

(1) 노인에 대한 추상적 정의

브린(Breen, 1960)은 노화의 개념에는 적어도 생물적 · 심리적 · 사회적 노화의 개념이 포함되어야 한다는 버렌(Birren, 1959)과 맥을 같이하여 노인을 다음과 같이 정의하였다.

- 생리적 · 생물적인 면에서 퇴화기에 있는 사람
- 심리적인 면에서 정신기능과 성격이 변화되고 있는 사람
- 사회적인 면에서 지위와 역할이 상실된 사람

제2회 국제노년학회(1951)에서는 노인을 다음과 같이 정의하였다.

- 환경의 변화에 적절히 적응할 수 있는 조직기능이 감퇴되고 있는 사람
- 인체의 자체 통합능력이 감퇴되고 있는 사람
- 인체의 기관, 조직, 기능에 쇠퇴현상이 일어나는 시기에 있는 사람, 인체의 적응능력이 점차적으로 결손되고 있는 사람
- 조직의 예비능력이 감퇴하여 적응이 제대로 되지 않는 사람

이와 같은 두 가지 정의와 다른 몇몇 학자의 정의를 검토해 보면, 노인에 대한 개념적 정의는 노화의 복합적인 측면이 고려되어야 함을 알 수 있다.

여기에서는 노화의 세 가지 측면을 감안하여 다음과 같이 노인을 추상적으로 정의하고자 한다. 즉, 노인은 '생리적 · 신체적 기능의 퇴화와 더불어 심리적인 변화가 일어나서 개인의 자기유지기능과 사회적 역할기능이 약화되고 있는 사람'이다.

이러한 정의와 노년학자들의 다양한 정의를 종합해 보면, 노인은 '생리적 · 신체적 기능의 퇴화과정에 있으며, 또한 심리적 변화와 사회적 변화를 동반하여 자기유지기능과 사회적 역할을 수행하는 기능이 약화되어 가는 사람'이라 정의할 수 있다.

(2) 노인에 대한 조작적 정의

조작적 정의는 실제로 관찰하여 노인으로 규정하기에 편리하도록 된 정의로, 사회과학적 조사 · 연구상 편의, 정책 및 행정적 편의를 위해 쓰이고 있다.

① 개인의 자각(self-awareness)에 따른 노인

개인 스스로 주관적으로 판단하여 노인이라고 생각하는 사람을 노인으로 규정하는 것이다. 이 정의는 노화의 생물적·심리적·사회적 측면을 어느 정도 내포하고는 있지만, 개인의 주관에 따라 다양한 면이 있어 객관성이 크게 결여되기 때문에 보편적으로 사용하기는 힘든 정의이다.

② 사회적 역할상실에 따른 노인(사회적 노인)

주요한 사회적 지위와 역할이 상실된 상태에 있는 사람을 노인으로 보는 것인데, 사회적 직업활동에서 퇴직한 상태 또는 가정에서 주부의 지위와 역할을 이양한 상태에 있는 사람이 이에 해당된다. 이러한 정의는 노인을 사회적 역할 면에서만 본 것으로, 사회적 지위와 역할이 분명치 못한 사람이나 그러한 사회적 역할을 수행하지 않는 상태에 있는 사람에게는 적용하기 힘들다. 은퇴 이후에는 대부분의 사회적 역할이 중단되므로, 은퇴 이후를 사회적 노인으로 정의하게 된다.

③ 역연령(歷年齡, chronological age)에 따른 노인

현재 대부분의 산업사회에서는 65세 이상을 노인으로 규정하고 있는데, 이는 1889년 세계 최초로 제정된 독일의 「노령연금법」에서 노령연금 수혜자격 연령을 65세로 규정한 전통을 따른 것이다(Johnson, 1975). 그러나 65세부터 80~90세가 넘는 고령까지를 동일한 노인집단으로 취급함으로써 노인의 개인적·사회적 특성이 무시되는 문제를 지니고 있다.

우리나라의 경우는 남녀의 평균수명이 80세 가까이 이르고 있고, 70세를 고희로 축하하고 있는 점을 고려하여 60~69세를 연소노인, 70~75세를 중고령노인, 75~84세를 고령노인, 85세 이상을 초고령노인으로 구분하는 것이 적절하다.

하지만 「노인복지법」상에는 65세로 규정하고 있고, 「국민연금법」상에는 정상 연금 수급 연령을 60세로 규정하고 있기 때문에 60세 이상을 노인으로 규정하는 것이 현실적으로 더 타당하다고 한다면 정책적·인구통계학적 의미에서도 60세 이상을 노인으로 보아야 할 것이다.

이에 따른다면 노인인구 비율, 부양지수 등도 상당히 높아질 것이며, 이것이 갖는 의미도 클 것이다. 또한 노령인구를 통계적으로 제시하고 파악할 때 60세 이상과 65세 이상을 병행하여 비교할 수 있도록 한다면 더욱더 의의가 커질 것이다.

④ 기능적 연령(functional age)에 따른 노인

노인을 역연령에 따라 일괄적으로 규정하는 것은 개인적 차이, 특히 어떤 특수한 일을 수행할 수 있는 능력의 개인차를 무시한 것이다. 이에 반하여 기능적 연령에 따른 노인은 개인의 특수한 생물적·심리적 영역에서의 기능 정도에 따라서 노인을 규정하는 것이다. 이는 특히 산업노년학(industrial gerontology)에서 관심을 갖고 발전시키고 있는 노인의 정의이다(Sheppard, 1976).

기능적 연령에 따른 노인은 노화가 가져온 다른 능력의 감퇴에도 불구하고 어떤 특수한 생물적 영역에서의 업무를 수행할 수 있다는 전제하에서, 개인이 특수한 업무를 적절히 수행할 수 없는 경우에 노인으로 규정된다. 이러한 정의는 개인 및 개인 간의 노화의 특성이 다름을 감안한 장점이 있으나, 기능적으로 보아 역연령보다 젊을 수도 있고 늙을 수도 있어 역연령에 따른 기능의 판단은 오차와 개인차가 크다고 할 수 있다. 그러므로 기능연령의 측정방법의 편의성만 잘 연구·개발되면 노인을 역연령이 아닌 기능연령으로 판단하여 좀 더 공평성을 기하고 개인차를 인정하게 되어 사회적으로 유능한 개념이 될 수 있을 것이다.

2) 노화의 이해

노화(aging)는 "시간이 흐름에 따라 유기체의 세포, 조직, 기관조직 또는 유기체 전체에 일어나는 점진적인 변화"(Beaver, 1983)라고 일반적으로 정의할 수 있다. 이러한 의미에서 보면 인간이 출생하여 죽음에 이르는 과정의 전반적인 변화를 말하는 것이다.

노화는 인간의 정상적인 성장과 발달과정 전체의 한 부분이며, 적어도 세 가지 면에서의 변화과정을 포함하는 것으로 이해되어야 한다. 즉, 생물적 노화, 심리적 노화·사회적 노화의 과정을 포함하는 넓은 뜻으로 이해되어야 한다는 것이다(장인협, 최성재, 2006).

생물적 노화(biological aging)는 신체의 기관과 체계의 구조 및 기능이 시간의 경과에 따라 변화하는 것을 의미하며, 심리적 노화(psychological aging)는 축적된 경험에 따른 행동, 감각, 지각기능, 자아에 대한 인식 등이 시간의 변화에 따라 변화하는 것을 의미한다. 마지막으로, 사회적 노화(sociological aging)는 생활주기를 통하여 일어나는 규범, 기대, 사회적 지위 및 역할의 변화 등을 의미한다.

이러한 세 가지 면의 노화는 개인에 따라서뿐만 아니라 개인 내적으로도 각각 다르게 일어나기 때문에 개인 간, 개인 내에서의 차이가 당연히 있다.

2. 노화 관련 주요 이론

1) 생물적 노화

인간은 하나의 유기체로 발생하여 출생하고 성장·발달하여 결국은 죽음으로 그 활동을 정지하게 된다. 이러한 과정에서 생물적 또는 신체적 변화를 겪게 되며, 이러한 일련의 변화 가운데서 생물적 퇴화과정이 재생성과정을 능가하여 결국은 유기체의 파괴가 일어난다. 이러한 변화의 과정을 생물적 노화(biological aging)로 보는데, 생물적 노화는 결국 생명의 종식을 가져오게 된다. 사람은 왜 늙는가, 무엇 때문에 신체에 변화가 생기는가, 이러한 변화를 어떻게 지연시킬 수 있을까 등의 의문은 고대부터 인류의 관심사였다. 따라서 이러한 생물적 노화에 대한 관심은 노년학의 가장 오래된 연구대상이 되어 왔다.

먼저 생물적 노화의 특성을 검토하고, 생물적 노화의 주요 이론을 간략히 소개한 다음, 노인에게 일어나는 생물적 변화의 구체적인 현상을 살펴보기로 하자.

(1) 생물적 노화의 특성

생물적 노화는 노화의 가장 기본 개념으로 가장 손쉽게 관찰 가능한 과정이기 때문에 노화라고 하면 먼저 생물적 노화를 생각하게 된다. 생물적 노화는 인간 생명이 시작되는 태아기부터 사망에 이르는 전 생애 동안 신체적 · 생리적으로 해로운 변화가 축적되어 나타나는 과정을 의미한다(Hampton, 1991). 더 상세한 생물적 노화의 개념은 스트렐러(Strehler, 1977)가 제시한 다음과 같은 생물적 노화 판별기준을 적용하여 이해하는 것이 바람직할 것이다(Atchley, 2000; Hooyman & Kiyak, 1999).

- 생물적 노화는 모든 사람에게 보편적으로 일어나는 것이어야 한다. 예를 들면, 신체의 면역체계가 약화되는 것은 모든 사람에게 공통으로 일어나는 현상이다. 물론 그 시기 및 진행속도에서는 어느 정도의 차이가 있을 수 있으나 결국은 모든 사람에게 공히 일어나는 변화이다. 반면에 암과 같은 질병은 특정 개인에게만 일어나는 것이지 결코 모든 사람에게 일어나는 것이 아니므로 노화현상이 될 수 없다.
- 생물적 노화의 주원인은 신체 내적인 데 있어야 한다. 과도하게 방사선에 노출되면 신체적 변화가 생기지만 이것은 신체 외적인 데 원인이 있으므로 이러한 변화는 생물적 노화현상이라고 볼 수 없다.
- 생물적 노화는 신체적 기능에 부정적 영향을 미쳐 생명의 종식에 기여하는 것이어야 한다.
- 생물적 노화는 점진적으로 일어나야 한다. 예를 들면, 기능의 상실도 장기간에 걸쳐 서서히 일어나야 한다.

이러한 네 가지 조건이 구비된 신체적 변화과정이, 곧 생물적 노화이며, 이와 같은 생물적 노화는 개인적인 차이가 있을 뿐 아니라 개인의 신체적 기관 또는 기능 간에도 차이가 있다는 점을 유의하여야 한다. 역연령에 따라 65세가 되었다고 해서 모든 사람이 다 같은 노화현상을 보이는 것이 아니다. 예를 들면, 시력은 큰 문제가 없으나 청력은 상당히 약해지는 현상을 볼 수 있는 것이 바로 개인 간 및 개인 내에서의 생물적 노화의 차이를 말하는 것이다.

(2) 생물적 노화의 주요 이론

생물적 노화의 원인에 관한 이론은 30여 가지 이상이나 있는데, 이 이론은 유전적 이론(genetic theory), 비유전적 세포이론(nongenetic cellular theory), 면역이론(immunological theory), 생리적 통제이론(physiological control theory)으로 나누어 볼 수 있다. 이 분류를 기준으로 이에 속하는 주요 이론을 간략히 소개한다.

① 유전적 이론

- 예정계획이론(Shock, 1977): 유전인자(DNA) 속에 노화의 속성이 미리 프로그램화되어 있다가 유기체가 적절한 시간이 경과함에 따라 그 노화의 속성이 나타남으로써 노화현상이 생긴다는 이론
- DNA 작용과오이론(Shock, 1977): DNA가 단백질 또는 효소를 결합시키는 과정에서 DNA에 포함되어 있는 유전정보(genetic code)에 맞지 않는 것을 생산하게 되는데 이러한 단백질이나 효소가 축적되어 노화를 일으킨다고 주장하는 이론

② 비유전적 세포이론

- 사용마모이론(wear-and-tear theory; Wilson, 1974): 기계를 많이 사용하면 부품이 마모되어 그 기능이 약화되고 정지되는 것과 같이 신체기관도 오래 활동하면 점진적으로 기계처럼 퇴화된다는 이론
- 노폐물 축적이론(waste-product theory; Atchley, 2000): 세포 속에 해로운 물질과 제거될 수 없는 폐기물이 생성되어 축적되는데 이러한 축적된 폐기물질이 세포의 정상적인 기능을 방해함으로써 노화현상이 생긴다는 이론
- 교차연결이론(cross-link theory; Bjorksten, 1974): 세포 내의 단백질로서 가장 많은 교원질(콜라겐, collagen)의 분자들이 서로 상대에게 부착되어 이들 분자가 움직일 수 없게 되는데, 이와 같은 상태는 화학적 반응을 유발한다. 이에 따라 조직은 탄력성을 잃게 되어 노화가 촉진된다는 이론

- 활성산소이론 또는 유해산소론(free radical theory; Harman, 1981): 세포가 산소를 흡수하여 신진대사를 수행하는 과정에서 짝을 짓지 못한 전자(electron)를 하나 더 가진 불안정적인 분자를 생성하는 경우가 많은데, 이러한 불안정적인 분자를 활성산소라고 한다. 이와 같은 활성산소는 신진대사 과정에서 불가피하게 생성되는 것이며, DNA 돌연변이, 분자의 교차연결 촉진, 단백질 기능변화 등 부작용을 초래한다. 이런 활성산소의 부작용 행동은 다른 분자와 짝을 지어 안정적 분자가 되거나 항산화물질(antioxidant)을 만날 때까지 계속된다. 체내에서 활성산소의 부작용 행동을 제어할 수 있는 효소가 생산되지만 충분하지 못하고 체외에서 항산화물(예: 비타민 E, C, 요산 등)을 투입하는 데도 한계가 있기 때문에 활성산소의 부작용은 제대로 통제하기 어려워진다. 활성산소의 이와 같은 부작용은 결국 정상적 분자의 기능에 손상을 초래하고 축적된 손상은 결국 조직의 기능손상이라는 노화를 촉진하게 된다고 주장하는 이론
- 신체적 변이이론(somatic mutation theory; Harris & Cole, 1985): 세포가 방사선이나 기타 원인 때문에 상해를 받으면 세포 원래의 성질이 변하고 이렇게 변이된 세포가 축적되어 노화가 일어난다고 주장하는 이론

③ 면역이론

- 면역반응이론(immune reaction theory; Atchley, 2000): 항체의 이물질에 대한 식별능력이 저하되어 이물질을 다 파괴하지 못하게 되는데 미처 파괴되지 못한 이물질이 계속 체내에 있으면서 부작용을 일으켜서 결국은 노화를 촉진한다는 이론
- 자동면역반응이론(autoimmune reaction theory; Atchley, 2000): 체내의 면역체계가 항체를 만들 때 정상세포까지 파괴하는 항체를 만들게 되고, 이러한 자동면역항체가 계속 증가하여 정상세포를 파괴함으로써 노화가 진행된다고 주장하는 이론

④ 생리적 통제이론

- 유기체 내의 내분비선, 신경조직 등과 같은 주요 통합·조정기능의 상실이 노

화의 진행을 촉진한다는 것이다(Shock, 1977).

(3) 생물적 노화의 구체적 현상

생물적 노화로 인해 사람의 신체에 일어나는 구체적 현상을 신체 구조적인 면과 신체 내부 기능적인 면으로 구분하고, 이에 관련된 다양한 현상 중 중요한 것을 중심으로 살펴보기로 하겠다.

① 신체 구조적인 면

신체 구조적인 측면에서 노화는 신체 주요 성분과 골격, 피부, 수의근, 신장, 모발, 치아, 장기의 무게 등의 변화를 일으킨다.

신체 주요 구성성분을 지방(fat), 조직(tissue), 뼈(bone), 수분(water)으로 나누면, 노화에 따라 지방은 크게 늘어나고, 조직은 줄어들고, 뼈는 거의 변화가 없으며, 수분은 상당히 줄어들어 뼛속의 칼슘이 고갈됨으로써 뼈가 가벼워지고 밀도도 낮아진다. 이러한 이유로 노인은 젊은이에 비하여 쉽게 골절상을 입는다. 또한 신체 접합부분의 움직임이 더욱 굳어지고 제약을 받게 되어 관절염 등이 연령증가와 더불어 증가한다.

연령이 증가할수록 피부는 창백해지고 얼룩반점이 많이 생기며 건조해진다. 피부의 노화는 신체 내부적 요인에 따른 변화로 일어난 것을 말하지만, 주름살은 자외선의 영향이 더 크다. 즉, 햇볕(자외선)에 많이 노출될수록 피부에 주름살이 많이 생기고 거칠어진다. 또한 피부노화의 신체 내부적 요인으로 탄력성을 유지해 주는 피하층 세포가 감소되어 피부에 주름살이 생기고 피부가 처진다. 그리고 피하조직의 혈액순환 감소로 온도조절 기능이 약화되어 추위와 더위에 더욱 민감해진다.

또한 팔다리 및 골격의 일부에 붙어 있는 수의근은 수축력이 약해져서 뼈에 많은 부담을 주게 된다. 예를 들면, 50세 때의 이두근의 강도는 20~30세 때의 약 절반 수준으로 떨어진다. 신장은 연령증가와 더불어 줄어드는데, 30~90세 남자는 2.25%, 여자는 2.5% 정도 신장이 단축되는 현상을 보인다. 체중도 40~50대에서는 증가되는 것이 일반적이지만 60세 이후는 감소되며, 대개 중년기부터 모발도 회색이 되기 시작하고 결국에는 흰색이 된다. 남성이나 여성 모두 모낭이 약화되어 머리카락이 빠진다.

그 외 연령증가에 따라 치아가 빠지는데 45세를 경계로 이러한 경향이 현저하게 증가한다. 일반적으로 치아가 빠지고 남는 수는 60대에 14개, 70대에 11개, 80대에 6개 정도이다. 또한 장기의 무게는 출생 후 계속 증가하다가 노화현상이 발생하는 시기부터 감소하는데, 일반적으로 40대부터 감소현상이 나타난다. 심장은 다른 장기와는 달리 노화와 더불어 무게가 늘어나는 현상을 보이는데, 말초혈관의 동맥경화에 따른 심장비대와 지방의 증가 때문이다.

② 신체 내부 기능적인 면

- 소화기능: 치아결손, 소화효소량 감소, 근육약화에 따른 연동활동 약화 등으로 소화기능이 감퇴된다. 이에 따라 많은 경우 노인은 변비가 생긴다.
- 기초대사율: 휴식상태에서의 산소소모량인 기초대사율은 연령증가와 더불어 감소하고, 혈액 속의 당분 포함 정도인 탄수화물 대사율은 연령증가와 더불어 증가하여 혈당량이 점차 높아진다. 이에 따라 중년기 이후 당뇨병이 많이 생기게 된다.
- 세포 및 장기의 기능: 연령의 증가에 따라 세포가 사멸하거나 분열을 정지함으로써 세포의 수가 감소한다. 이러한 세포 수의 감소요인에는 여러 가지가 있으며, 세포 수의 감소는 장기의 기능저하를 초래하여 노화를 촉진한다.
- 호흡: 일반적으로 20대 이후부터 호흡기능이 감퇴되기 시작한다. 전폐용량(공기를 최대한 들이마실 수 있는 양)은 20세 이후 연령증가에 따라 감소하고, 폐활량(흡수한 공기 중에 폐에서 교환하여 밖으로 방출하는 양)도 감소한다. 반면에 잔기량(들이마신 공기 중 교환하여 방출하지 못하고 폐에 남아 있는 공기량)은 오히려 증가하며, 70세에 이르면 잔기량이 35～40% 가까이 된다. 그러므로 노인은 젊은이에 비하여 공기 흡입량이 적어져 호흡기능이 감퇴된다. 이에 따라 기관지 질환인 호흡기 질환이 많아진다.
- 혈액순환: 혈액순환은 50세부터 상당히 둔화되는 현상을 보이며 1회 심박출량

(심장박동 1회에 따른 혈액의 방출량)이 상당히 감소하고, 또한 혈액의 평균 순환 시간은 더욱 증가한다. 일본인을 대상으로 조사한 통계에 따르면, 심박출량은 연령증가에 따라 연평균 1%씩 감소하고, 혈액의 평균 순환은 23.7초인데 연평균 0.14초씩 증가하는 현상을 보이고 있다.

- 수면: 연령증가와 더불어 수면시간이 줄어드는 것은 사실이며, 20~55세는 약간씩 수면시간이 감소되고, 55세 이후는 급속히 감소되어 60세 이상의 노인은 5~6시간 정도의 수면시간을 갖는다. 수면은 건강을 유지하는 데 있어 중요한 요소인데, 노인에게는 불면현상이 상당히 많이 나타나고 있다. 불면은 감정 불안정, 근심걱정, 가족 간의 갈등, 죽음에 대한 공포 등의 이유로도 쉽게 나타나며, 또한 우울증, 정신분열증, 신경증의 증상으로 나타나기도 한다. 불면에는 잠을 들지 못하는 것(취면장애), 잠을 깊이 들지 못하는 것(숙면장애), 일찍 잠이 깨는 것(조기각성), 밤낮이 바뀌는 것(주야역행) 등이 있는데, 취면 및 숙면장애의 혼합형이 가장 많고, 밤에 일찍 취침하기 때문에 새벽에 잠이 깨는 경우와 밤에 배설을 위해 일어났다가 아침까지 잠을 자지 못하는 경우도 많다.

- 야뇨: 밤에 소변을 보는 경우도 연령증가에 따라 증가한다. 노화과정에 따라 소변을 통제하지 못하는 경우가 발생하는데, 이를 요실금(urinary incontinence)이라고 한다. 또한 요실금과 관련하여 대변을 통제하지 못하는 경우도 발생하는데, 이를 변실금(fecal incontinence)이라 한다. 장기요양보호를 받고 있는 65세 이상 노인을 대상으로 한 조사(이가옥 외, 1999)에 따르면, 조사대상 노인의 약 50%가 실금을 한 적이 있다고 했고, 실금을 한 경험이 있는 노인 중 요실금을 한 경우가 28%, 변실금을 한 경우가 8%, 요실금과 변실금을 모두 한 경우가 64%였다.

2) 심리적 노화

인간은 하나의 생물적 유기체로 생존하고 변화하고 사멸하는 존재에 그치지 않고 환경 속에서 어떤 사물이나 현상을 감지하고 생각하고 반응을 보이고 목적이 있는 행동을 하는 실체이다. 그러므로 노화가 생물적 측면에서뿐만 아니라 심리적인 측면에서 어떠한 변화를 초래하는지를 검토하는 것은 아주 중요하다.

이 장에서는 개인적이고 심리 내적인 감각기능, 지각기능, 심리근육운동 기능, 정신기능, 본능적 욕구, 동기, 정서의 변화와 심리 내적 요소와 심리 외적 요소 간 상호작용의 결과인 성격 특성에 대하여 살펴본 후, 끝으로 노화와 관련된 심리적 이론을 검토해 보기로 한다.

(1) 감각기능

감각기능은 신체의 내적 및 외적 변화와 상황에 대한 정보를 수집하여 뇌에 전달하는 기능을 말하는데, 이러한 정보수집의 수단은 바로 시각, 청각, 미각, 후각, 촉각 및 통각의 기관이다.

① 시각

시각기능의 기관은 눈으로 빛의 질을 조절하는 수정체와 빛의 양을 조절하는 홍채의 작용으로 망막에 물체의 상을 정확히 맺어 색채, 강도, 거리, 폭 등을 파악하는 일을 한다. 연령이 증가함에 따라 수정체의 조절능력이 약해져서 근거리에 있는 물체의 상을 명확히 맺을 수 없게 된다. 노인은 많은 경우에 가까운 물체의 상을 명확히 맺을 수 없다. 따라서 가까운 물체를 정확히 식별하기 위하여 돋보기안경을 쓰는 노인이 많다. 또한 노화가 되면 수정체의 섬유질이 증가하여 차양처럼 가려서 시각이 흐려지는 현상인 백내장이 생기는 경우가 많다.

또 연령증가에 따라 색깔 감지능력이 크게 변하는데, 수정체의 색채가 노란색으로 변하는 황화현상(yellowing) 때문에 노란색, 주황색, 빨간색 계통의 색은 더 잘 구별할 수 있게 되지만, 보라색, 남색, 파란색 계통의 색은 잘 구별할 수 없게 된다(Botwinick, 1978). 연령이 증가함에 따라 동공의 지름이 줄어들고 이에 따라 빛이 눈에 들어오는 양이 크게 줄어든다. 60세의 노인은 20세의 젊은이가 받아들이는 빛의 1/3 정도밖에 받아들이지 못한다는 연구결과가 이를 뒷받침한다(Atchley, 2000). 따라서 노인은 높은 조명도의 빛이 필요하다. 노인은 눈이 빛을 받아들이는 능력이 저하되면서 어두움에 대한 감지와 적응능력이 약해진다. 그러므로 특히 밤에 운전하는 것은 어려움이 많고 상당한 위험이 따를 수 있다.

이와 같이 노화는 시력상실에 분명히 영향을 미치고 있음을 알 수 있다. 이를 뒷받침할 수 있는 미국의 한 연구에 따르면, 조사대상의 시력 상실자 중 55%가 65세 이후에 시력이 상실되었다고 한다(Birren, 1964).

② 청각

청각기능은 시각기능 다음으로 중요한 기능으로서 주로 소리의 고저, 강도(시끄러움의 정도) 및 간격(소리가 발생하는 시간 간격)을 식별한다. 나이가 증가함에 따라 소리의 고저 및 강도에 대한 감지능력은 큰 변화가 없는 것으로 보고되고 있다(Atchley, 2000). 청력손실(hearing loss)은 사실상 20세 정도부터 시작되어 아주 서서히 진행되다가 50세 이후부터 조금씩 느끼기 시작한다. 저음(초당 진동수가 낮은 소리)에 대한 감지능력의 저하는 아주 경미하지만 고음에 대한 감지능력은 상당히 약해진다. 또한 연령이 증가할수록 강도가 낮은 소리(크기가 작은 소리, 볼륨이 낮은 소리)를 잘 듣지 못하게 된다.

이상에서 볼 때 청력손실이나 시력손실은 겹쳐서 발생하지 않는 이상 상호 보충적으로 기능을 보완할 수 있는데, 두 가지가 겹쳐 발생하면 개인생활 및 사회생활이 더욱 곤란해지는 점을 감안하여 다른 능력과 기회를 잘 활용할 수 있도록 하는 것이 노인보호의 주요 착안점이 될 것이다.

③ 미각

노화와 미각에 대한 과거의 연구에서는 노화에 따라 혀의 맛봉오리(taste buds) 수가 감소되어 맛을 제대로 느끼지 못하게 된다고 보았다. 그러나 이후의 연구에서는 노화에 따라 맛봉오리가 상실되는 것이 아니라는 주장이 나오고 있다(Hooyman & Kiyak, 1999). 노화에 따라 네 가지 기본 맛(단맛, 신맛, 쓴맛, 짠맛)을 느끼는 정도는 한 가지 이상이 약해지는 경우는 드물고 개인에 따라 맛의 종류에 따라 미각기능의 약화가 다르게 나타난다는 것이다. 현재까지의 연구결과는 단편적이어서 전반적인 결론을 얻기 힘들다. 또한 미각은 후각과도 연계되어 있어 음식에 특별한 향이 나게 하는 것도 노인이 음식 맛을 즐기게 하는 데 크게 영향을 미친다고 할 수 있다.

④ 후각

현재까지의 연구결과에 따르면, 후각은 노화에 따라 약화된다(Hooyman & Kiyak, 1999). 후각의 약화는 구미를 낮게 만들고 음식의 맛을 잘 느끼지 못하게 하여 식욕 상실과 영양실조 상태까지 초래할 수 있다. 그러므로 노인의 경우 음식에 향료 등을 넣어 맛을 돋우는 것도 중요하다. 그 외에 일상생활에서 후각 약화에 유의해야 할 점은 안전이 위협받을 수 있다는 것이다. 예를 들면, 가스 냄새를 제대로 맡지 못하면 화재를 당하거나 질식하여 사망할 수도 있다.

⑤ 촉각

신체 부위에 대한 접촉의 민감성은 대체로 45세경까지는 증가하다가 이후는 현저히 감퇴되는 경향이 있다(Atchley, 2000). 그러므로 노인은 접촉의 강도가 높아야 쉽게 접촉을 느낄 수 있다.

⑥ 통각

통각은 신체의 안전에 위험을 주는 응급상황이 있음을 알리는 주요한 감각기능이다. 현재까지의 연구결과는 통증에 대한 민감성이 연령증가에 따라 약화된다는 편이 우세하나 확실한 결론을 내리기는 어렵다. 통각은 주관적인 것이어서 개인에 따른 차이가 크고, 또한 문화적인 요인에 따라서도 달리 느껴지므로 통각을 측정하는 데 어려움이 있으며, 연구결과도 일치하지 않을 가능성이 크다.

(2) 지각기능

지각기능은 감각기관을 통하여 수집된 자료(정보)를 의식적인 수준에서 처리하고 평가하는 기능인데, 지각기능 및 그 과정에 관한 연구는 감각기관에 관한 것보다 훨씬 뒤지고 있는 편이다.

지금까지의 연구결과에 따르면, 노화에 따라 지각과정의 속도가 저하되고 있다는 것이 일반적이다. 이 때문에 노인은 환경의 변화에 즉각적으로 대처하는 행동이 잘 이루어지지 못하고 안전사고를 당하는 경우도 많다. 노인은 시간경과에 대한 지각이 무디어져서 시간을 무감각하게 흘려보내는 일이 많으며, 움직이고 있는 물체의 속도에 대한 지각도 둔화된다. 이처럼 지각능력이 둔화되는 것은 생물적 노화로 외부의 자극과 정보를 처리하는 신경체계의 활동속도가 느려졌기 때문이라고 설명할 수 있다. 감각 및 지각과정의 기능저하는 70세 이전까지는 순수한 생물적 노화에 따른 것보다는 질병 및 기타 특수한 상황의 영향에 따라 크게 촉진된다고 하는 연구도 있다 (Birren, 1964).

(3) 심리근육운동 기능

감각기관을 통하여 외부 자극에 대한 정보가 투입되면 지각기능에 따라서 의미가 부여되고, 다른 정보와의 관련 속에서 의미가 부여된 정보가 통합되어 자극에 대한 반응행동을 결정하고, 뇌는 그것을 수행할 것을 근육기관에 지시·전달하여 최종적으로 근육기관의 활동이 이루어진다. 이러한 일련의 과정 가운데서 감각기관을 통해 투입된 정보가 이에 대한 필요한 근육운동으로 종결되어 나타나는 것을 심리근육운동 기능이라고 한다. 심리근육운동은 노화에 따라 느려지는 것이 일반적인데, 이는 주로 반응시간이 많이 걸리기 때문이다.

반응시간(reaction time)은 자극이 주어진 이후부터 그 자극에 대한 반응행동이 시작되기까지 걸린 시간을 말하는데, 노화에 따라 길어진다. 또한 주어진 자극이 복잡할수록 반응시간은 더욱 길어진다. 젊은이는 일반적인 운동속도가 빠르므로 빨리 진행하여 시행착오(trial and error)의 과정을 반복할 수 있는 여유가 있는 데 비하여, 노인은 일반적인 운동속도가 느리므로 시행착오 과정을 되풀이할 시간적 여유가 없어 한 번을 해도 정확성을 기하려고 조심스럽게 하기 때문에 반응시간이 길어지는 경향이 있다. 이러한 반응시간의 지연은 노인의 인지능력에 별로 영향을 미치지 않는 것으로 보인다(Atchley, 2000). 이와 관련하여 볼 때 주어진 시간 내에 처리를 요하는 문제나 활동은 노인이 젊은이보다 뒤처질 가능성이 높지만, 시간제약을 크게 받지 않는 일은 노인이 잘해 낼 가능성이 높다.

(4) 정신기능

앞에서 논한 감각기능, 지각기능, 심리근육운동 기능은 생물적 유기체로 활동하는 데 충분한 기능이 될 수 있지만, 동물과는 다른 사람으로서의 기능을 하기에는 충분하지 못하다. 그러나 정신기능은 사람이 사람다운 기능을 하는 특징적인 기능으로 앞서 언급한 기능을 기초로 하고 있다. 정신기능은 지능, 학습능력, 기억력, 사고능력, 문제해결능력, 창의성 등의 다양한 요소로 나눌 수 있다.

① 지능

지능은 '새로운 것을 학습할 수 있는 능력' 또는 '환경에 적응할 수 있는 인지능력'이라고도 할 수 있다. 그러나 웩슬러(Wechsler, 1958)가 정의한 것처럼 "개체가 유목적적으로 행동하고 합리적으로 사고하며 환경을 효율적으로 처리해 나가는 종합적이고 총체적인 능력"으로 보는 것이 좋을 것이다. 웩슬러의 정의에서와 같이 지능은 사람의 잠재적·현재적인 능력을 모두 포함하는 것으로 정의되지만, 정의된 대로 실제 측정하는 것은 지극히 어려운 일이다. 일반적으로 연령이 증가함에 따라 지능이 쇠퇴한다고 이해되고 있는데, 이러한 결론에 다소 문제가 있다고 주장하는 학자 중에서는 연령보다도 교육 정도가 훨씬 더 큰 영향을 미친다고 주장하는 사람도 있다(윤진, 1985; Botwinick, 1978).

② 학습능력

학습은 연습이나 경험을 통하여 정보나 기술을 습득하는 것을 말하는데, 실제로는 과업수행의 결과로서 측정된다. 과업수행에 관한 제반 연구에서는 연령이 증가할수록 학습능력이 저하된다고 한다. 학습능력에는 다른 요인도 복합적으로 영향을 미치므로 연령적 요인이 학습능력을 약화시키는 데 어느 정도로 기여하는지에 대해서는 불분명하다. 학습능력이 저하된다고 해서 노인이 학습을 할 수 없다는 것은 아니다.

노인에게 충분한 시간이 주어질수록, 학습과제가 의미가 있고 분명할수록, 학습내용이 구체적이고 잘 조직되어 있을수록, 그리고 학습결과에 대한 피드백이 있을수록 학습능력은 향상된다.

③ 기억력

기억은 감각기관을 통하여 받아들인 정보를 부호화해서 저장해 두었다가 다시 인출해 내는 것을 말한다. 즉, 정보는 입력 → 저장 → 인출의 과정을 거친다. 최근의 연구에 따르면, 기억의 구조는 감각기억(sensory memory) → 단기기억(short-term memory) → 장기기억(long-term memory)으로 이루어진다. 감각기억은 감각기관을 통하여 입수된 정보로 짧은 시간 동안(1초 이내)에 인식되어 머물러 있는 것이고, 그 정보에 의식적 관심이나 주의를 기울이면 단기기억으로 머물러 있다가 부호화되어 장기기억으로 전환되어 저장된다. 노화과정에 따라 감각기억의 과정에서 과도한 정보가 주어지거나 방해되는 정보가 주어지면 부호화에 문제가 생기고 짧은 시간 동안에 주어진 정보를 체계적으로 잘 처리할 수 없게 된다. 정보를 체계적으로 잘 조직화하고 부호화하지 못하게 됨으로써 저장이 체계적으로 이루어지지 못하는 경우가 많다. 게다가 그렇게 저장된 정보마저도 살아오면서 저장된 정보가 서로 뒤엉켜 간섭하기 때문에 인출이 어려워져 기억력이 약화된다고 할 수 있다. 노인은 옛날 일의 기억은 비교적 생생하지만 최근의 새로운 일은 잘 기억하지 못한다. 옛날 일은 간혹 장기기억에서 회상하거나 인출하는 절차를 거쳐 문제없이 회상해 낼 수 있지만, 기억과정에서 부호화의 문제나 장기기억체계에의 체계적 저장문제 등으로 인출(회상)을 잘할 수 없기 때문에 최근의 것은 잘 기억하지 못하는 경향이 있다.

④ 사고능력

사고는 학습과 지각을 통하여 받아들인 정보(자료)를 구별하고 분류하여 개념화하는 과정을 말한다. 현재까지의 제반 연구에서는 연령이 높아질수록 노인의 개념형성능력의 약화로 사고능력이 저하된다고 보고되고 있다. 이러한 사고능력은 교육수준 및 지능에 따라서도 크게 영향을 받으므로, 노인으로서 높은 사고능력을 유지하는 것은 바로 과거의 교육, 추상화 또는 개념화의 경험이 많고 또한 지능도 높기 때문일 것이다.

⑤ 문제해결능력

문제해결은 사고과정을 통하여 형성된 개념으로부터 논리적인 추리를 하여 결정을 내리는 것을 의미하는데, 연령증가에 따라 문제해결능력이 저하되는 것이 일반적인 현상이다. 따라서 문제해결에서의 오류도 연령증가에 따라 증가한다. 그러나 이러한 문제해결능력도 교육수준, 지능, 직업, 동년배집단 효과 등에 따라서 크게 영향을 받는 것으로 나타났다. 케슬러와 데니, 휘틀리(Kesler, Denney & Whitely, 1976)의 연구에 따르면, 교육수준과 비언어적 지능의 수준을 통제했을 때(즉, 교육수준과 비언어적 지능수준이 같았을 때) 연령변화의 영향은 거의 발견할 수 없다.

⑥ 창의성

개인의 독특하고 발견적인 문제해결능력을 창의성이라 할 수 있다. 몇몇 연구에 따르면, 창의성이 노화와 더불어 떨어진다는 단순한 결론을 내리기는 어렵다. 리먼(Lehman, 1953)은 위대한 사람이 창의적인 업적을 낸 비율을 연령에 따라 계산해서 비교해 본 결과, 창의적인 업적은 30대에서 가장 많이 나왔으며, 그 후 서서히 하락하여 50대까지 80%가 나왔고, 60대 이후에는 20%밖에 되지 않았다. 그러나 그의 표본에서 사용된 사람 중 일찍 사망한 사람이 많았고 이 때문에 위대한 업적을 낸 평균연령이 낮아졌을 뿐 아니라 노인의 능력감퇴가 과장되고 말았다. 한편, 데니스(Dennis, 1966)는 19세기까지 살았던 인문학, 과학, 예술 분야에서의 창의적인 사람의 업적(반드시 질 높은 작품만은 아님)을 연령별로 조사해 보았는데, 전반적으로 40대가 가장 많은 업적을 낸 시기였고, 그 이후는 약간 떨어질 뿐이었다. 인문학 분야의 학자를 보면, 70대까지도 40대와 별 차이가 없이 활발하였다. 그러나 과학자의 경우는 60대 이후에 업적이 상당히 떨어졌으며, 예술가의 경우는 40대 이후 70대까지 계속해서 크게 떨어지고 있음을 볼 수 있다.

이상의 몇몇 연구에서 보면, 연령과 창의성의 관계는 종사하는 분야에 따라 상당한 차이가 있고, 창의성은 동기, 압박감, 노력, 보상 등에 따라서 크게 영향을 받으므로 개인 간의 차이가 더욱 다양해질 수 있음을 알 수 있다.

(5) 본능적 욕구

본능적 욕구는 학습되지 않은 신체적 에너지로서 사람으로 하여금 어떤 행동을 하고 싶도록 만드는 힘이다. 연령증가와 관련되어 기본적인 본능적 욕구는 식욕, 성욕, 활동욕 등이 있다.

① 식욕

노인은 젊은이에 비하여 배고픔을 오래 참고 식욕이 약한 편이라고 할 수 있지만, 식생활 습관에 따라 개인적인 차이가 상당히 있다(Atchley, 2000).

② 성욕

성욕 자체는 남녀 불문하고 연령에 따라 약화되는 것은 사실이고, 이에 따라 성행위가 줄어들기는 하지만 없어지는 것은 아니다. 노년기의 성행위는 성적 쾌감의 극치에 도달할 수 있는 능력, 상대자의 연령, 건강상태 및 사회·심리적인 요인(파트너에 대한 싫증, 피로, 실패에 대한 불안, 다른 활동에의 정신집중 등)에 따라서 크게 영향을 받는다. 노년기에는 정기적인 성행위를 갖는 것이 효과적인 성행위를 유지하는 데도 더 많은 도움이 된다고 한다.

③ 활동욕

활동을 하고 싶은 욕구는 연령증가에 따라 다소 줄어드는 경향이 있으나, 연령증가의 요인보다는 신체의 에너지가 저하되므로 어떤 활동을 즉각적으로 하지 못하는 경우가 더 많다.

(6) 동기

동기는 구체적으로 목적 추구적인 행위를 위한 추진력이다. 노화에 따른 동기의

약화는 아주 경미한 정도라고 할 수 있으며, 동기는 연령의 변화보다는 목표의 구체
성과 보상의 크기에 따라 크게 좌우된다고 할 수 있다(Kuhlen, 1964).

(7) 정서

감정은 때때로 소화기관이나 순환기관의 생리적 변화까지도 수반하는 강한 정신
적 상태로서, 주로 신체 외적인 상황에 대한 반응으로 야기되며 불안, 격노, 슬픔, 기
쁨, 놀라움 등을 포함한다. 노화에 따라 감정적인 표출능력이 저하된다(Dean, 1962)
고 하지만, 연령증가에 따른 영향보다는 사회·문화적 요인이 더 크게 작용하는 것
으로 본다. 즉, 감정표출을 억제하는 것이 바람직하다는 사회·문화적인 압력 때문
에 감정표출이 저하되는 경우가 더 많다는 것이다.

(8) 성격 특성

성격은 한 개인의 정신적 기능과 행동양식의 복합적이고 상호의존적인 체계로서
개인이 다른 사람과 구별되는 고유한 특성이라고 할 수 있다. 성격은 개인을 둘러싼
환경과 상호작용을 한 결과로 발전되는 것이다. 현재까지의 연구에 따르면, 성격은
성인기 이후 거의 변화가 없이 연속성과 안정성을 유지한다는 주장과 상당한 정도로
변화한다는 주장이 엇갈리고 있어 확실한 결론을 내리기는 어렵다. 뉴가튼, 하비거
스트와 토빈(Neugarten, Havighurst, & Tobin, 1964)의 연구에서는 성격은 성년기 이후
급격한 생활환경의 변화가 없는 한 안정성과 계속성을 유지하므로 노화에 따른 영향
은 없다고 한다. 이와 같은 주장은 많은 경우 성격의 적응 측면을 조사·연구한 결과
에 따른 것이다. 이러한 면에서 성격의 안정성이 유지되는 데는 두 가지 요인이 크게
작용한다고 본다(Atchley, 2000).

첫째, 성격의 내면적 고정화이다. 사람은 외부의 자극이나 어떤 현상에 대하여 지
금까지 해 왔던 방식대로 반응을 보일 것을 자기 자신에게 기대하고 이에 따라 반복
된 비슷한 반응양식을 내면적으로 고정화한다.

둘째, 지금까지의 습관적 방식으로 사회적 현상을 다룰 수 있도록 자신의 사회적
환경을 만드는 것이다. 다시 말해서, 성격이 연속성이 있고 안정적으로 유지되는 것

은 환경에 대한 반응양식을 습관적인 방식으로 유지하고, 또한 이러한 자신의 습관적인 반응양식이 통할 수 있는 환경을 조성하여 왔기 때문에 그렇다는 것이다.

사람은 일생의 과정을 통하여 새로운 사회적 역할을 취득하고 새로운 경험을 하면서 자신의 습관적인 반응양식을 변화시키므로 이에 따라 성격 특성도 변한다는 사실이 최근의 많은 연구에서 밝혀지고 있다. 여기서는 노년기 성격변화의 특성을 잘 제시하고 있는 윤진(1985)의 설명을 중심으로 노인의 성격변화의 특성을 간략히 살펴보기로 한다.

① 우울증 경향의 증가

우울증 경향은 노년기 전반에 걸쳐 증가한다. 신체적 질병, 배우자의 죽음, 경제적 사정의 악화, 사회·가족에게서의 소외 및 고립, 일상생활에 대한 자기통제의 불가능, 지나온 세월에 대한 회한 등이 원인이 되어 우울증이 증가한다. 이러한 우울증 경향은 많은 경우 불면증, 체중감소, 감정적 무감각, 강박관념, 증오심 등의 구체적인 증상을 유발하기도 한다. 우울증은 개인의 적응능력 수준에 따라 정도가 다르며, 우울증 현상을 전혀 보이지 않는 노인도 많다.

② 내향성 및 수동성의 증가

노화에 따라 내향성과 수동성이 증가된다는 주장은 많은 연구에서 뒷받침되고 있다(Atchley, 2000; Botwinick, 1978; Woodruff & Birren, 1983). 노화에 따라 관심과 주의를 외부의 사물이나 행동보다는 내면적인 자기 자신에게 돌리는 경향이 나타난다는 것이다. 즉, 외부 자극에 대한 반응보다는 자기 자신의 사고나 감정에 따라서 사물을 판단하는 경향이 많아진다. 노화에 따라 모든 문제를 능동적으로 해결하려는 경향이 약해지고, 누군가의 도움을 받아 수동적으로 해결하거나 신비적으로 또는 우연히 잘 되도록 내맡겨 버리는 경향이 증가한다.

③ 경직성의 증가

경직성은 융통성과 반대되는 개념으로, 어떤 문제해결에서 그 방법이나 행동이 옳지 않거나 이득이 없음에도 자기에게 익숙해 있는 습관적인 태도나 방법을 고수하고 이를 여전히 계속하는 행동의 경향을 말한다. 경직성은 노화에 따라 증가되는 경향이 있는데(Botwinick, 1978), 이는 노인의 학습능력과 문제해결능력을 저해하는 요인이 될 수도 있다. 경직성은 노화 이외에 문화적 및 경험적 요인에 따라서도 크게 영향을 받으므로, 오늘날 젊은이가 노인이 되었을 때는 현재의 노인세대보다 훨씬 더 경직성이 약할 것이라 예상할 수 있다.

④ 조심성의 증가

일반적으로 노인이 되면 조심성이 증가한다고 한다. 조심성 증가의 이유를 설명하는 데는 몇 가지 이론이 있다.

- 노인 스스로의 의지로서 정확성을 중요시하기 때문에 더욱 조심성이 증가한다는 이론이다.
- 시각 · 청각 등 감각능력의 감퇴를 비롯한 신체적 · 심리적 메커니즘 기능이 쇠퇴한 결과 부득이 조심스러워진다는 이론이다.
- 노인의 경우 결정에 대한 자신감이 줄어들기 때문에 확실성을 높여야만 결정이 용이해진다. 따라서 확실성을 기하기 위해서 조심성이 늘어난다는 이론이다.

이러한 이론은 각각의 타당한 면이 인정되므로 어느 한 이론의 우위를 주장하기는 어렵다. 이러한 조심성의 증가 경향에 따라 노인은 '정답을 말하기'보다는 '오답을 말하지 않기'에 더 신경을 쓰게 되는데, 여론조사 등에서 보면 '무응답' 또는 '모르겠다'는 응답에 표시를 하는 경향이 있다.

⑤ 생에 대한 회상의 경향

노년기에 이르면, 특히 생의 시간이 얼마 남지 않았음과 죽음이 가까이 다가옴을 지각할수록 지나온 생을 뒤돌아보고 회상하는 경향이 있다(Butler, 1975). 가까운 과거부터 시작하여 먼 과거로 거슬러 올라가면서 해결되지 않은 갈등문제가 없는가를 찾아서 새로운 의미로 해결을 시도하고 남은 시간에 다하지 못한 것을 해 볼 생각을 한다. 해결되지 않은 갈등이나 두려움 등을 생의 전 과정과의 연결 속에서 잘 해결하면, 생에 대한 새로운 의미를 찾고 죽음에 대한 준비를 잘할 수 있게 되어 불안도 해소할 수 있다. 이러한 생에 대한 회상에서 갈등이나 두려움의 문제를 잘 해결할 수 있으면 에릭슨(Erikson)이 말하는 노령기의 발달과업인 자아통합을 이룰 수 있을 것이다.

⑥ 친근한 사물에 대한 애착

노인이 될수록 오래 사용해 온 물건에 대한 애착이 증가한다. 집, 가재도구, 사진, 골동품, 일용품 등 여러 가지 친숙한 물건이다. 이러한 물건은 노인으로 하여금 지나온 과거를 회상하고 마음의 안락과 만족을 느끼게 하며, 나아가서는 비록 자기의 주변 세상과 세월은 많이 변하였지만 자신과 자신의 주변은 변하지 않고 일정한 방향으로 유지되고 있다는 느낌을 갖게 한다(Butler, 1975). 젊은 자녀는 집안의 고물은 버렸으면 하고, 노인은 한사코 그냥 두려고 하는 상황을 주위에서 많이 보는데, 이러한 행동은 바로 노인의 친근한 물건에 대한 애착의 표현이라고 할 수 있다.

⑦ 시간전망의 변화

사람들은 40세를 넘어 중년기에 들어서면 자기 일생의 시간을 보는 관점이 달라진다. 철학자 쇼펜하우어(Schopenhauer)가 말했듯이, 중년기의 사람은 지금까지 살아온 날을 계산하기보다는 앞으로 남은 날을 계산하기 시작한다(Butler, 1975). 노년기에 들어서면 이러한 경향이 더욱 빈번하게 나타나기 시작한다. 많은 경우 노인은 연령은 늘어나는 반면, 남은 생애는 나날이 짧아지고 있음을 느낀다. 이러한 사실을 심각하게 느끼는 사람은 과거로 물러가 과거 속의 나날을 회상함으로써 시간이 얼마 남아 있지 않다는 사실을 피하려 하거나, 또는 자신의 나이를 부정하고 과도하게 미래 지향적이 되기도 한다.

⑧ 유산을 남기려는 경향

노인이 되면 자기가 죽을 때 무언가를 남기려는 경향이 나타난다. 그들이 남기고 싶어 하는 것은 자손, 예술작품이나 문학작품, 독특한 기술, 지식, 교훈(영적인 지식), 부동산, 돈, 때로는 아름다운 기억 등이다. 이것은 에릭슨(1963)이 장년기 이후에 발달과업으로 말하고 있는 생산성의 실질적인 표현으로 볼 수 있다.

⑨ 의존성의 증가

노인은 신체적 및 경제적 능력의 쇠퇴로 의존성이 증가하는 경향이 있다. 블렌크너(Blenkner, 1969)는 노인의 의존적 경향은 병리적인 현상이 아닌 정상적인 노화의 현상이며, 네 가지의 노인 의존성이 있다고 한다.

- 임금노동자로서의 역할상실에 따른 경제적 의존성
- 신체적 기능의 약화에 따른 신체적 의존성
- 중추신경조직의 퇴화에 따른 정신적 의존성
- 생활에서 의미가 있는 중요한 사람을 상실해서 생기는 사회적 의존성(남편의 사별에 따른 가정 내 힘의 상실, 부인의 사별로 가사에 타인의 도움이 필요해짐 등)

이와 같은 네 가지의 정상적인 의존성 외에도 심리적·정서적 의존성을 더 추가할 수 있다. 노인이 될수록 심리적·정서적 의존성이 커지고, 특히 신체적 건강이 좋지 않을수록 심리적·정서적 의존성은 더 커질 수 있다.

(9) 노화와 관련한 심리적 이론

이론이란 어떤 현상을 설명하는 데 두 가지 또는 그 이상의 개념 간의 관계가 연역적 또는 귀납적으로 규명되고 경험적으로 검증되어 일반화된 상태에 있는 서술을 말한다. 개념 간의 관계 서술이 경험적(실증적) 검증을 미처 거치지 못하였지만 충분히 그럴 수 있는 가능성이 큰 가정적인 서술을 가설이라고 한다. 어떤 현상을 설명하는 데 있어서 이론과 가설은 엄격한 의미에서는 구별이 되지만 실제에서는 엄격히 구분되어 취급되지 않는 경우가 많다. 즉, 실제에서는 많은 검증을 거쳐 일반화 정도가 높은 서술일수록 이론에 가깝고, 그렇지 못할수록 가설에 가깝다고 할 수 있다. 그러므로 이론이라고 부르는 많은 것이 엄격한 의미에서 이론이라기보다는 가설 정도에 그치고 있다. 노화의 심리적 측면에 관한 이론도 대부분 이론적인 발전의 역사가 짧고 아직도 경험적 차원에서의 검증이 충분히 이루어지지 않아서 엄격한 의미로 이론이라고 보기에는 문제가 있다.

또한 노화에 관한 이론이 발전 초기부터 거의 전적으로 노년기 적응에 관련된 것이었으므로 심리적 이론도 노년기의 심리적 적응을 다루는 이론이 대부분이다. 여기에서는 중요하다고 간주되는 몇 가지 이론을 간략히 검토하기로 한다.

① 에릭슨의 심리사회 발달단계이론

에릭슨(1963)은 프로이트(Freud)의 심리성적(psycho-sexual) 성격발달이론을 수정·확대하여 심리사회적 성격발달이론으로 발전시켰다. 에릭슨에 따르면, 성격의 발달은 개인의 심리 내적 요인이 대인관계의 사회적 접촉을 가짐에 따라 단계적으로 발전된다. 성격의 발달단계는 영아기에서 노년기까지 8단계로 구분되고, 각 단계마다 발전시켜야 하는 긍정적인 성격 형성과 긍정적인 특성을 발전시키지 못할 때 부정적인 성격 특성이 형성되며, 다음 단계로의 발달은 현 단계까지의 축적된 발달에 의존하고, 그중 특히 현 단계에서의 발달에 크게 의존하게 된다.

이 이론에 따르면 마지막 단계인 8단계, 즉 노년기에서 발달시켜야 하는 과업은 자아통합이다. 자아통합이 발달되지 못하면 절망의 태도가 형성된다. 여기서의 자아통합은 자기의 과거 및 현재의 인생을 바라던 대로 살았다고 받아들이고, 만족스럽게 여기고, 의미 있게 생각하며, 앞으로 다가올 죽음을 인정하고 기다리는 태도를 갖는 것을 말한다(Erikson, 1963). 절망은 자기의 과거 및 현재의 인생을 후회하고 불만스럽게 생각하고, 다시 기회가 주어진다면 지금과는 다르게 살겠다는 생각을 하며, 죽음 앞에 남은 시간이 너무 짧아 어떻게 할 수 없기 때문에 불안하고 초조해하며 절망적인 태도를 갖는 것을 말한다. 노년기 발달과업의 해결은 앞의 7단계의 축적된 발달과업 해결의 성패에 크게 달렸으며, 특히 전 단계인 중년기의 생산성

(generativity)이라는 과업의 해결에 크게 좌우된다.

② 펙(Peck)의 발달과업이론

펙(1968)은 에릭슨의 자아통합 대 절망을 노년기의 주요 발달과업으로 인정하면서 에릭슨의 7단계와 8단계를 통합하여 7단계 이론을 주장하고 있다.

펙은 7단계인 중년기 이후의 발달과업을 다음과 같이 세 가지로 보고 있다.

- 자아분화(ego-differentiation) 대 직업역할 몰두(work role preoccupation)
- 신체초월(body transcendence) 대 신체몰두(body preoccupation)
- 자아초월(ego transcendence) 대 자아몰두(ego preoccupation)

자아의 정체감(identity)과 가치관(feeling of worth)은 자아의 직업역할에 크게 의존하고 있다. 자아가 잘 분화되어 있는 경우는 자아의 지지기반을 직업역할 이외에 여러 가지 역할에 나누어 두고 있는 데 비하여, 자아의 분화가 약한 경우는 거의 전적으로 자아의 지지기반을 직업역할에 두고 있다. 따라서 자아분화가 잘되어 있는 경우는 퇴직으로 직업역할을 상실했다고 해도 이외의 다른 역할을 통하여 자아정체감을 유지할 수 있지만, 자아분화가 잘되어 있지 않은 경우는 직업역할의 상실로 자아 지지기반을 상실하여 자아정체감을 유지할 수 없게 된다(Bornstein, 1980). 그러므로 중년기 이후 노년기까지의 발달과업 중 하나는 자아 지지기반을 직업역할 이외의 다른 역할에도 잘 분배하여 자아분화가 이루어지도록 하는 것이다. 그렇지 못하면 직업역할에만 몰두한 나머지 직업역할을 상실함에 따라 자아정체감을 상실하게 되는 부정적인 현상이 나타난다.

또 하나의 과업은 신체적 기능쇠퇴의 생물적 노화현상을 극복하고 잘 적응함으로써 생활의 만족을 얻는 것이다. 신체적 기능쇠퇴현상에만 몰두하여 그것을 극복하지 못하면 생활의 만족을 얻지 못하고, 따라서 심리적 · 사회적 기능도 크게 손상된다(Bornstein, 1980). 또 다른 과업은 현실적인 자아를 초월하는 것이다. 즉, 불안이나 두려움이 없이 자신의 죽음을 불가피한 것으로 인정하고 긍정적으로 받아들이며 자신을 현재의 생명을 넘어 미래에까지 연결하는 것이다. 이러한 자아초월의 과업이 잘 해결되지 못하면 자신의 현재 삶이 지나가는 것을 인정하지 못하고 죽음을 두려워하여 불안과 초조한 태도를 가지게 된다(Bornstein, 1980).

③ 하비거스트(Havighurst)의 발달과업이론

하비거스트(1972)에 따르면, 생의 발달단계는 생의 주기에 따라 6단계로 구분되고, 그 각각의 발달단계에 주어진 과업을 그 단계에 완수하면 행복해지고 다음 단계의 발달과업을 잘 수행할 수 있게 된다. 그러나 발달과업을 잘 수행하지 못하면 자신이 불행해질 뿐 아니라 사회에서도 용납되지 않고 다음 단계의 발달과업도 잘 수행할 수 없게 된다. 하비거스트가 제시한 마지막 6단계인 노령기의 발달과업은 다음과 같다.

- 악화되는 신체적 힘과 건강에 따른 적응
- 퇴직과 경제적 수입감소에 따른 적응
- 배우자의 죽음에 대한 적응
- 자기 동년배집단과의 유대관계 강화
- 사회적 역할을 융통성 있게 수행하고 적응하는 일
- 생활에 적합한 물리적 생활환경의 조성

④ 클라크와 앤더슨(Clark & Anderson)의 적응발달과업이론

클라크와 앤더슨(1976)은 노년기에 오래 살면 누구나 직면하는 다섯 가지 적응과업을 제시하고 있다. 그 다섯 가지 적응과업은 다음과 같다.

- 노화의 현실과 이에 따른 활동 및 행동에 제약이 오는 것을 자각하는 것
- 신체적 · 사회적 생활반경을 재정의하는 것
- 노화에 따른 제약 때문에 종전처럼 만족시킬 수 없는 욕구를 다른 방법으로 만족시키는 것

- 자아의 평가기준을 새로이 설정하는 것
- 노년기의 생활에 맞도록 생활의 목표와 가치를 재정립하는 것

⑤ 정체감 위기이론(Identity Crisis Theory)

정체감 위기이론은 밀러(Miller, 1965)가 제창한 이론으로 요지는 다음과 같다.

직업적인 역할은 개인의 정체감을 지지하고 유지시키는 기반이 되고 또한 다른 부수적인 역할(사회적 역할, 생계유지자의 역할, 여가활동의 역할 등)을 부여함으로써 직업과 관련된 자기의 정체감을 더욱 확고히 한다. 그러나 퇴직은 직업적 역할과 이에 부수되어 있는 다른 역할의 상실까지 가져온다. 더욱이 역할수행의 능력에는 이상이 없음에도 강제적이고 비자발적으로 퇴직을 당함으로써 결과적으로는 '역할수행을 할 수 없는 자'라는 낙인이 찍히고, 이러한 낙인은 남아 있는 다른 역할에까지 전가된다. 그리하여 자아기반이 무너짐으로써 정체성 유지는 위기를 맞게 되고 결국은 와해된다는 것이다(Atchley, 1971).

이러한 의미에서 사회적 규범의 지지를 받지 못하는 단순한 여가활동은 정체감을 다시 고양할 수 있는 대치물이 되지 못하므로, 정체감 와해에 대한 해결책은 사회체계 속에서 퇴직자가 수행할 수 있는 일을 찾아서 그 일을 통하여 대체적인 만족감을 가질 수 있도록 하든가, 아니면 사회적인 윤리나 규범의 지지를 받을 수 있는 완전한 여가활동을 개발하여 그에 참여토록 하는 것이다.

⑥ 정체감 유지이론(Identity Continuity Theory)

정체감 유지이론은 애치리(Atchley, 1971)가 제기한 이론으로 앞의 정체감 위기이론과 상반되는 입장에 있다. 이 이론은 자기의 정체감을 전적으로 한 가지 역할을 통하여 끌어내는 것이 아니라 여러 가지 역할을 통하여 끌어낸다는 전제하에서, 사람들이 직업적인 일에만 전적으로 전념하지 않고 다른 여러 가지 역할이나 활동을 수행하고 있다는 것이다. 그러므로 직업역할 수행만이 정체감 유지의 기반이 아니기 때문에 퇴직 후에도 여러 가지 역할에 참여하여 정체감을 유지할 수 있다. 퇴직 후에 참여할 수 있는 여가활동을 통해서도 자아지지 기반을 만들 수 있고, 또한 퇴직 후에

직업적인 역할을 수행하지 않더라도 그 분야의 직업인으로서의 정체감을 가지면서 다른 역할을 통해 자아지지 기반을 만들 수 있으므로 자아정체감은 계속 유지된다는 것이다. 그러나 이 이론은 직업역할 수행 외의 여러 역할을 많이 하고 있는 경우나 자발적인 퇴직의 경우에 관련된 자아의 문제를 설명하는 데는 유용하지만, 직업역할 에 만족하고 전념하고 있는 경우나 비자발적 퇴직의 경우 자아문제를 설명하는 데는 설득력이 약하다.

⑦ 사회적 와해이론(Social Breakdown Theory)

쿠퍼스와 벵스톤(Kuypers & Bengtson, 1973)이 제창한 이론이다. 사회적 또는 심리 적인 면에서 문제가 있는 노인에 대하여 사회적으로 인식된 부정적 피드백이 부정적 인 인식을 강화하는 순환적 틀이 되어 노인이 그 틀 속에 갇히므로 노인의 사회적 관 계와 활동이 더욱 어려워진다는 것이다. 또한 부정적인 피드백의 틀이 어떻게 순환 적으로 작용하여 노인의 사회적 활동을 어렵게 만들고 있는지를 잘 나타내고 있다.

노인은 역할상실, 적절한 준비가 없는 상황에서의 역할변화, 준거집단의 부족이 라는 취약성(사회적 또는 심리적 문제) 때문에 자기가 어떻게 하면 적절한 역할과 행동 을 할 수 있을지에 대하여 외부인(예: 개인, 사회복지기관 등)에게 조언과 도움을 요청 한다. 조언과 도움을 요청하는 그 자체가 취약성(문제가 있음)을 드러내는 것이 되고, 이러한 취약성 때문에 '문제 있는 사람'이라고 사회적으로 부정적인 낙인이 찍히게 된다. 이에 따라 그들이 갖고 있는 기술과 지식도 별로 가치가 없고 쓸데없는 것으 로 인식된다. 따라서 노인도 자신을 스스로 무능한 자로 낙인찍고, 이러한 무능자로 서의 자기낙인이 취약점이 되어 다시 외부의 도움을 요청하는 순환관계 속에 빠지게 되고, 사회적인 관계와 역할을 수행하는 데 큰 어려움을 겪게 된다. 이러한 부정적 인 피드백에 따른 순환관계를 쿠퍼스와 벵스톤은 사회적 와해증후(social breakdown syndrome)라고 했다. 그들은 이와 같은 관계를 개선할 수 있는 개입의 방법은 노인 자신이 능력과 힘이 있다는 확신을 스스로 갖게 하고, 개인적으로 부정적인 낙인을 극복할 수 있는 기술(coping skills)을 개발해 주면서 건강증진, 경제적 원조, 사회서비 스 확대 등의 사회적 환경을 개선하는 것이라고 했다(Kuypers & Bengtson, 1973).

이 이론은 특히 생산성 존중의 가치를 지향하고 있는 사회에서 노인의 사회적 관계의 문제점을 설명하는 데 상당히 유용할 것으로 생각되며, 산업사회 전반적인 상황에서도 적용될 수 있을 것이다. 또한 노인의 사회적 · 심리적 문제를 개인적 차원에서 개입하여 개선할 수 있는 개입의 실용적 근거이론으로서의 가치도 크다고 본다(Hendricks & Hendricks, 1986).

⑧ 사회구성주의 이론

사회구성주의 이론적 시각에서는 개인의 노화과정을 사회적인 정의와 사회구조에 따라 그 의미가 형성되는 것으로 이해하거나 설명한다. 사회구성체이론에서는 연령과 노화에 대한 사회적 구성체(개념)를 검토하여 개인을 사회적-구조적 맥락에 연결한다. 예를 들면, 노인에 대한 사회적 태도와 노인에 대한 고정적 사고방식에서 볼 수 있듯이 노인을 의존적이거나 성(sex)에는 관심이 없거나 일탈적인 존재처럼 사회적으로 정한다. 이 시각에서는 노화의 특성을 상황적이고 임시적이고 의미 구성적인 것으로 이해하고, 사회적 현실은 계속 변하고 노화와 성숙의 정도에 따라 상이한 생활 상황과 사회적 역할이 고려되어야 한다고 본다.

사회구성주의 이론은 개인과 개인을 둘러싼 미시적 체계 간 상호작용 속에서 노인의 사회적 관계를 규명하고, 의미를 찾고, 개인의 참여와 상호작용이 현실을 창조하고, 그 창조된 현실의 영향을 개인이 받는다는 의미에서 노인과 노화를 새롭게 해석하고 설명할 수 있는 시각을 제공하지만, 사회의 거시적 체계와 사회구조적 요인을 등한시하는 면에서 한계점이 있다.

3) 사회적 노화

인간은 움직이는 유기체로서 생물적 존재이며, 무엇을 감지하고 판단하고 배우고 생각하는 정신적(심리적) 존재일 뿐만 아니라, 다른 사람과 상호작용하는 사회적 존재이다. "인간은 사회적 동물"이라는 말은 바로 인간의 사회적 측면을 잘 나타내고 있다. 인간은 출생하면서부터 개인과 집단 간의 끊임없는 상호관계 속에서 살아가고 있다. 즉, 가족, 이웃, 지역사회 및 국가사회의 집단 속에서 성장함에 따라 어떤 지위를 획득하고 그에 따른 역할을 수행하는 사회적 관계를 유지하고 있다. 그러므로 노화현상도, 노화과정에 있는 노인도 사회적 관계를 떠나서는 생각할 수 없다. 노화 및 노인의 사회적 측면은 앞에서 논한 생물적 측면과 심리적 측면 이외의 다양한 요소를 포함할 수 있지만, 여기에서는 주로 역할의 취득 및 변화를 중심으로 다루기로 한다.

(1) 사회화

사회화(socialization)는 개인이 사회에 참여할 수 있는 유능한 사회적 존재로 발전하기 위한 제반 절차를 의미하며, 개인적 차원과 사회적 차원의 두 가지 차원에서 생각해 보면 다음과 같다.

첫째, 개인적 차원에서의 사회화는 개인이 자기가 속한 집단이나 사회에서 차지하고 있는 지위에 적절한 기술, 지식, 가치, 역할 등을 학습하는 것으로 볼 수 있다. 이러한 의미의 사회화는 기존의 사회체계에 통합되고 적응하기 위한 개인적인 노력의 과정이다. 개인이 가족, 이웃, 지역사회의 사람들과 상호작용을 가지면서 자기의 성격과 적응기술을 발전시키고, 공식적 · 비공식적인 교육기관에 참여하여 지식과 기술을 배우고 사회적인 역할을 수행할 수 있는 준비와 훈련을 하는 것이 바로 개인적 입장에서의 사회화이다.

둘째, 사회적 입장에서의 사회화는 사회 자체가 목표를 달성하면서 생존 · 발전하기 위하여 그 구성원 개인에게 적절한 기술, 지식, 가치, 역할 등을 학습시키는 것으로 볼 수 있다. 개인을 사회화하기 위한 노력은 공식적이고 조직화된 제도나 프로그램을 통하여 그 결과까지 책임을 지는 것에서부터 비공식적이고 비조직적인 과정으로서 그 결과에 대해 개인 자신이 책임을 지는 것에 이르기까지 다양하게 이루어지고 있다. 예를 들어, 공식적인 과정으로서 학교가 아동에게 지식과 기술을 가르치고 어느 정도 수준의 성과를 나타낼 수 있도록 상당한 책임을 가지고 있는 반면, 비공식적인 과정으로서 성인이 스스로 알맞은 복장을 갖추고 다녀야 하는 것과 같은 것이다.

연령에 따른 사회화가 요구되고 있으나, 특히 노년의 사회화 문제에 대해 살펴보면 다음과 같다.

첫째, 사회적 입장에서 사회화는 새로운 젊은 사람에게 새로운 지식과 기술을 습득하게 하여 사회적 역할을 수행하도록 하는 데 관심을 두고 있고 중년기 이후의 사람들의 사회화에는 관심을 거의 두지 못하고 있으므로, 중년기 이후에 새로운 지식과 기술을 배울 수 있는 기회나 여건이 거의 마련되어 있지 않다. 즉, 사회화의 기회와 여건이 부족하여 사회에 통합되어 유능한 참여자로 노년기까지 남아 있기에는 어려움이 많다.

둘째, 성인기 이후의 사회화는 자발적이고 자기 주도적인 면이 강하여 개인적인 특별한 노력 없이는 새로운 지식과 기술을 배우기가 힘들기 때문에 노년기까지의 사회화가 어려워진다는 것이다.

셋째, 특히 노년기에 기대되는 역할이나 사회적으로 바람직한 역할이 일반적으로 확립되어 있지 않으므로 새로운 지위와 역할을 알아서 미리 준비하는 예기적 사회화(anticipatory socialization)가 어려워진다. 따라서 노년기로의 전이가 쉽지 않다. 로소우(Rosow, 1974)에 따르면, 사회화는 사회적 역할규범이 있으므로 쉽게 이루어질 수 있는데, 노년기에는 역할에 대한 사회적 규범이 정립되어 있지 않아 노인의 사회화는 어려움이 많고 불안과 무규범의 상태에 빠지는 수가 많다는 것이다.

(2) 역할

역할(role)은 개인이 집단이나 사회와 관계를 갖는 가장 중요한 수단이다. 개인은 역할을 통해서 사회에 참여하고, 이에 따라 개인의 사회적 가치가 인정되며, 또한 자아정체감(self-identity)을 유지하는 기반이 된다. 이러한 의미에서 역할은 사회적 측면에서 가장 핵심 요소가 된다고 할 수 있다.

오늘날 산업사회에서는 노화에 따라 다음 세 가지 사회적 역할이 크게 약화되고 있다.

- 어떤 지위에 있는 사람에게 기대되는 행동
- 어떤 주어진 지위에 있는 대부분의 사람이 하는 일

● 어떤 주어진 지위에 있는 특수한 개인이 하는 일 중 어느 하나에 해당되는 것
  (Atchley, 1980)

노년기에서의 지위와 역할의 중요성은 산업사회 전반에서나 우리나라에서도 약화
되고 있는 것이 확실하다.

노년기로의 전이에는 확연한 역할의 단절이 생기는데, 특히 남성의 경우가 더욱
심하다. 남성의 경우는 집안일 등에 비교적 사회화되지 않은 상태에 있고, 또한 직장
퇴직 후 퇴직자의 역할이 분명하게 확립되어 있지 않다. 이와 같이 퇴직 후에 대한
준비가 없이 노년기에 들어서므로 역할의 연속성이 단절된다는 것이다. 여성의 경우
역할 단절성의 문제는 그리 크지 않지만, 특히 경제적·신체적 의존역할의 경우는
남녀 공히 역할의 단절성을 경험할 수 있다.

로소우(Rosow, 1974)는 이상에서 언급한 것과 같이 통과의식 없음, 사회적 손실역
할, 불연속성의 세 가지 조건을 노년기로의 전이에서 예기적 사회화의 장애요인으로
보았다.

노년기의 지위와 역할의 변화를 좀 더 잘 이해하기 위하여 로소우(1974)가 도전적
으로 제시한 역할유형 분류를 생각해 볼 필요가 있다. 로소우가 주장한 노인 역할유
형에 따른 지위와 역할은 〈표 2-1〉과 같다.

표 2-1 노인 역할유형에 따른 지위와 역할

역할유형	지위	역할
1. 제도적(institutional)	+	+
2. 희박한(tenuous)	+	-
3. 비공식적(informal)	-	+
4. 무역할(non-role)	-	-

① 제도적 역할

지위와 역할이 분명히 있는 것으로, 직업계통, 가족, 사회계급, 종교단체 등에서
공적인 지위를 맡고 그 지위에 따른 규범적인 역할기대가 분명히 있는 경우를 말한

다. 예를 들면, 회사의 부장, 가정에서의 생계유지자, 교회의 남전도회 서기, 새마을회 재정담당 회원으로서의 역할 등이다.

② 희박한 역할

지위는 있는데 역할이 없거나, 있어도 아주 희미해 있으나마나 한 상태의 역할을 말한다. 이를 더 세분하면 다음과 같다.

유명무실(titular) 역할

- 명예적 역할: 높은 명예가 공식적으로 주어져 있으나 실제로는 역할이 없는 경우(예: 학술원 원로회원, 명예총장 등)
- 명목적 역할: 체면 유지를 위해 지위는 주어지지만 거의 역할이 없는 경우(예: 고문)

무정형적 역할

- 사회 규범적으로 지지하기에 모호한 역할
- 일시적으로 지위는 없으나 어떤 일을 해야 할 의무가 있는 역할(예: 실직한 가장)
- 역할의 구체적 내용이 크게 줄어들고 있는 역할(예: 중년자녀에 대한 부모로서의 역할)
- 제도적 역할상실에 따른 모호한 역할(예: 퇴직가장)

③ 비공식적 역할

어떤 공식적 지위는 없으나 역할만 있는 형태이다. 특정의 지위나 위치에 연결되어 있지 않으나 실제로는 어떤 행동을 계속하여 행동 그 자체가 유형화된 상태에 있는 역할행동으로서 영웅, 사기꾼, 멍청이, 듣기만 하는 사람, 비공식적 지도자, 웃기기 잘하는 사람 등이 있다. 공식적으로 지위가 주어져 있지는 않지만 어떤 행동을 지속적으로 반복하여 그러한 행동유형이 역할로서 인정되는 경우를 말한다.

④ **무역할**

지위도 역할도 없는 상태인데, 이러한 경우는 실제로 사회적인 의미가 별로 없다. 이에 속하는 예는 때때로 이상한 행동, 어떤 성격적 특성에 따른 행동 등으로 유형화된 행동형태로 보기 힘든 제반행동 등이다. 그러므로 이러한 행동은 역할행동으로 보기 힘들다.

(3) 연령규범과 생활주기

연령규범(age norm)은 주어진 연령에서 수행하는 것이 바람직하다고 사회가 기대하는 개인의 역할 및 행동을 말한다. 즉, 연령규범은 어떤 주어진 나이에 어떤 행동을 하는 것이 바람직하고 어떤 행동을 하지 않는 것이 바람직한가를 말해 주는 것이다.

연령규범은 생활주기(life cycle)와 밀접한 관련을 갖고 생활주기에 따라서 영향을 받기도 하고 또 영향을 미치기도 한다. 연령규범은 문화에 따라, 또 성별에 따라 다를 수 있다. 우리나라는 7~8세가 되면 초등학교에 입학하고 13~14세가 되면 초등학교를 졸업하여 중학교에 입학하는 것이 바람직하고, 남녀의 바람직한 결혼 연령이 규범적으로 정해져 있다. 5~6세 된 아동이 아이스크림을 사 달라고 보챈다면 쉽게 이해될 수 있어도 20세가 된 청년이 그러한 행동을 한다면 쉽게 이해되지 않을 것이다.

사람이 세상에 태어나서 생활하고 죽음에 이르는 긴 시간은 연령규범과 사회적인 역할의 취득이나 변화에 따라 여러 단계로 구분된다. 이와 같이 사회적인 역할에 따라 구분되는 일생과정을 생활주기라고 한다. 많은 사람은 생활주기를 사계절에 비유한다. 봄은 성장과 젊음의 청년기, 여름은 성숙과 왕성한 활동의 청·장년기, 가을은 많은 활동을 통해 가족과 사회에 공헌하고 자녀를 양육하여 수확하는 중년기, 겨울은 쇠퇴하여 죽음에 이르는 노년기로 비유하고 있다. 이렇게 보면 인생주기는 각 단계마다 고유한 특성을 지니고 있고 순차적으로 진행되며, 또한 한 방향으로만 진행되고 있다.

여행을 하는 동안 주요한 이정표마다 걸리는 시간이 사람에 따라서 다를 수 있듯이, 사회적으로 어떤 지위와 역할을 취득하는 데는 어느 정도의 시간 차이가 있을 수 있다. 인생 여정에서의 이정표는 성장·발달의 정도, 연령규범, 사회적인 지위와 역할의 취득 및 변화에 따라 설정되는데, 청소년기까지 주로 신체적 성장과 사회적 성숙 및 연령규범에 따라 정해지지만 청소년기 이후에는 주로 사회적 요인인 지위와 역할의 취득 및 변화로 결정되는 경향이 있다. 따라서 청년기 이후부터는 연령규범과 생활주기가 상당한 차이를 보이는 경우도 있는데, 이는 이정표마다 개인에 따라 걸리는 시간이 다른 것과 같은 의미이다.

앞으로는 연령보다는 능력을 중시하는 사회가 된다고 볼 때 개별 연령, 규범이 달라지고 이에 따른 생활주기 또한 변화하리라 기대된다. 그리고 향후 연령 및 생활주기 구분이 없는 사회로 발전할 가능성을 시사한다고 보며, 개개인의 절대적 연령규범이나 생활주기에 얽매이지 말고 항상 현 사회에 적응하려고 하는 자세가 필요하다.

(4) 사회적 관련 상황의 변화

생활주기상 노년기에 해당되는 시기에 일어나는 주요 사회적 관련 상황을 살펴보기로 한다.

① 지위와 역할의 변화

노년기의 가장 뚜렷한 변화는 여러 가지 측면에서의 지위와 역할 변화인데, 이를 구체적으로 살펴보면 다음과 같다.

첫째, 지위와 역할에 있어서 직업적인 면에서는 직업인의 역할을 상실하고 대신에 퇴직인으로서의 역할을 취득한다. 직업적인 역할의 상실은 다른 부수적인 사회적 역할의 상실을 수반하기도 한다. 가족적인 면에서는 생계유지자 또는 가장으로서의 역할을 상실하고 배우자의 사망으로 남편이나 아내의 역할도 상실한다. 노년기에 일반적으로 취득하는 역할로는 가족 내에서의 조부모의 지위와 역할, 의존자로서의 지위와 역할 등이 있다.

둘째, 역할의 중요성에서는 앞에서 언급한 대로 제도적 역할의 중요성은 급격히 감소하고, 희박한 역할의 중요성은 점차 증가하며, 비공식적인 역할의 중요성은 중년기에 비하여 상당한 정도로 감소하는 경향이 있다. 이러한 중요성의 변화는 반드시 역할활동 수의 변화와 일치하는 것은 아니지만 상당한 관련을 갖고 있다.

셋째, 역할활동의 종류와 수에서 1차 집단과의 관련 역할은 큰 변화가 없으나 2차 집단과의 관련 역할은 줄어들며, 또한 자발적인 참여활동도 일반적으로 줄어드는 경향이 있다.

넷째, 역할수행 방법에도 변화가 오는데, 지위는 같을지라도 그 역할 내용이 달라지는 경향이 있다. 예를 들면, 부모역할의 내용은 중년자녀에 대한 어느 정도의 충고 및 조언 또는 상의자의 역할에 그치는 것이다. 또한 같은 역할이라도 수행방법 면에서 나이에 맞게 또는 노인답게 수행해야 하는 경우도 많다.

② 자녀의 진수

자신의 사랑과 정성을 쏟아서 양육하고 교육시킨 자녀들은 사회에서 하나의 독립된 역할을 수행하기 위해서나 역할수행 준비상의 필요로 부모 곁을 떠나게 된다. 모든 자녀가 다 부모 곁을 떠나느냐 혹은 한 자녀는 계속 동거하느냐는 사회적·문화적 가치와 전통에 따라 다르지만, 대부분은 취업, 결혼 또는 학업 등을 위해서 부모 곁을 떠나는 것이 일반적인 현상이다. 핵가족화, 가치관의 변화 등과 더불어 상업화, 도시화가 이루어질수록 이러한 현상이 더욱 두드러진다. 앞으로는 출산 자녀의 수가 줄어 감에 따라 자녀가 부모 곁을 떠나는 일은 노년기 전에 일어나고, 자녀 측에서는 물론 부모 측에서도 자녀와의 동거를 원하는 경향은 점점 줄어들 것이다. 게다가 평균수명이 길어져서 자녀를 다 떠나보낸 후 노부부만 남는 기간이 길어지면 역할수행, 부모-자녀 관계, 노부모의 보호 등에서도 중요한 변화가 있을 것이고, 이와 관련된 노인문제도 생길 가능성이 높다. 자녀가 성장하여 떠나고 부부만 남게 되는 상황을 가리켜 '빈 둥지(empty nest)'라고 하는데, 이러한 현상이 부모에게 미치는 영향은 부모와 자녀 간의 애정적 밀착의 정도, 부모 자신의 자아 발전적인 활동에 대한 관심의 정도, 생의 목표 등에 따라 긍정적일 수도 부정적일 수도 있다. 어떤 부모는 자녀의 독립에 대한 상반감정으로 갈등을 일으키는 경우도 있다. 어떤 여성은 빈 둥지 상태를 자기 자신의 일을 위한 더 큰 기회와 자유로 받아들이기도 하지만, 어머니로서의 과도한 역할에 집착하거나 개인적 취미생활이나 사회적 흥미가 부족한 여성은 좌절감을 경험하기도 한다(Atchley, 2000).

③ 퇴직

퇴직은 모든 사람에게 일률적으로 같은 의미로 이해되는 것이 아니다. 그 퇴직이 자발적이었는지, 강제적이었는지, 또는 조기 정년퇴직이었는지, 65세 이후에 충분히 노령이 지각된 이후의 퇴직이었는지에 따라, 또는 개인의 인생관, 생활목표 등에 따라서 다른 의미를 갖는다. 퇴직을 지금까지 해 오던 일에서 물러서는 것(retire from)으로 끝나는 것이 아니라 지금까지 하고 싶어 했지만 하지 못했던 어떤 것을 하기 위해 지금까지 하던 일에서 물러서는 것(retire to)이라 의미를 부여하는 사람도 많을 것인데, 이러한 태도는 미리 준비하고 계획함으로써 함양될 수 있다. 이와 관련하여 퇴직을 긍정적으로 예견하고 오랫동안 준비할 수 있도록 직장에서 퇴직준비 교육프로그램을 시행하는 것이 바람직하다.

④ 의존성 증가

노년기는 사회적으로 퇴직이라는 사건이 일어난 이후부터 시작되는 것으로 볼 수 있다. 퇴직 후는 퇴직 전의 노동에 근거한 연금, 퇴직금 등이 수입의 원천이 되는데, 퇴직 후의 경제적 사정은 퇴직 전에 비하여 줄어들게 되고, 또한 적절한 직장생활을 하지 못한 사람은 연금이나 퇴직금의 혜택도 받을 수 없어 자녀나 국가의 공공부조에 의존할 수밖에 없다. 낮은 기초연금액과 준비되지 못한 노후로 노인의 자립이 어려운 것이 현실이다.

또한 연령이 증가함에 따라 신체적·정신적 건강이 약화되어 스스로 자기 몸을 관리할 수 없게 된다. 따라서 개인생활은 물론 사회생활을 위해서도 타인의 도움을 받아야 하고, 이러한 신체적 의존성이 심할수록 사회적 역할의 수행은 점점 어려워져 결국은 모든 사회적 역할수행을 중단해야 하는 상태에 이른다. 신체적 의존성은 가족의 보호가 필요한데, 자녀와 동거하는 경우도 계속적인 보호는 자녀에게 부양부담을 주며, 자녀와 별거하는 경우에는 보호문제가 더욱더 심각해진다. 따라서 많은 경우 가족문제가 발생할 가능성이 크다. 신체적 의존성은 자신의 역할수행은 물론 가족의 역할수행에도 많은 영향을 미친다.

⑤ 생활환경의 변화

퇴직을 기점으로 직장생활을 하던 사람이 낮 시간을 보내는 장소는 직장에서 가정으로 바뀐다. 가정에 머무는 시간이 많아지므로 가정에서의 역할을 새로 배워야 하는 경우도 있고, 집안일에 익숙하지 못한 남성이나 성역할의 구별을 강하게 지키는 경우는 역할갈등이 생길 수도 있다.

- 퇴직이나 가족 구성원의 변화로 이사를 하는 경우
- 자녀의 분가와 독립 등으로 작은 규모의 집으로 이사하는 경우
- 새로운 주거환경인 이웃과 지역사회에 적응해야 하고 그들과의 관계를 통하여 새로운 역할을 맡는 경우

(5) 노화와 관련한 사회적 이론

노화는 사회적 관계와 상황 속에서 이루어지므로 노화가 사회적 요소에 어떤 영향을 미치는가에 대한 여러 이론이 제창되고 있다. 대부분의 이론은 사회의 구조와 노인 개인, 노인의 역할과 사회적 적응, 노인집단과 사회의 관계 등에 관한 것이다. 또한 그 이론들이 발전된 사회·문화적 배경은 서구 사회, 특히 미국인 경우가 대부분인데, 이러한 이론이 사회·문화적 맥락을 넘어서 적용될 수 있는지에 대한 검토는 충분히 이루어지지 못하고 있다. 특히 한국 상황에 잘 적용될 수 있을지는 거의 검토되지 못한 상태이므로 참고로 살펴보기로 한다.

① 연령계층화 이론

이 이론은 사회는 기본적으로 연령등급에 따라 구성되고 서열화되어 있다는 것으로 라일리와 포너(Riley & Foner, 1968)가 제창한 것이다. 한 연령계층에 속하는 사람은 서로 비슷한 역사적인 경험을 하면서 성장해 왔기 때문에 비슷한 태도, 가치 또는

전망을 가지며, 다른 역사적 경험을 하며 성장해 온 다른 연령집단과는 구별된다. 또한 각각 다른 연령집단에 속해 있는 사람은 사회적 역할수행의 능력이나 의지도 다르고, 기대되는 사회적 역할도 다르며, 사회에서 부여하는 권리와 특권도 다르다. 따라서 노인 연령집단은 어떤 주어진 시기에서 다른 연령집단과 구분되며, 또한 노인은 개인적으로도 다른 젊은이와 구별된다. 그러므로 노인은 다른 젊은 연령층과의 관계에서 그들의 지위와 역할을 찾고 그 속에서 노인에게 활용 가능한 여러 지위와 역할, 기회 등을 선택하여 이용해야 한다(Riley, 1980).

② 하위문화이론

노화에 대한 하위문화이론은 노인 간의 빈번한 상호작용으로 노인에게 특유한 하위문화가 생겨난다는 이론이다. 노년기에 속해 있다는 공통적인 특성과 사회로부터의 소외와 노인에 대한 사회의 부정적인 반응 때문에 노인만의 상호작용을 하기에 용이한 조건이 형성되며, 이러한 노인만의 상호작용은 고유한 하위 노인문화를 발전시킨다는 것이다(Rose, 1965).

하위문화 현상은 긍정적인 면과 부정적인 면이 있다. 긍정적인 면은 노인 간에 무슨 일을 같이하는 것을 좋아하고 이를 통하여 노인이라는 같은 지위의 사람이 서로 간에 기회를 제공하게 된다는 점이다. 부정적인 면은 사회에서 거절당하고 소외되었기 때문에 그들끼리 모이고 함께 무엇을 하게 되는데, 이는 사회통합의 측면에서 바람직하지 못하다는 것이다.

③ 현대화 이론

현대화 이론(modernization theory)은 카우길과 홈즈(Cowgill & Holmes, 1972)가 제창한 이론으로 현대화라는 사회적 변화가 노인의 지위를 하락시키고 있다는 것이다. 따라서 현대화의 정도가 높을수록 노인의 지위는 더욱 약해진다. 특히 현대화의 핵심 요인인 건강기술의 발전, 경제적 생산기술의 변화, 도시화, 교육의 대중화가 인과적으로 영향을 미쳐 노인을 노동현장에서 퇴직시키고, 사회적 · 지적 · 도덕적으로 고립화함으로써 결국 노인의 지위를 약화시킨다. 이러한 결과는 노인빈곤, 노인질병, 노인소외, 무위와 같은 노인문제를 야기한다는 것이다.

④ 분리이론

분리이론(disengagement theory)은 커밍과 헨리(Cumming & Henry, 1961)가 제창한 이론으로, 노인은 젊은이에 비하여 건강이 약화되고 죽음에 임하게 되는 확률이 높으므로 개인의 입장에서의 최적의 만족을 위해, 사회체계의 입장에서의 중단 없는 계속을 위하여 노인과 사회는 상호 간에 분리되기를 원하며, 이러한 분리는 정상적이고 피할 수 없다는 것이다. 이러한 분리의 결정은 개인이 먼저 할 수도 사회가 먼저 할 수도 있다. 즉, 개인은 자기의 자아가 변하여 타인과의 관계를 유지할 수 있는 동기가 약화되는 것을 경험하고서 먼저 사회로부터의 분리를 결정할 수 있다. 또한 개인이 가지고 있는 기술이 현대적인 조건에 적응하기에는 너무 뒤떨어져 전반적 훈련이 필요하다고 느낄 때 사회가 먼저 노인의 분리를 결정할 수도 있다(Cumming & Henry, 1961). 이와 같이 분리가 사회 차원에서 먼저 시작되는 경우를 사회적 분리 (societal disengagement)라 부르고(Atchley, 2000), 개인적 차원에서 먼저 시작되는 경우를 개인적 분리(individual disengagement)라고 한다(Henry, 1964).

사회적 분리는 사회의 입장에서 노인의 사회에 대한 공헌의 가능성, 특히 지식과 기술이 퇴화되어 노인을 새로이 훈련시키는 것보다는 훈련된 젊은이로 교체하는 것이 훨씬 유리하다고 판단될 때 일어난다. 이 경우 사회가 노인에게서 분리되는 것(사실은 사회가 노인을 분리하는 것)이 사회의 기능과 안정을 유지하는 데 유익해진다. 이러한 면에서 볼 때 사회적 분리는 기능주의적 관점에 서 있다. 사회의 유지와 안정을 위해서는 기능적인 요건이 갖추어져야 하는데, 사회는 여러 가지 기능을 중단없이 수행할 수 있는 개인이 필요하다. 그러므로 사회가 사회적 기능수행에 필요한 사람의 자격요건을 제한하는 것은 당연하며, 이렇게 기능적인 면에서 사회적 참여를 제한하는 것이 바로 개인이 일정 연령에 도달하면 사회에서 분리하는 퇴직제도이다. 사회적 분리가 기능적인 요건이면 다른 어떤 면보다도 정치적인 면에서 잘 적용되어야 하는데, 정치적인 면에서는 오히려 노인이 더 중요한 위치를 차지하고 있다. 이는 사회적 분리를 반증하는 것이라는 비판을 받고 있다.

개인적 분리는 약화된 건강과 죽음의 가능성이 커짐으로써 노인 스스로 에너지를 보존하고 자신의 내적인 면을 돌볼 수 있는 시간을 갖기 위하여 사회에서 분리되기를 원할 때 일어나는 것이다. 따라서 사회에서 분리된 노인은 더 높은 심리적 만족감을 갖는다. 즉, 노화와 더불어 사회적 활동을 적게 할수록 노인의 심리적 만족도는 높아진다는 것이다. 분리이론이 입증되지 않는 것이 반드시 활동이론의 입증을 의미하는 것은 아니지만, 많은 경우에 분리이론의 반증은 활동이론을 입증해 주는 결과를 가져온다. 현재까지 이와 관련된 많은 연구가 개인적 분리가 심리적인 만족을 가져온다는 입장을 저지하지 못하고 있다(Butler & Lewis, 1977).

⑤ 활동이론

활동이론(activity theory)은 하비거스트와 그의 동료들(Cavan, Burgess, Havighurst, & Goldhamer, 1949; Havighurst & Albrecht, 1953)이 처음으로 주장한 이론이며, 그 후 레몬과 벵스톤, 피터슨(Lemon, Bengtson & Peterson, 1972)이 상징적 상호작용주의적 관점에 입각한 이론으로 공식화하였다.

이 이론은 기본적으로 사회적 활동의 참여 정도와 노인의 생활만족도는 상관관계가 있다고 본다. 즉, 사회적 활동의 참여 정도가 높을수록 노인의 심리적 만족감이나 생활만족도가 높다는 것이다. 따라서 노인이 다른 사람과 어울리기를 원하고 집단활동과 지역사회의 일에 참여하는 것은 자연스러운 일이다. 이와 같은 욕구의 충족은 강제 퇴직이나 건강의 저하로 장애를 받는다. 자아정체감을 향상할 수 있는 사회적 활동 참여가 제약을 받으면 자아정체감에 위기가 오고 부정적인 자아상을 형성할 가능성이 커진다. 이에 따라 결국은 노인의 심리적 만족감 또는 사회적 만족감이 낮아진다.

활동이론에 따르면, 활동에 많이 참여하고 또 친밀한 활동을 할수록 노인의 생활만족도가 높게 유지되므로 노년기에도 많은 사회적 관계의 활동에 참여하는 것이 필요하며, 특히 퇴직으로 상실된 역할활동을 대치할 만한 다른 활동의 참여가 필요하다. 이 활동이론은 분리이론과 대립적인 이론으로서 노년사회학에서 가장 많은 논란의 초점이 되고 있다.

⑥ **교환이론**

　교환이론에서는 사회적인 모든 행동을 "적어도 두 사람 사이의 활동의 교환"(Homans, 1961)으로 보고, 대인관계는 "사람 사이에 보상을 반복적으로 교환하는 것"(Homans, 1974)으로 본다. 이러한 사회적 행동 또는 대인관계가 이루어지는 기본 조건은 주는 것(투자)보다도 받는 것(보상)의 가치가 커지는 것인데, 이는 교환자원 부족, 가치성 저하 등의 문제를 지니고 있는 노인이 집단으로서나 개인으로서 사회적 교환관계를 형성하는 데 열세를 면치 못하는 지위로 하락하는 이유가 된다. 즉, 교환자원의 가치저하는 의존성을 증가시키고, 이는 권력의 약화를 초래하며, 권력의 상대적 약화는 교환관계에서 교환조건의 열세를 초래하여 노인이 결국은 개인 및 사회와의 관계에서 어려움을 겪는 노인문제가 발생한다는 것이다.

토론해 볼 문제

1. 노인에 대한 다양한 정의에 대해 말해 보세요.
2. 생물적 노화의 특성과 구체적 현상에 대해 설명해 보세요.
3. 심리적 노화에 포함되는 내용과 노인 성격의 특성 변화에 대해 설명해 보세요.
4. 사회적 노화의 의미와 노년기의 역할 종류에 대해 설명해 보세요.
5. 노년기에 주로 일어나는 주요 사회적 관련 상황의 내용에 대해 설명해 보세요.
6. 노화를 설명하는 이론 중에서 두 가지만 선택하여 노화와 관계 지어 설명해 보세요.

제3장

노인복지의 이해

1. 노인복지의 기본 이해

1) 노인복지의 개념

노인복지(elderly welfare 또는 welfare of elderly)는 한마디로 노인이 복리적인 상태를 유지하도록 하는 사회적 활동으로 사회복지의 한 분야이다. 노인복지는 '노인이 인간다운 생활을 영위하면서 자기가 속한 가족과 사회에 적응하고 통합할 수 있도록 필요한 자원과 서비스를 제공하는 데 관련된 공적 및 사적 차원에서의 조직적 제반 활동'이라고 할 수 있다. 여기서 인간다운 생활이란 그 노인이 속한 국가사회의 발전 수준에 비추어 의식주의 기본적인 욕구를 충족하고 건강하고 문화적인 삶을 사는 것을 뜻하며, 가족과 사회에 적응하고 통합되는 것은 노인이 속할 수 있는 사회조직망에서 사회적·심리적으로 소외감을 느끼지 않는 것을 의미한다. 자원과 서비스를 제공하는 것은 이용 가능한 인적 및 물적 자원을 찾아 연결하여 주거나 보충해 주며,

사회적응문제를 해결해 주고, 나아가서 개인의 발전을 위한 욕구충족에 필요한 서비스까지 제공해 주는 것을 의미한다. 노인복지에 관련되는 활동은 정책적 차원뿐 아니라 사적 차원(민간 차원)에서의 활동을 포함하며, 일회적이고 간헐적이며 무계획적으로 이루어지는 것이 아니라 계획적이고 조직적으로 이루어지는 활동이어야 한다.

이상의 개념적 정의에 따라서 노인복지의 범위는, 첫째, 활동의 주체, 둘째, 다루어질 수 있는 욕구나 문제의 영역, 셋째, 활동의 방법 면에서 살펴볼 수 있다.

그 내용을 구체적으로 살펴보면, 첫째, 활동 주체의 범위에는 공적·사적 조직이 모두 포함된다. 공적·사적 차원에서 적어도 계획에 따라서 조직적 또는 체계적으로 이루어지는 모든 활동이 노인복지의 활동에 포함될 수 있다는 것이다.

둘째, 다루어질 수 있는 욕구나 문제의 범위는 시대와 사회에 따라 다를 수 있다. 현대 산업사회에서 다루어지는 노인의 욕구 및 문제의 영역은 ① 생물적 및 생리적 ② 경제적 ③ 건강 ④ 심리적 ⑤ 사회적 ⑥ 활동 ⑦ 여가 ⑧ 문화적 ⑨ 정치적 ⑩ 영적인 면이다(Lowy, 1979).

셋째, 활동의 방법에서는 ① 정책 및 계획 ② 사회사업 전문기술적 개입방법(사회복지실천방법 또는 개별사회사업, 집단사회사업, 지역사회사업)이 포함된다. 즉, 지역사회 또는 국가·사회적 차원에서 노인을 위한 프로그램이나 서비스를 정책적으로 결정하고 계획을 수립하는 활동과 노인 개인 및 집단의 문제나 욕구를 전문직업적 기술을 동원하여 해결하는 활동을 포함한다.

2) 노인복지의 타당성

노인복지의 목표를 달성하기 위하여 노인에게 사회적 차원에서 서비스를 제공해야 하는 타당한 이유는 다음의 다섯 가지로 생각해 볼 수 있다. 첫째, 인간다운 생활의 보장, 둘째, 사회적 불이익에 대한 보상, 셋째, 사회적 공헌에 대한 보상, 넷째, 세대 간의 호혜적 체계 형성 및 발전, 다섯째, 노인복지 가치관 구현 등이다(장인협, 최성재, 2006).

(1) 인간다운 생활의 보장

모든 인간은 개인의 차이는 있지만 노화에 따라 신체적 및 정신적 기능이 저하되어 결국은 경제적 보상을 얻을 수 있는 일을 할 수 없게 된다. 이와 같은 노화의 과정은 어느 누구도 피할 수 없는 것이고, 그 원인은 개인적이거나 인위적인 것이 결코 아니다.

산업화 이전의 농경사회나 유목사회에서 노인은 신체적 능력이 있는 한 일을 계속하였고, 정신적 능력이 있는 한 축적된 경험과 지혜를 전수하는 지도적 또는 교육적 역할을 할 수 있었다. 그러나 산업화가 되면서 노인은 노동시장에서 비노인층, 특히 젊은이에 비하여 불리한 입장에 처하여 퇴직을 감수하게 되었고, 취업과 재취업의 기회마저도 적어짐으로써 경제적인 독립을 유지하기 어려워졌다. 그리하여 오늘날 산업사회에서 빈곤인구 가운데 노인층이 가장 많은 비율을 차지하게 되었다.

노인은 전반적으로 비노인층에 비하여 유병률이 2~3배 정도 높고, 많은 경우 고액의 의료비용이 필요하다. 게다가 지속적인 의료비용의 상승은 노인이 스스로 경제적으로 대처할 수 있는 능력을 상실시키고 있다.

이와 같이 노인은 불가피한 신체적·정신적 노화와 사회적 요인의 변화로 인하여 경제적 능력이 약화되거나 없어지므로, 상호의존적이고 호혜적인 삶의 공동체인 사회 또는 국가가 자신이나 가족을 통하여 삶을 유지할 수 없는 노인에게 경제적 원조를 핵심으로 하는 제반 원조를 제공하는 것이 타당하다고 인정되고 있다. 이러한 타당성을 현대 복지국가의 가장 기본적인 원칙으로 받아들이고 있다(Sadurski, 1986).

(2) 사회적 불이익에 대한 보상

사회는 건강기술의 발전, 생산기술의 변화, 도시화, 교육의 대중화 등을 핵심 요인으로 하는 현대화 과정을 거치면서 강제퇴직을 제도화하여 노인에게서 직업적 역할과 지리적 이동 및 핵가족화 현상을 유발함으로써 노인의 가족적 역할을 상실토록 하고 있다.

이러한 사회의 현대화 과정은 불가피한 부분이 없지는 않지만, 적어도 상당 부분은 인위적으로 노인으로 하여금 직업적 역할과 가족적 역할을 상실케 하는 불이익 또는 불공평을 초래한다고 볼 수 있다(Kutza, 1981). 따라서 노인에 대한 사회(또는 국가)의 원조는 사회가 부당하게 노인에게 가한 불이익(불공평)을 보상해 주는 의미에서 타당하다고 본다.

(3) 사회적 공헌에 대한 보상

오늘날의 사회는 현재의 노인세대가 직접적으로 제공한 사회적 활동과 노동의 결과이고, 또한 노인이 출산한 자녀들이 현재 유지하고 있는 것이다. 좀 더 구체적으로 말하면, 오늘의 노인은 집단적으로 과학적 지식, 기술 등의 사회적 재화와 물리적 시설 등의 경제적 재화, 그리고 문화를 창조하고 축적하고 발전시켜서 오늘의 이 사회를 만들었다는 것이다. 또한 현재의 사회는 노인이 출산하고 기르고 교육시킨 자녀들을 통하여 유지되고 있는 것이므로, 지금의 노인세대는 자녀의 출산과 양육을 통하여 사회에 공헌하여 왔다고 할 수 있다.

이와 같이 노인은 개인적으로는 반드시 그렇지 않을 수도 있지만 집단적으로는 사회적·경제적 재화와 문화의 창조, 축적, 발전에 직접 또는 간접으로 참여하고 공헌해 왔으며, 그 결과 오늘의 사회를 창조한 것으로 볼 수 있다. 따라서 이와 같은 사회적 공헌에 대한 보답으로 사회가 노인을 위하여 적절한 복지제도를 마련하여 원조를 제공하는 일은 타당하고 정당한 것이며, 또한 노인의 공헌에 대한 사회적 차원에서의 보고나 보상은 우리의 전통적인 경로효친의 가치관을 현대 복지국가의 사회복지, 특히 노인복지의 가치관으로 재조명하고 구현하는 것이라고 볼 수 있다.

우리의 전통적 가치관인 경로효친은 실천의 주요 원칙을 보은으로 삼고 있으나 전통적으로 개인 또는 가족으로서의 보은만을 강조해 왔고, 사회적 차원에서 사회나 국가가 노인의 공헌에 답한다는 의미는 약했다. 그렇기에 오늘날도 경로효친의 실천을 계속적으로 가족 차원에 국한하고, 가족 차원의 실천이 잘 되면 사회가 전반적으로 실천을 잘하고 있는 것으로 보려는 경향이 있다. 이와 같이 경로효친의 가치관을 가족 차원에서의 부모 또는 노인에 대한 보은으로 본다면, 이 가치관은 복지국가를 지향하고 있는 오늘날 한국 사회에서 사회복지적 가치관으로 발전될 수 없고, 현대 사회에서의 여러 가지 여건과 실천에 갈등을 일으킬 것이다. 그래서 결국은 실천 불가능한 옛 시대의 가치관으로 남게 될 가능성이 높다. 따라서 경로효친의 가치관이 현대의 한국 사회에서 노인복지적 가치관으로 재조명되어 발전되기 위해서는 사회적 차원에서 노인의 사회적 공헌에 대한 보은이라는 의미를 강조하여야 한다.

(4) 세대 간의 호혜적 체계 형성 및 발전

호혜적 체계는 개인 또는 집단으로 하여금 타인에게 재화나 서비스를 제공하도록 하되, 후에 그러한 제공을 받은 사람이나 그 대표자에게서 상응하는 만큼을 돌려받을 수 있다는 기대를 가지고 이루어지도록 하는 일련의 관계 또는 가치 체계를 말한다(Wynne, 1980). 다시 말해서, 호혜적 체계는 주는 사람은 받는 사람에게서 후에 그에 상응하는 만큼을 돌려받을 수 있도록 하는 상호 교환적 체계이다. 호혜적 교환관계에는 두 가지 형태가 있는데, 쌍방 간에 받은 것을 직접 돌려주는 방식(A ↔ B)과 다른 사람에게서 받은 것을 받을 사람에게 돌려주는 방식(A → B → C)이 있을 수 있다. 사회에서 세대 간의 호혜적 관계는 직접적인 쌍방 간의 교환이 아니라 후자의 경우처럼 후세대에게서 받을 것을 기대하고 선세대를 지원해 주는 관계이다.

이러한 세대 간의 호혜적 체계는 산업사회 이전 사회부터 있어 왔으며, 현대사회에 이르러서는 사회복지적 방편으로 인식되어 사회보장 방식에 따른 사회보장체계에 적용되고 있다. 다시 말해서, 사회의 노인복지체계는 세대 간의 호혜적 체계이기 때문에 국가가 보장하고 중재하는 세대 간의 노인복지체계를 유지·발전시켜야 한다는 의미에서 노인세대(선세대)에 대한 현재 노동세대(후세대)의 원조는 당연히 이행되어야 한다. 바로 이러한 세대 간 호혜적 원조체계라는 의미에서 노인복지는 타당화될 수 있다.

(5) 노인복지 가치관 구현

노인복지의 제도와 서비스는 사회적 가치의 기반 위에 성립되는 것이며 사회적 가치가 구체적으로 구현된 것이라 할 수 있는데, 이와 같이 사회복지의 기반이 되는 가치관을 사회복지 가치관이라 한다. 노인복지는 사회복지의 한 분야이므로 노인복지 가치관은 전반적으로 사회복지 가치관을 공유하고 있으며, 여기에 경로효친이라는 가치관을 추가로 포함하고 있는 것으로 본다.

우리의 노인복지 제도와 서비스는 우리 사회의 가치를 반영하는 것이어야 하는데, 이러한 가치는 우리의 고유한 전통적 가치를 계승하는 것이어야 하며, 또한 현대화되고 있는 사회적 상황과 여건에 적절한 새로운 가치를 수용하는 것이어야 한다(장인협, 1996; 전남진, 1987). 따라서 우리 사회에 적절한 노인복지의 가치로서 인도주의, 상부상조, 평등주의, 경로효친의 네 가지 가치관을 제시하면서 이를 간략히 논하기로 하겠다(장인협, 최성재, 2006).

① 인도주의

인도주의는 인간을 만물의 영장으로 무엇보다도 존귀하게 여기는 인간존중 사상과 모든 인간에 대하여 동등한 인간으로서의 사랑을 나타내는 박애사상이 기본으로 되어 있는 가치관으로, 인류의 가장 보편적인 가치관이라 할 수 있다. 인간은 태어날 때부터 인간으로서의 존엄성과 가치와 기본적인 권리를 갖는다. 따라서 한 사회의 성원, 특히 노인에 대하여 인간으로서의 존엄과 가치가 무시되고 기본적인 권리가 침해될 때는 따뜻한 인간애로서 그들을 물질적 · 정신적으로 도와주는 것이 당연시되는 것이다. 따라서 사회는 노인을 포함한 모든 사람에게 기쁨과 행복을 추구할 권리를 동등하게 인정하고 그 신장을 위해 노력하며, 모든 사람의 불행과 고통을 제거하고자 적극 힘써야 한다.

이러한 인도주의적 가치관은 우리의 「헌법」에 반영되고 있다. 「헌법」 제10조에서는 '모든 국민은 인간으로서의 존엄과 가치를 가지며 행복을 추구할 권리를 가진다. 국가는 개인이 가지는 불가침의 기본적 인권을 확인하고 이를 보장할 의무를 진다.'라는 내용의 인도주의적 가치관을 천명하고 있다. 노인도 국민의 한 사람으로 인간으로서의 존엄과 가치, 그리고 인간다운 생활을 할 권리를 가진다. 특히 생산 지향적인 현대 자본주의 사회에서 노인이 생산성이 저하된다는 이유로 인도주의적 가치와 존엄성이 무시되어서는 안 된다. 노인의 인간으로서의 존엄과 가치가 무시되고 기본적인 권리가 침해되었을 때는 인도주의적 입장에서 도움을 주어야 한다. 인도주의 가치관은 현대사회의 노인복지 가치관이 될 수 있다.

② 상부상조

상부상조의 가치관은 공동체 의식에 입각하여 공동체에 속한 사람들이 재해나 불행을 당했을 때 물질과 서비스로 상호 도움을 주고받으려는 의식을 말한다. 이는 곧 공동체에 속한 개인, 집단 또는 지역사회의 욕구나 문제해결을 위하여 공동체 전체가 책임을 지고, 또한 개인, 집단 또는 지역사회도 공동체 전체에 대한 의무를 다하여 책임을 지는 사회연대의식을 의미한다.

도시화 및 산업화에 따라 공동체 의식과 상부상조의 의식이 크게 약화되었지만, 오늘날 사회복지를 뒷받침하는 하나의 가치관으로 크게 기여하고 있으며, 노인복지의 전반적인 타당성을 뒷받침해 주고 있다.

③ 평등주의

노인복지 또는 사회복지의 주요한 가치관의 하나는 평등주의이다. 평등주의는 인간의 천부적인 존엄성과 가치로 인하여 모든 인간은 평등하다는 신념이다.

모든 국민은 평등한 교육과 근로의 기회를 보장받아야 하고 특권의식 없이 법 앞에서 평등한 대우를 보장받아야 한다. 그러나 기회와 처우의 평등이 반드시 결과의 평등을 보장하는 것은 아니기 때문에 결과의 불평등이 초래될 수 있다. 그러므로 평등주의의 가치는 개인의 능력과 노력의 정도에 따른 결과보상, 그리고 사회의 각종 과업과 역할에 따른 결과보상 간의 지나친 격차를 줄일 수 있도록 실천되어야 한다.

평등주의의 가치관은 지난 50여 년간 우리 「헌법」에 반영되어 왔고, 자유민주주의와 자본주의의 정치적 · 경제적 · 사회적 체제 속에서 새롭게 받아들여져 우리 사회에서 뿌리를 내리고 있으며, 앞으로도 더욱 강화될 수 있는 주요한 사회적 가치관이다.

④ 경로효친

경로효친 사상은 현대적인 노인복지를 뒷받침할 수 있는 우리의 전통적인 가치관이다. 경로효친은 가족 내에서 부모를 부양하고 가족 외의 사회에서 웃어른이나 노인을 존경하는 윤리적 가치관이다. 이러한 가치관은 가족적 차원에서 부모의 은혜에 대한 보답과 신분질서 의식의 표현으로 강조되어 왔지만, 사회적 차원에서 노인의 사회적·역사적 공헌에 보답하는 의의도 크다. 현대사회에서는 전통적 경로효친의 가치관이 노인부양의 책임을 가족으로 한정 짓는 것이 아니라 사회적 연대책임으로 인식하는 것으로 확대되었다. 이러한 의미에서 경로효친 사상은 복지국가 또는 복지사회를 지향하는 우리 사회의 노인복지 가치관의 타당성을 뒷받침해 주고 있다.

3) 노인복지사업의 목표

일반적으로 어떠한 사회복지 프로그램을 계획하고 실시할 때 가장 중요한 것은 목표의 설정이다. 모든 노인복지 프로그램은 다음과 같은 세 가지 목표를 추구하여야 한다(장인협, 최성재, 2006).

(1) 국민적 최저수준의 생활유지

노인도 국민의 한 사람으로서 국가의 경제적·사회적 여건에 맞는 인간다운 생활을 유지할 수 있도록 최저한의 경제적 보장을 받아야 한다. 최저한의 수준은 경제적 조건, 정치적 상황, 과학적 지식의 상태, 정치적 압력단체의 활동 정도 등의 영향에 따라 달라지는 상대적인 성격을 띠고 있다(George, 1983).

최저 생활수준을 설정하는 기준에 대한 합의된 이론은 없지만, 적어도 건강하고 문화적인 생활을 영위할 수 있는 정도로 기준을 설정하여야 한다. 구체적으로 이러한 최저 생활수준은 빈곤선(poverty line)이라는 개념으로 설정되어 있다.

(2) 사회통합의 유지

사회통합은 개인이 자기가 속한 사회체계인 가족, 이웃, 집단, 조직, 지역사회 및 국가사회 등에 사회·심리적으로 유대감을 갖고 적응하는 상태를 말한다. 노인은 일반적으로 퇴직을 통해 사회적 역할을 상실함으로써 사회로부터 소외와 고립의 감정을 느낄 수 있고, 또한 가정에서도 경제적 역할의 상실, 지적·가치적 갈등으로 소외와 고립감을 느끼기 쉽다. 그러므로 노인복지의 모든 프로그램은 노인이 느끼는 가정과 이웃 및 사회에서의 소외감을 줄이고 사회체계 속에 연결되어 사회체계의 삶의 주류에 같이 참가하고 있다는 느낌을 줄 수 있어야 한다(Lowy, 1980).

(3) 개인의 성장욕구 충족

노년기는 인간의 성장·발달단계의 마지막 단계로, 이 시기에 있는 개인은 인간으로서 특수한 발전의 욕구가 있고 성공적인 노년기 삶을 위한 발달과업이 있다. 그러므로 노인복지 프로그램은 노인이 인간으로서 자신의 고유하고 특수한 욕구를 충족하고 또한 노년기의 발달과업을 잘 영위할 수 있도록 하는 데 목표를 두어야 한다.

평균수명의 연장으로 노년기는 점차 길어지고 있어서, 2021년 기준 기대여명을 보면(통계청, 2023, 간이생명표), 26.0세이다. 남자의 경우 23.5세, 여자는 28.4세로서 향후 26년을 생존하게 된다. 따라서 이 기간은 노화의 부정적 영향을 잘 수용하면서 심리적·사회적으로 더욱 성숙하고 성장하는 시기가 되어야 한다.

4) 노인복지사업의 원칙

앞서 제시한 노인복지사업의 목표를 달성하기 위해서는 다음과 같은 9대 원칙이 기본적으로 준수되어야 한다. 이러한 원칙은 사회복지사업의 기본적인 가치관을 전반적으로 반영하는 것이다(장인협, 최성재, 2006).

(1) 존엄성 및 개인존중의 원칙

인간은 신분, 직업, 연령, 신체적·정신적 건강, 경제적 지위 등의 어떤 면에서도 차별받지 않는 인간으로서의 존엄성이 존중되어야 하며, 이와 관련하여 개인은 다른 개인과 구별되는 특성과 욕구를 지니고 있는 개성 있는 존재로서 인정되어야 한다. 특히, 노인은 생산성의 저하로 그 존엄성이 무시되어서는 안 된다. 이와 같은 원칙은 대한민국 「헌법」(제9조)에서 "모든 국민은 인간으로서의 존엄과 가치를 지니며……." 라는 내용으로 보장되고 있다.

(2) 개별화의 원칙

인간은 타인과 구별되는 고유한 특성이 있으므로 개성을 존중하여 개별적으로 다루어야 한다. 일반적으로 노인을 역연령에 따라서 60세 또는 65세 이상으로 동일한 한 집단으로 다루는 경우가 허다하다. 노인을 역연령으로 정의할 경우 연령의 폭은 60~120세 이상까지 대단히 넓다. 그러나 60세 노인과 80세 노인, 100세 노인은 엄연한 차이를 가진다. 개인의 노화 정도 및 개인 내의 노화 정도에 따른 개인차에 대한 이해를 기본으로 한 개별화의 원칙을 준용하여야 한다.

(3) 자기결정의 원칙

노인도 인간으로서의 존엄성과 개성을 가지고 있으므로, 가능하면 노인 자신의 복리에 영향을 미치는 어떠한 결정도 노인 자신의 선택으로 이루어지도록 해야 한다.

(4) 권리와 책임의 원칙

모든 노인에게는 권리와 책임이 수반되어야 한다. 이러한 원칙은 「노인복지법」 제2조에 다음과 같이 잘 명시하고 있다.

① 노인은 후손의 양육과 국가 및 사회의 발전에 기여하여 온 자로서 존경받으며, 건전하고 안정된 생활을 보장받는다.
② 노인은 능력에 따라 적당한 일에 종사하고 사회적 활동에 참여할 기회를 보장받는다.
③ 노인은 노령에 따르는 심신의 변화를 자각하여 항상 심신의 건강을 유지하고 그 지식과 경험을 활용하여 사회의 발전에 기여하도록 노력하여야 한다.

앞의 조문 중 ①과 ②는 노인의 권리를 보장해야 함을 나타내고 있고, ③은 노인으로서의 책임의 이행을 권장하고 있다. 물론 조문상 권리라는 표시는 없으나, ①과 ②는 대한민국 「헌법」 제9조(기본적 인권의 보장) 및 제32조(사회보장)에 의거해 노인의 권리로 인정되고 보장받는 것이 당연하다.

현대산업사회에서 노인은 은퇴를 이유로 무의미한 존재로 간주되어서는 안 된다. 이러한 의미에서 ③은 노인으로서의 개인적·사회적 책임을 촉구하는 것이라고 본다. 노인도 가족이나 사회 또는 국가의 정당한 기대나 합리적인 요구를 받아들이고 책임감을 발전시켜야 하며, 사회봉사활동 등에 자발적으로 참여하고, 자신의 발전에 도움이 되는 기회를 적극적으로 활용하여 책임의식을 명확히 해야 한다.

(5) 보편성과 선별성의 원칙

선별적 프로그램은 급여의 자격요건(eligibility)이 잠재적인 클라이언트의 재정적 상태를 평가하는 자산조사 결과에 따라서 결정되는 데 비해, 보편적 프로그램은 경제적 상태에 관계없이 어떤 계층이나 범주(category)에 속하는 모든 사람에게 그 혜택이 주어지는 것이다. 노인은 경제적 상태에 관계없이 공통의 욕구와 발달과업(예: 사회적·심리적 욕구 등)을 갖고 있으므로, 노인 전체의 욕구나 과업해결을 위한 정책은 보편적으로 제공되어야 한다. 그러나 개개인의 경제적 사정이 다르므로 경제적인 욕구의 정도 또한 다르다. 따라서 이러한 경우는 사회적인 입장에서 비용의 절감과 효과성을 위해서 경제적 소득이 일정 수준 이하인 노인에게 선별적 정책이 제공되어야 한다. 즉, 노인복지사업은 정부의 주어진 재정적·사회적 여건하에서 노인의 욕구에 따라 보편적 원칙과 선별적 원칙을 적절히 적용하여 시행해야 한다.

(6) 개별적 기능의 원칙

노인의 개별성이나 주체성을 인정하는 데서 비롯되는 원칙이다. 문제를 가진 노인 스스로가 자발적으로 문제를 해결하도록 도움을 주어야 한다. 즉, 문제해결의 원칙은 노인을 문제해결의 주체로 보고 자기 문제를 스스로 해결하는 것을 도와주려는 것이다. 따라서 이러한 경우 노인복지서비스의 과제는 노인에게 내재되어 있는 능력을 도출해 내어 발전시키려는 것이다. 이러한 개별적 기능은 개인뿐 아니라 소집단, 지역사회를 대상으로 하여 실행될 수 있다.

(7) 전체성의 원칙

노인복지사업을 전개할 때는 노인을 전체성을 띤 인간으로 받아들여야 한다. 노인을 신체적 · 정서적 · 지적 · 사회적 · 심리적 · 영적 제 측면의 총체로 인정해야 하며, 어느 한 측면만을 강조하여 원조하는 것은 바람직하지 못하다. 특히 노화는 신체적 · 심리적 · 사회적 측면에서 각각 다르게 나타나고, 이러한 측면 간에 상호 관련성을 갖고 있으므로 노인을 신체적 · 심리적 · 영적인 제 측면에서 전체적으로 이해하고 이를 기반으로 통합서비스를 제공해야 한다.

(8) 전문성의 원칙

노인복지사업은 전문적 지식과 기술을 기반으로 하여 실시되어야 한다는 원칙이다. 노인복지를 자선이나 연민의 차원에서 자발적인 행동으로 간주하려는 경향이 아직도 농후하다. 경로와 봉사의 마음만 있으면 노인의 제반 사회생활상의 문제를 해결할 수 있으리라는 생각은 잘못된 것이다. 노인복지사업이 그 목표를 달성하기 위해서는 전문적인 사회복지 조직이나 기구와 함께 전문적인 훈련을 받은 인력을 활용해야 한다. 오늘날 노년학의 제반 응용분야인 노년의학, 노인간호학, 노년사회복지학 등의 등장은 노인문제를 전문적인 지식과 기술 위에서 해결하려는 필요성을 반영한 것으로 볼 수 있다.

(9) 노인의 시대적 욕구반영 원칙

연령에 관계없이 개개인이 동질적인 사람이 아닌 것과 같이, 노인도 시대에 따라 각각 다르게 이해되어야 한다. 즉, 오늘의 노인과 내일의 노인은 같지 않다는 것이다(Lowy, 1980). 노인을 동년배집단별로 보면, 그들은 각각 다른 사회적 · 역사적 경험을 하고 다른 사회화 과정을 거쳐서 노년기에 이르렀으므로 각자의 욕구가 시대에 관계없이 동일할 수는 없다. 노인복지사업은 노인의 시대적 욕구를 잘 파악하여 이를 적절히 반영하여야 한다. 그러므로 정기적인 욕구조사와 그에 맞는 프로그램의 계획 및 실행은 노인복지사업의 원칙이다.

2. 노인복지의 구성체계

1) 노인복지의 법적 기반

「노인복지법」은 노인복지 정책이나 사업의 내용과 형태를 규정하는 노인복지의 모법(母法)으로서 현재 노인세대뿐만 아니라 국민 모두가 행복한 노후생활을 영위할 수 있도록 유도하고 지원하는 법률이다. 「노인복지법」은 사회법의 위치에 있으며, 노인의 건강유지, 노후생활 안정을 통하여 노인보건복지 증진에 기여할 목적(제1조)으로 제정된 법률이다.

1969년 민간영역에서 「노인복지법」 제정안을 제시한 이후 입법과정에서 여러 차례의 변화를 겪다가, 1981년 6월 5일 「노인복지법」이 제정되기에 이른다. 1980년 보건사회부가 마련한 「노인복지법」은 노인인구 증가와 사회변화에 따라 대두된 사회문제인 노인문제에 대처하고, 전통적 가족제도에 근거한 경로효친의 가치를 유지하며, 노인복지시책을 좀 더 효과적으로 추진할 목적에서 제정되었다.

「노인복지법」은 1981년 제정 이후 여러 차례의 개정과정을 거쳐 현재에 이르고 있는데, 최근 들어서는 노인학대의 예방과 대응, 노인의 능력개발을 위한 일자리의 개발과 보급, 노인요양보호사업 등에 관한 조항이 신설되었다.

[그림 3-1]에서 보는 바와 같이, 노인복지제도의 법적 기반을 이루고 있는 법률로는 「저출산·고령사회기본법」이 있다. 이 법률은 우리 사회의 저출산 문제와 인구고령화 문제에 대응하기 위하여 제정되었다. 이 법률의 제정으로 저출산고령사회에 직면할 수 있는 노인문제의 해결을 위한 보건복지, 인구, 고용, 교육, 금융, 문화, 산업 등 노인복지 전반에 관한 종합적 대책 수립이 의무화되고 국가의 노인복지 책임이 더욱 강화되었다. 그리고 2010년부터 전면 시행된 「고용상 연령차별 금지 및 고령자 고용촉진에 관한 법률(연령차별금지법)」은 소집 및 채용 등과 관련해 합리적 이유 없이 노인이 다른 연령계층대 사람과 비교해 불이익을 당하는 것을 방지하여 노인의 고용을 촉진하고 고령자의 고용 및 경제력 안정에 기여하고 있다. 이외에도 2008년

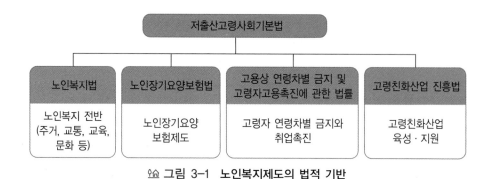

🏠 그림 3-1 **노인복지제도의 법적 기반**

7월에 시행된 노인장기요양보험제도는 「노인복지법」의 노인요양시설 설치 및 노인 요양보호사의 교육, 파견, 업무(제39조 제2항·제3항 참조) 등의 지배적인 기반을 토대 로 시행되고 있다.

2) 노인복지의 전달체계

노인복지 전달체계는 노인복지 급여와 서비스가 전달되는 데 관한 조직적인 체계 로, 중앙정부와 지방정부, 노인복지 기관 및 시설을 포함하는 모든 공공 및 민간 조 직의 서비스 전달을 위한 망(網)이라 할 수 있다(Friedlander & Apte, 1980). 현행 공적 노인복지 전달체계는 정부의 행정조직체계를 통한 전달체계를 말하는데, 이는 다시 중앙행정체계와 지방행정체계로 나뉜다. 먼저 중앙의 노인복지 주무 행정부처는 보 건복지부이다. 보건복지부(2023b)의 조직도를 보면, 인구정책실 내부에 노인정책관 이 있다. 이 노인정책관 부서 아래 노인정책과, 노인지원과, 요양보험제도과, 요양보 험운영과, 노인건강과 등의 실무부서가 각각 노인복지 관련 주요 업무를 수행하고 있다. 이를 간단히 도식화하면 [그림 3-2]와 같다.

지방정부의 노인복지 전달체계는 중앙 보건복지부 해당 부처의 지도·감독을 받 아 시행되고 있으나 노인복지 관련 업무 담당부서나 명칭은 업무자치단체별로 다르 다. 그러나 일반적으로 광역자치단체 경우는 보건, 환경, 여성 관련 업무를 동시에 관장하는 국(보건환경여성복지국, 보건복지국, 복지건강국 등) 내에 노인복지과가 있으

출처: 보건복지부 홈페이지.

출처: 서울시 홈페이지.

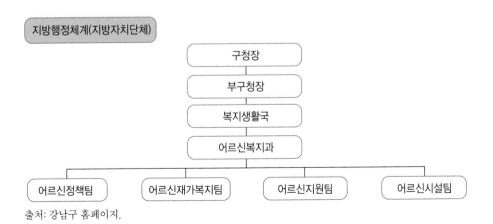

출처: 강남구 홈페이지.

🔎 그림 3-2 노인복지제도의 전달체계

며, 노인복지과 아래 노인정책팀, 노인지원팀, 노인시설팀 등을 두어 노인복지 관련 주요실무를 담당하고 있다.

기초자치단체의 경우도 마찬가지로 기초단계별로 노인복지 관련 업무의 담당부서와 명칭이 다르나 일반적으로 2009년도 이전에는 국(주민생활지원국 혹은 보건복지국 등) 아래 사회복지과 및 노인장애인과 내 노인복지팀에서 노인복지 관련 주요 업무를 담당하였다. 그러나 근래 지속적으로 증가하는 다양한 노인욕구에 부응하기 위해 노인복지과를 따로 신설하여 노인복지 증진을 위해 노력하고 있는 기초자치단체가 증가하고 있다.

3) 노인복지의 재정

OECD 국가별 공공사회복지 지출 순위에서 우리나라는 38개국 중에서 34위이다. 우리나라보다 낮은 국가는 멕시코, 칠레, 튀르키예 등이다. 우리나라는 2022년 14.8%를 지출하여 2014년의 10.4%보다는 다소 증가하였다.

OECD 공공사회복지지출은 노인, 가족, 근로무능력자, 보건, 실업 등 9개 분야에 대한 공적지출을 의미한다. 9개 분야의 구성비에서 대부분의 국가에서 보건 분야에 대한 지출 비중이 높았는데, 우리나라의 보건영역에 대한 지출 비중은 40.7%로 높았다(폴리스TV, 2023. 1. 27., OECD, 2023). 전반적으로 사회복지 지출 수준이 아직은 낮지만, 노인복지예산은 매우 큰 폭으로 증액되어 왔다. 노인복지예산은 2005년부터 노인복지사업의 일부가 지방정부로 이양됨에 따라 중앙정부의 노인복지예산액과 비중이 줄어들었으나, 분권교부세를 지방정부에 할당하여 지방정부에 이양된 지방비를 포함한 노인복지예산의 총액과 상대적 비중은 더욱 높아졌다.

또한 노인복지예산은 2008년부터 실시된 노인장기요양보험제도로 인한 보험급여 지원과 노인요양시설 인프라 구축, 2009년부터 실시된 기초연금 그리고 지속적인 노인복지관 설치 및 운영, 노인돌봄사업 및 장사시설설치 지원 등으로 급격하게 증가하고 있는 실정이어서 노인복지예산이 증가하나, 대부분이 노인인구의 증가에 따른 자연증가분이므로 노인복지 재정 확보를 위한 국가나 지방자치단체의 대책이 요구된다.

4) 노인복지의 분야

(1) 사회복지 분야

사회복지 분야는 매우 복잡하고 다양하며 사회변동에 따라 끊임없이 변화하고 있다. 사회복지는 본질상 인간의 욕구와 문제에 관심을 가지는데, 인간의 욕구와 문제는 개인과 사회의 변화에 따라 변화하기 때문이다. 따라서 사회복지의 큰 특징 중 하나는 변화하는 시대상을 그대로 투영하는 학문과 실천이라는 점이다. 사회의 급속한 변화와 함께 사회복지환경과 패러다임 또한 빠르게 전환되고 있다. 저출생과 고령화, 1인가구의 증가와 고독사의 현상, 기후위기와 양극화현상의 심화, 팬데믹과 사회복지실천현장의 디지털화의 가속 등이 사회복지분야에서 두드러지고 있다. 전통적으로 사회복지 대상자라고 분류되던 아동과 여성, 노인, 장애인에서 청년과 중장년 등 전 세대에게 사회복지가 필요하게 되었다.

통상 사회복지학의 분야는 가족(가정), 아동 및 청소년, 노인, 장애인, 여성복지, 산업복지, 의료사회사업, 정신보건사회복지, 학교사회복지, 군사회복지, 교정사회복지(현외성, 박용순, 박용건, 권현수, 1999) 등 다양하다. 이러한 분류는 사회 내의 사회적 약자집단이나 사람들이 살아가면서 직면하기 쉬운 문제를 중심으로 한 분류이다.

어떤 학자는 사회복지의 분야를 개인이나 가족이 삶을 영위하는 가운데 전 생애에 걸쳐서 발생 가능한 문제 중심으로 분류하기도 한다. 예컨대 의료, 고용, 교육, 사회서비스, 소득보장, 지역서비스, 주택주거환경서비스 등으로 분류한다든지, 또는 복지사업, 사회보험, 보건의료, 고용대책, 주택 및 환경, 일반복지 등으로 분류하는 것이다. 이렇게 볼 때, 고령화나 노인에 대한 사회복지적 개입 역시 사회복지 분야의 중요한 내용이 되고 있음을 알 수 있다.

(2) 노인복지 분야

노인복지 분야 역시 노인이 가진 다양한 욕구의 내용을 어떻게 분류하느냐에 따라 다르게 논의할 수 있다. 흔히 사회보장이나 사회복지정책을 분야별로 구분할 경우 사용되는 기준에 따르면 소득보장, 의료보장, 주택보장, 사회복지서비스, 관련 분야 등으로 나눌 수 있다. 각각의 분야에 속하는 제도 및 서비스 등을 열거하면 〈표 3-1〉과 같다.

노인의 삶의 질에 가장 직접적인 영향을 주는 분야는 소득 및 의료보장으로서 노인복지의 핵심을 이루고 있다.

💡 **표 3-1 노인복지 분야**

분야		제도의 내용
소득보장	직접급여	공공부조(생계급여, 기초연금), 사회보험(국민연금, 특수직연금) 사보험, 퇴직금 및 퇴직연금, 주택연금
	간접급여	취업증진훈련, 기타 조세감면 할인 등
의료보장		공공부조(의료급여), 사회보험(국민건강보험, 노인장기요양보험), 건강진단서비스
주택보장		노인주거급여, 생활시설서비스, 공동주거서비스 등
사회복지서비스		재가복지서비스, 시설복지서비스, 노인상담, 호스피스, 노인케어 등
관련 분야		실버산업(고령친화산업), 노인교육, 노인여가프로그램 등

토론해 볼 문제

1. 노인복지의 개념에 대해 설명해 보세요.

2. 노인을 대상으로 노인복지서비스를 제공하여야 하는 타당성에 대해 설명해 보세요.

3. 노인복지사업의 3대 목표에 대해 설명해 보세요.

4. 노인복지사업의 9대 원칙에 대해 설명해 보세요.

5. 노인복지의 법적 기반에 대해 설명해 보세요.

6. 노인복지의 5대 분야 중에서, 소득보장 및 의료보장의 내용에 대해 설명해 보세요.

제4장

노후소득보장정책

1. 노후소득보장정책의 이해

현대 산업사회에서 인간다운 최저한의 생활을 영위하기 위해서는 의식주의 욕구, 건강보호의 욕구 및 문화적 욕구를 기본적으로 충족할 수 있는 소득이 필요하다. 노년기의 적절한 소득은 최소한의 계속적인 생존을 가능케 할 뿐 아니라 여가의 문제 등도 크게 해결할 수 있으며, 나아가서는 자존심을 유지하게 해 줌으로써 성공적인 노년의 삶을 가능하도록 한다.

노년기에는 피할 수 없는 생물적 노화와 사회적으로 가해진 제약 등으로 수입이 크게 줄어들거나 중단되어 최소한의 경제적 수입을 확보하지 못하는 사람이 많다. 노인의 이러한 문제에 대해서 현대국가는 사회의 연대책임 정신을 발휘하여 최저한의 수입을 보장해 주는 소득보장제도를 마련하고 있다. 소득보장은 다른 노인문제의 개선에도 직간접적 영향을 미치므로 노인문제 해결의 가장 중심적인 노인복지정책이라 할 수 있다.

　　노후소득보장정책의 이해를 돕기 위한 소득보장의 필요성, 소득보장의 방법, 그리고 우리나라 노후소득보장정책의 현황과 문제점 및 개선방안에 대해 살펴보기로 한다.

1) 노후소득보장의 필요성

　　노인에 대한 소득보장은 노인빈곤에 대한 사회적 차원의 대책으로서, 국가가 노인이 빈곤상태에 노출되지 않도록 최소한의 정기적인 소득을 확보해 주는 활동이다. 현대 산업사회에서 노인빈곤의 원인을 다음과 같이 요약해 볼 수 있다(장인협, 최성재, 2006).

　　첫째, 생물적인 노화이다. 생물적인 노화는 누구에게나 보편적인 현상이다. 현대 산업자본주의사회에서 생물학적 노화는 직업에서의 은퇴를 의미한다. 은퇴는 수입의 상실로 이어진다.

　　둘째, 노동시장에서의 경쟁력 상실이다. 현대사회가 새로운 지식과 기술을 요구함에 따라 노인들은 노동경쟁력이 청년층에 비해 뒤떨어지고, 이는 곧 노동시장에서의 경쟁력 저하, 재취업기회 박탈, 저임금 및 수입의 중단으로 이어진다.

　　셋째, 정년퇴직제도이다. 산업사회에서는 능력의 개인차 또는 노화의 개인차를 무시하고 일정한 연령에 이르면 본인의 의사와 관계없이 강제로 직업활동을 그만두게 하는 정년퇴직제도가 보편화되어 수입이 절감되거나 단절된다. 정년제도를 통해 노인은 빈곤 상태에 놓일 수 있다.

　　넷째, 노후준비의 부족이다. 미래재에 대한 예측이 불확실하여 노후준비가 불충분하거나 없는 것이 대부분의 임금노동자의 현실이다. 복지국가에서는 사회보장제도, 즉 연금제도를 통해 노령기 소득상실과 감소에 대비하고 있지만, 노인에게는 완벽한 소득보장으로는 부족하다는 것이 일반적인 견해이다. 즉, 현대 산업사회에서의 노인빈곤의 원인은 생물적·사회적 요인이 크게 작용하는 것이므로 사회적·국가적 차원의 노후소득보장제도가 필요하다.

2) 노후소득보장의 방법

소득보장의 방법은 직접급여 방법과 간접급여 방법의 두 가지가 있다. 직접급여 방법에는 사회수당(demogrant), 공공부조(public assistance), 사회보험(social insurance), 사적 연금 또는 퇴직금 등이 있으며, 간접급여 방법에는 고용증진, 세금 감면, 할인혜택 등이 있다.

(1) 직접급여

① 사회수당(demogrant)

국민 전체 또는 어떤 일정한 부류(category)에 속하는 사람 전체에게 국가가 일정한 액수의 금품 또는 서비스를 제공하는 것이다(Ozawa, 1978). 어떤 일정한 부류는 인구학적 특성(주로 연령)에 따라서 정해지는데(Burns, 1965), 65세 이상의 노인에게 일정한 수당을 제공하는 것이 한 예이다. 사회수당은 국가가 국민의 공통욕구를 해결하고, 책임지는 것으로 국가의 사회보장 책무를 이행함으로써 국민의 복지권을 보장하는 것이다.

사회수당의 특성을 살펴보면 다음과 같다.

첫째, 국민복지권의 보장으로 누구에게나 보장되는 것으로 수급자는 낙인감이나 수치감을 가지지 않는다.

둘째, 재정은 국가의 조세이므로 소득 이전에 따른 소득재분배의 효과를 가져온다. 소득재분배는 세대 간 및 소득계층 간에 이루어진다. 그러나 사회수당의 소득이전 효과는 사회보장과 공공부조 방식의 소득보장보다는 약한 편이다.

셋째, 보편적인 제도로 모든 노인에게 지급되어 사회통합이라는 사회적 효과성을 발휘하나, 필요한 사람에게만 지급되는 것이 아니므로 비용경제성 또는 비용효과성을 달성할 수 없다.

넷째, 경제발전의 수준이 높은 나라일수록, 그리고 복지국가의 이념이나 가치관을 지향하는 나라일수록, 사회수당에 따른 소득보장 프로그램이 증가되는 경향이 있다.

우리나라는 사회수당이 없다. 과거 교통수당이 지급되었던 적이 있었으나, 현재는 폐지되었다.

② 공공부조

국가가 최저생활 수준에 미달되는 개인(가족)에게 최저한의 생활을 보장해 주는 제도를 공공부조(사회부조, 국가부조)라고 한다. 이는 국가가 국민에게 최저한의 인간다운 생활을 유지할 수 있도록 보장해 주는 방법으로서 현대국가의 기본적인 의무와 책임이 되는 것이다. 공공부조는 국가의 복지제도 중에서 가장 먼저 발달한 제도로서 사회보험과 함께 사회보장제도의 핵심적인 방법이다.

우리나라의 공공부조는 국민기초생활보장제도가 대표적이며, 노인을 위한 기초연금이 있다.

③ 사회보험

미래에 다가올 위험에 대한 대비를 위해 개인과 사용주 또는 국가가 기여하고, 위험상황이 생겼을 경우 보장받는 제도가 사회보험제도이다.

사회보험을 통한 소득보장방법은 기여제 연금(갹출제 노령연금)이다. 기여제 연금은 보험료를 납입하여 적립한 것을 돌려받는 것이므로 보험가입자는 연금을 받을 당연한 법률적 권리를 가지게 되는데, 이러한 권리는 일종의 재산권이고 노동자 자신이 노력하여 획득한 권리(earned right)이기도 하다. 그러므로 기여제 연금 수급권은 복지권이라기보다는 재산권이라고 할 수 있다.

사회보험의 특성을 살펴보면 다음과 같다.

첫째, 자신의 기여로 얻은 권리로서 수급에 대한 낙인감(stigma), 수치심이 없다.

둘째, 재정은 소득의 일정률의 납입으로 이루어지므로 소득이전에 따른 소득 재분배의 효과가 가장 크다. 즉, 사회보험을 통한 소득 재분배는 세대 간 및 소득계층 간에 넓게 이루어지므로 그 효과는 사회수당이나 공공부조의 효과보다 훨씬 크다고 할 수 있다(Kutza, 1981).

셋째, 국가의 입장에서 비용을 가장 적게 들이고 가장 효과적으로 소득보장을 할 수 있는 방법이므로 현대복지국가가 가장 선호하는 소득보장방법이다.

넷째, 노령연금의 수급자격은 근로를 통한 기여가 있을 때만 가능하다. 그러므로 임금시장에 진입한 경험이 없었던 자에게는 소득보장의 의미가 약화되는 문제가 있을 수 있다.

우리나라의 국민연금은 1988년 전면 실시되어 완전노령수급자는 2008년에 수급자격이 발생하였다. 따라서 소득보장제도가 미흡하여 노인빈곤의 문제가 발생하고 있다.

특수직역종사자의 경우인 공무원, 군인, 사립학교 교직원의 경우에는 특수직 연금 수급자로 분류된다.

(2) 간접급여

① 고용촉진

노인의 경험과 지식, 기술과 지혜를 바탕으로 노동시장에서의 생산가능활동을 지원하기 위한 제도가 고용촉진제도이다. 노동시장에서 경쟁력이 약한 노인인력에 대한 대책을 마련하는 것이 고령(화)사회의 적극적인 노인복지정책이 될 것이다.

② 세제감면, 할인혜택

수입이 감소하거나 상실된 노인에게 생활상에 발생하는 다양한 생활경비를 줄여주는 방법이다. 재산세 감면과 융자, 공공시설 및 교통시설 이용료의 감면 · 면제, 할인혜택 등이 있다.

2. 한국 노후소득보장정책의 현황

우리나라 노후소득보장 프로그램을 소득보장 방법별로 살펴보면 〈표 4-1〉과 같다. 노인을 대상으로 한 직접적인 소득보장에 해당되는 것은 공공부조 방식의 「국민기초생활보장법」상 기초생활급여와 기초연금제도가 있으며, 사회보험 방식의 국민연금, 특수직연금(공무원, 군인, 사립학교 교직원) 제도가 있다.

그리고 퇴직금제도와 사보험을 통한 사적 소득보장이 있으며, 간접적인 급여는 취업증진을 위한 지원제도와 노인으로 하여금 지출을 억제해 주는 것으로서 세제감면, 경로우대제도 등이 이에 속한다.

표 4-1 우리나라 노인소득보장 방법 및 내용

직간접성	제도의 내용	내용
직접급여	사회수당(데모그란트)	없음
	공공부조	• 국민기초생활보장(생계급여) • 기초연금
	사회보험	• 국민연금 • 특수직연금(공무원연금, 군인연금, 사립학교 교직원연금)
	사적연금/퇴직금/ 주택연금	• 사보험(노후설계연금 등) • 퇴직금 및 퇴직연금 • 주택연금
간접급여	고용증진	• 노인취업알선센터, 공동작업장, 고령자인재은행, 고령자 고용권장제도 및 취업훈련프로그램 • 시니어클럽 운영, 노인취업박람회 등
	세제감면	• 상속세 공제 • 소득세 공제 및 양도소득세 면제, 저축 이자소득 면제 등
	할인	• 경로우대제도 등

1) 직접급여

(1) 공공부조
① 국민기초생활보장제도(생계급여)

국민기초생활보장 프로그램은 공공부조 방법에 따른 소득보장제도이다. 이 제도는 종전의 생활보호제도가 2000년 10월부터 개편되어 시행된 것이다. 1999년 모든 국민에게 최저생계 유지를 국민의 사회적 권리로 확보해 준다는 의미에서 기존의 「생활보호법」을 「국민기초생활보장법」으로 개정하여 2000년 10월부터 실시하게 되었다. 2015년 7월 「국민기초생활보장법」 개정으로 맞춤형 급여형태로 제도가 개편

되면서 각 가정의 상황에 맞는 급여를 지급하게 되었다.

국민기초생활보장의 급여는 기본적으로 연령에 관계없이 개인이나 가족이 스스로 최저생계를 유지할 수 없는 경우 수급자격이 주어진다. 65세 이상의 자가 부양의무 자가 없거나 부양의무자의 부양을 받을 수 없는 경우 수급자가 될 수 있다.

과거 「생활보호법」하에서는 1990년도 초반까지 현금(부식비 및 피복비 등)과 물품 (양곡)을 같이 지급하다가 이후 현금으로 환산하여 지급하기 시작하였으며, 국민기 초생활보장제도에서는 의료급여를 제외한 모든 급여는 현금으로 이루어지고 있다.

급여의 수준은 건강하고 문화적인 최저생활을 유지할 수 있는 정도가 되도록 하고, 기준은 수급자의 연령, 가구규모, 거주지역, 기타 생활여건 등을 고려하여 급여 종류별로 결정하도록 하고 있다.

국민기초생활보장 급여의 종류와 내용은 7개의 급여가 있으며, 노후소득보장제도 에 해당되는 급여는 생계급여가 대표적이며, 의료급여는 의료보장정책, 주거급여는 주택보장정책이다. 또한 사망 후 장제급여가 지급된다.

표 4-2 **국민기초생활보장 급여 종류 및 내용**

종류	내용
생계급여	의복 · 음식물 및 연료비와 기타 일상생활에 기본적으로 필요한 금품지급으로 생 계유지
주거급여	주거안정에 필요한 임차료, 유지수선비, 기타 대통령령이 정하는 구급품 지급
의료급여	질병 · 부상 · 출산 등에 대한 지원
교육급여	입학금 · 수업료 · 학용품비, 기타 수급품 지원
해산급여	조산, 분만전과 후의 필요한 조치와 보호에 대한 급여 지원
장제급여	수급자 사망 시 시체의 검안 · 부상운반 · 화장 또는 매장, 기타 장제 조치 지원
자활급여	자활조성을 위하여 자활에 필요한 금품의 지급 또는 대여

출처: 보건복지부 홈페이지(www.mohw.go.kr).

노인빈곤현상의 심화 속에서도 국민기초생활보장 노인수급률은 감소하고 있다. 기초생활 수급자의 생계급여는 정부가 정한 소득수준에 미달하는 경우 보충적으로 지급되며, 다른 여타 공적연금 등 다른 급여가 생계급여보다 우선한다. 수급자가 기초연금 수급자이면 수급자의 소득인정액이 높아져 생계급여액은 그만큼 삭감되는 것이다.

② 기초연금

국민연금제도 미가입자나 가입하였더라도 불충분한 노령연금을 받는 자를 대상으로 현재의 심각한 노인빈곤문제해결을 위한 대안으로 마련된 제도로서 2008년 기초노령연금으로 도입되어 운영되다가 2015년 7월 기초연금으로 개정되었다. 또한 기초연금제도의 여러 문제점에 대한 대책으로 국민연금 성숙 후에는 기초연금을 조정하도록 기획되었다.

기초연금은 신청주의원칙으로 만 65세 이상 자가 주소지 읍·면 사무소 및 동 주민센터 또는 국민연금공단지사에 신청하고 자산조사를 한 이후 소득과 재산이 하위 70%의 자에게 지급된다.

만 65세 이상의 한국국적자 중 가구의 소득인정액이 선정기준액 이하인 개인(부부)에게 지급되는 것으로 재원은 국비와 지방비로 한다(보건복지부 기초연금 홈페이지, 2017). 단, 공무원연금, 사립학교 교직원연금, 군인연금, 별정우체국연금 수급권자 및 그 배우자는 원칙적으로 제외한다.

(2) 사회보험
① 국민연금

1973년에 「국민복지연금법」의 제정으로 계획되어 1974년부터 전 국민을 대상으로 시행할 예정이었으나, 제한적인 국민들만 가입되거나 여러 가지 이유로 수차례 시행이 연기되어 오다가 1988년에서야 시행되었다. 정부는 국민연금제도를 1988년부터 전면 시행하기 위하여 종전의 근거법인 「국민복지연금법」을 1986년에 「국민연금법」으로 명칭을 바꾸고 관련된 많은 사항을 개정하였다.

급여의 형태, 요건 및 수준은 〈표 4-3〉과 같다. 급여수준은 급여의 종류, 가입기간, 연령 등에 따라 상이하나, 20년 이상 가입한 자에 한해서 60세부터 노령연금이 지급되고 있다.

◊ 표 4-3 국민연금의 형태별 급여자격 요건 및 수준

형태	급여요건	급여수준
노령연금	20년 이상 가입자로서 60세부터 지급	기본연금액의 100%+부양가족연금액
장애연금	가입 중에 발생한 질병 또는 부상으로 완치 후에도 장애가 있는 자	장애 정도에 따라 기본연금액의 60~100%+부양가족연금액
유족연금	가입기간 10년 미만인 가입자였던 자로서 가입 중에 발생한 질병이나 부상 또는 그 부상으로 인한 질병으로 가입 중 초진 일 또는 가입자 자격상실 후 1년 이내의 초진 일로부터 2년 이내에 사망한 때	가입기간에 따라 기본연금액의 40~60%+부양가족연금액
반환일시금	10년 미만 가입자의 자격상실 시(60세 도달, 사망, 국외이주 등)	가입기간 중 본인이 납부한 연금 보험료에 가입기간 동안의 이자와 지급 사유 발생일까지의 이자를 더함 * 2007년 3년 만기 정기예금이자율: 3.8% 　2007년 1년 만기 정기예금이자율: 3.6%

출처: 보건복지부 홈페이지(www.mohw.go.kr).

② 공무원연금

공무원연금제도는 사회보험 방법으로서 우리나라에서 제일 먼저 실시된 제도이며, 1960년에 제정된「공무원연금법」에 따라서 실시되고 있다. 이후 여러 차례에 걸친 법개정을 통하여 보완되어 오늘에 이르고 있다.

공무원연금제도의 적용을 받는 사람은「국가공무원법」「지방공무원법」및「교육공무원법」에 따라 공무원 및 대통령이 정하는 국가 또는 지방자치단체의 기타 직원이다. 다만, 군인과 선거를 통하여 취임하는 공무원은 제외된다.

급여를 받을 수 있는 자격은 급여의 종류에 따라 다르다. 급여의 종류는 구체적으로 열여섯 가지가 있다. 급여종류에 따른 급여수준은 복잡하여 여기서는 생략하기로 한다(상세한 것은「공무원연금법」을 참고하기 바란다).

공무원연금은 특정 직업에 종사하는 사람에 대한 연금이어서 앞서 본 국민연금의 경우와는 달리 급여의 종류도 다양하며, 그 직무상에 관련된 상해·질병·사망에 대하여 요양급여 및 보상을 하고 있다. 이는 어떤 의미로는 산업재해보상제도와 일반

연금제도가 병합된 것이라 할 수 있다. 즉, 공무원이라는 직업수행에 관련된 재해의 보상과 퇴직, 사망, 유족에 관련된 급여를 폭넓게 규정하고 있다. 급여의 수급방법에서도 연금 또는 일시금 방법을 선택적으로 택할 수 있도록 되어 있어 수급권자의 선택의 여지가 비교적 넓다고 할 수 있다.

연금비용은 공무원의 기여금(보험료)과 국가 또는 지방자치단체의 부담금 및 공탁 운영을 위한 보조금으로 충당된다. 기여금과 부담금은 가입자 보수월액의 일정 비율로 한다.

③ 군인연금

군인연금제도는 1963년에 제정하여 실시된 「군인연금법」에 따라 설립되었으며, 현재까지 여러 차례 법개정을 통하여 보완·발전되어 왔다.

군인연금제도는 중사 이상의 현역 또는 소집되어 실역에 복무하는 군인에게 적용된다. 군인연금에 가입한 사람은 열다섯 가지 급여의 종류에 따라 급여자격 요건이 갖추어졌을 때 급여를 받을 수 있다.

④ 사립학교 교직원연금

사립학교 교직원연금제도는 1973년에 제정된 「사립학교 교원연금법」에 따라 1975년부터 교원에게 적용되었고, 1978년부터는 사무직원에게까지 확대 실시되었다.

사립학교 교직원연금제도의 적용대상자는 「사립학교법」 제3조에서 규정하는 각급 학교에 근무하는 교직원과 기타 교육부 장관이 지정하는 사립학교의 교직원이다. 급여의 종류와 자격요건 및 급여의 수준은 「공무원연금법」이 준용되고 있으며, 앞서 설명한 공무원연금의 경우와 동일하다.

연금비용은 교직원의 개인부담금(기여금), 학교법인 부담금, 국가부담금 및 운영 수익금으로 충당된다. 교원 및 사무원의 부담금, 학교법인 부담금, 국가부담금은 교원 및 직원의 보수월액을 기준으로 한 일정률로 정하는데, 이때의 보수월액은 교직원이 받는 실제 보수월액이 아니고 직무와 직위가 같은 교육공무원의 보수에 따른 표준봉급월액으로 한다.

(3) 퇴직금제도 및 퇴직연금제도

퇴직금제도는 공적 사회보장 프로그램은 아니지만 현재로서는 퇴직자에게 가장 중요한 노후 소득보장 방법이 되고 있다. 1953년에 제정된 「근로기준법」에 따라 5인 이상의 사업장에 종사하는 근로자가 퇴직하였을 때 근속연수 1년에 대하여 평균임금 30일분에 해당하는 금액을 사용자가 퇴직 시에 일시금으로 지급하도록 규정함으로써 확립된 제도이다. 이 제도는 국민연금제도가 실시되기 시작한 1988년까지와 국민연금제도에 따라 연금이 지급되기 시작한 2008년 전까지는 대다수의 일반국민에게 가장 중심적인 노후 소득보장 방법이었다. 하지만 그 후에 법이 개정되면서 근로자 본인이 원하면 중간정산을 할 수 있도록 되어 있어 사용자의 권고에 따라 중간정산을 한 근로자에게는 노후의 소득보장 기능을 할 수가 없었다. 2005년 「근로자퇴직급여보장법」이 제정된 후 2006년 12월부터 시행하고 있다. 이 제도는 종전의 퇴직금제도와 퇴직연금제도 중 하나를 선택하도록 하여 노후소득보장을 위해 공적연금제도를 보완하고자 하였다.

(4) 주택연금제도

주택연금제도는 노인 개인의 주택과 연동하여 노후의 소득을 보장해 주는 제도로서, 집을 담보로 평생 연금을 받는 것이다. 신청자의 연령과 주택가격이 가입조건이며, 부부 중 1명 이상이 대한민국 국적자이면서, 1명이 만 55세 이상이어야 한다. 해당 주택을 거주지로 이용해야하고, 가입자의 의사행위능력이 있어야 하지만, 가입자가 만약 치매 등의 문제로 의사를 표현하는 데 장애가 있는 경우 성년후견인제도를 활용해야 가능하다.

대상물건은 공시가 12억 원 이하여야 한다(2023년 기준). 부부 중 어느 한쪽이 먼저 사망하더라도 나머지 한 사람은 주택연금을 꾸준히 받을 수 있고 모두 사망한 경우에는 총 연금지급액수보다 집값이 높으면 상속자에게 돌려주고 집값이 총 연금지급액수보다 낮을 때에는 상속자가 그 차액을 물지 않아도 되는 등의 장점이 있다.

2) 간접급여

(1) 취업증진
① 노인일자리 및 사회활동 지원사업

「노인복지법」 제23조, 「저출산고령사회기본법」 제11조에 사업근거를 둔 노인일자리 및 사회활동 지원사업의 목적은 고령사회에서 발생할 수 있는 다양한 노인문제를 사전에 예방하고 적극적 사회참여 확대를 통해 사회적 가치 창출 극대화를 도모하는 데 있다. 뿐만 아니라 노인인력 활용에 대한 사회적 인식개선 및 민간참여 도모와 함께 노인의 적극적 사회참여 기회를 제공하고자 한다.

2004년 우리나라 노인의 빈곤문제 해결과 예방을 위해 시행된 제도로, 노인에게 사회적 참여를 통한 소득보장을 목적으로 하며, 노인사회활동의 유형에 따라 경제적 소득을 지원한다. 사업의 내용에 따라 참여자격조건이 상이하나, 65세 이상의 기초연금수급자가 주 참여자이다. 노인사회활동지원사업은 제12장 노인여가와 사회참여에서 자세히 다루기로 한다.

② 시니어클럽 운영

시니어클럽이란 지역사회 내에서 일정한 시설과 전문인력을 갖추고 지역의 자원을 활용하여 노인일자리를 창출·제공하는 노인일자리 전담기관을 뜻한다. 시니어클럽은 노인의 사회적 경험과 지식을 활용할 수 있는 다양한 일자리를 개발하고 이에 참여할 수 있는 여건을 조성하여 노인의 삶의 질을 향상하는 데 목적을 두고 있다.

정부는 고령사회를 대비하여, 노인들의 경제활동 및 사회활동을 통하여 일하는 노인들의 밝고 건강한 노후를 정착시키고자 2001년 보건복지부 장관의 지정에 의해 설립되었다. 2001년 지역사회시니어클럽으로 시범사업을 시작하여 현재(2022년 12월 기준) 194개소가 설치되어 있다(한국시니어클럽협회 홈페이지, 2023).

③ 취업지원센터 운영

「노인복지법」 제23조의 2와 「저출산고령사회기본법」 제11조에 의해 노인에게 적합한 일자리를 창출하여 경제적으로 안정된 노후생활을 할 수 있도록 필요한 조치를 강구하고자 설치되어 운영되고 있다. 지역사회 구직희망 노인의 취업상담·알선 등을 통하여 노인의 소득보장 및 사회참여 기회 확대, 노인참여자의 역량강화, 노인취업정보 네트워크 구축이 주요사업이다.

(2) 세제감면

세제감면은 대체로 노인 봉양의식 제고를 위한 부양가족에 대한 간접적 소득보장 방안이라 할 수 있다. 즉, 상속세와 소득세를 공제해 주거나, 부모와 자녀가 각각 주택을 소유하고 따로 살다가 세대를 합침으로써 한 주택을 매매하는 경우 양도소득세를 면제해 준다. 또한 생계형 저축에 가입하는 경우 이자소득 또는 배당소득에 대하여 면세를 해 주고 세금우대종합저축 분리과세 및 주민세를 면제해 주는 생계형 저축비과세 등이 있다.

(3) 경로우대제도

경로우대제도는 1981년 「노인복지법」 제정 후 1년이 지나서 시행된 것으로, 65세 이상 노인이 공공 및 민영시설인 교통시설, 고궁 및 공원, 국공립의 박물관, 미술관, 국악원을 이용하는 경우 10~50% 할인혜택을 제공한다.

철도의 경우 운임을 할인해 주고 도시철도 및 수도권전철 운임은 무료이다.

민영경로우대로는 국내항공기 운임의 할인, 국내여객선 운임의 할인을 실시하고 있으며, 타 경로우대 업종(목욕, 이발 등)은 자율적으로 실시하고 있다.

이와 같은 할인혜택은 노인의 생활비를 경감시켜 주는 효과가 있기 때문에 간접적인 소득보장 방법이라 할 수 있다.

3. 노후소득보장을 위한 정책 방향

1) 노인복지정책의 이념 설정

경제성장 우선정책과 급속한 산업화는 사회복지 억제의 역효과가 나타났으며, 사회복지투자의 억제, 국민의 복지의식에 대한 부정적 인식 등은 사회복지의 후퇴를 가져왔다. 특히 우리나라 노인복지정책은 공공부조 위주, 선별적이고 잔여적 · 시혜적 복지로 유지되어 왔다. 1997년 경제위기를 계기로 사회문제의 발생배경을 개인의 문제라는 인식에서 사회구조적 문제로 인식하게 되는 전환점을 맞았다. 또한 노인복지의 첫 번째 책임, 노인부양의 책임은 가족이라는 가족우선주의로 일관해 오다가 경제적 위기와 고령화라는 급속한 사회변화를 경험하면서 노인복지의 보편적 제도에 대한 관점이 변화되었다. 즉, 급속한 고령화로 나타나는 노인문제는 가족의 책임으로만 해결할 수 없을 정도에 이르렀고, 노인들이 겪는 다양한 위험과 위기는 가족우선주의정책이 아니라 국가나 사회의 적극적 개입이 있어야 해결 가능하다는 것을 발견하였다. 전통적인 효와 가족부양의 미덕을 기본으로, 국가의 적극적 개입과 정책에 대한 의지만이 노인문제를 해결할 수 있다. 따라서 노인복지정책의 이념은 국가와 사회, 가족, 개인이 함께하는 것으로 설정하는 것이 중요하다.

2) 공공부조

(1) 국민기초생활보장제도

1997년 경제위기와 함께 대량의 빈곤인구에 대한 대책이 절실해지고 그동안 사각지대에 있는 많은 사람이 수급대상자에서 제외된 문제점이 개선되어야 한다는 주장이 제기되었고, 어떠한 경제위기가 닥치더라도 최저생계비 이하의 모든 국민은 언제라도 국가의 보호를 받을 수 있는 영구적인 제도가 있어야 한다는 주장이 대두되었다. 또한 기존의 생활보호제도는 시혜적 성격이 강하여 국가의 사회보장적 의무와 이에 대응하는 국민의 사회보장 수급권리가 보장되어야 한다는 주장도 대두되어 1999년 8월에 「국민기초생활보장법」이 입법화되었다.

「국민기초생활보장법」은 국민적 최저생활보장에 대한 국민의 권리를 명확히 규명하였고, 수급권자의 자격규정도 자산수준(소득인정액)이 최저생계비 이하이고 부양의무자가 없거나 있어도 부양능력이 없거나 부양을 받을 수 없는 모든 국민이 대상자가 되도록 바뀌었다. 그리고 대상자를 생계보호대상자로 일원화하여 생계급여 차등을 없앴다. 이는 노인으로서 실제적 보호가 필요함에도 보호의 사각지대에 놓여 있는 노인과 자활보호자 가족에 속해 있는 노인이 실제로 정기적 급여를 받을 수 있게 되어 노인에 대한 소득보장의 기회가 크게 확대되었다. 국민기초생활보장에서는 노인을 위해 다섯 가지 급여를 규정하고 있다. 즉, 생계보호, 의료보호, 주택보호, 자활보호, 장제보호가 그것이다.

국민기초생활보장제도의 문제점을 살펴보면, 먼저 최저생계비 수준을 5년에 1회씩 생계비계측조사를 통하여 산정하도록 하고 4년간의 물가상승분을 계산하여 조정하도록 하고 있는데, 생계비계측 시간 간격이 너무 길어 최저생계비가 제대로 반영될 수 없다. 더구나 노인의 경우 의료비 지출이 일반가구에 비하여 크게 높기 때문에 이를 고려한 생계비 기준을 마련할 필요가 있다. 또한 주택가격의 상승으로 주거비 부담은 증가하고 있으나. 주거급여가 현실적으로 반영되지 못하고 있다. 또 공공부조는 보완책으로서 다른 공적연금 수급자는 그 차액만을 지원받아 최저생활유지에 어려움이 발생하고 있으므로 해결해야 할 과제이다.

(2) 기초연금

2008년 시행되던 기초연금은 2015년 7월 기초연금으로 변경되어 소득수준 하위 70%의 노인들이 수급대상자가 된다. 소득과 재산 기준으로 수급자를 선정하여 배우자 유무에 따라 차등지원을 하고 있다. 우리나라는 OECD가입국 중 노인빈곤율 1위라는 불명예를 가지고 있다. 이에 따라 노인빈곤율 해소나 노인 삶의 질 향상을 위한 적극적인 개입이 필요하고, 비용대비 효과성과 효율성에 대한 소득보장의 보충적 기능을 고민해야 한다.

향후 소득보장 기능에 기여할 수 있도록 연금액을 증액하거나 노인인구 50%를 대상으로 하여 연금액을 상향해 주어 소득보장의 보충적 역할을 할 수 있도록 하여야한다.

3) 공적연금제도

(1) 연금의 소득보장 기능 강화

전 국민연금제도의 도입 20년 후 연금수령자격이 도래한 시점은 2008년이었다. 2020년 국민연금수급율은 38.3%, 월평균 수급액은 56만 원에 그치고 있어 모든 노인의 소득보장 수단으로는 한계가 있다.

(2) 소득파악의 문제

국민연금제도 시행 이후 많은 문제점이 지적되어 왔다. 연금기금 운용상의 문제점, 기여에 비하여 지나치게 높은 급여수준으로 인한 재정 불안정, 개시연령의 문제점 등이 그것이다. 연금재정의 안정화를 위한 조치로 급여수준의 인하, 수급연령의 변경 등의 조치가 취해졌다.

국민연금 재정 불안정의 문제로 가입자의 보험료 부담의 기초가 되는 소득 파악의 방법과 관련이 있다. 고소득 자영업자 및 전문가 집단의 소득 파악이 과학적이지 않고 명료하지 않다는 점에서 고소득 자영업자의 무임승차에 관한 문제가 그것이다.

국민연금제도는 사회보험제도가 갖는 사회통합과 사회연대의식을 고취하기 위해서라도 소득파악에 대한 과학적이고 객관적인 방법이 도입되어야 한다.

(3) 연금재정의 안정화

전국민 연금제도의 도입·확대의 과정에서 연금기금 고갈에 대한 부정적 예측이 있었다. 연금재정 위기의 원인으로는 일차적으로 기금의 방만한 운영이 지적되고 있다. 또 하나의 원인은 저부담고급여의 연금수급구조에서 찾는다. 장기적으로 저출산과 평균수명의 연장으로 재정 압박은 피할 수 없고 이러한 현상은 모든 나라에서 유

3. 노후소득보장을 위한 정책 방향

사하게 나타나고 있으므로, 이에 대한 대책이 조속히 마련되어야 한다(이준영, 김제선, 박양숙, 2015).

4) 사적 소득보장의 장려

사적인 소득보장제도이지만 공적인 노후보장제도가 미비하였던 관계로 실제로는 가장 중요한 노후 소득보장의 기능을 수행하였던 것이 퇴직금제도이다. 그러나 평생직장의 개념이 사라지고 정년 이전에 직장을 떠나는 경우가 많아진 현 상황에서는 노후 소득보장 기능을 수행하기 어려워졌다. 더구나 퇴직금제도는 일시금으로 지급되기 때문에 정기적인 소득이 되지 못하는 문제도 있다.

이를 해결하기 위한 방안의 하나는 현행 퇴직금제도를 기업연금제도로 전환해 가는 것이다. 2008년부터 노령연금이 지급되기 시작하였고, 노령연금을 기본으로 하여 부가적인 소득보장 기능을 수행하는 퇴직연금이 정착될 수 있도록 하는 것이 필요하다.

또한 개인연금제도를 간접적으로 지원하여 개인의 노후생활 준비능력을 향상함으로써 개인적 차원에서는 장래의 생활불안에 대비하게 하고, 국가적 차원에서는 공공부조의 대상자를 장기적으로 줄이는 효과를 가져올 수 있다. 개인연금제도는 선진국에서는 일반화되어 있는 것으로, 보통 55세 이후의 소득보장을 사적인 차원에서 준비하는 것이다. 한국에서는 1994년 3월 「조세감면규제법」이 규정되어, 개인연금 이자소득의 비과세, 연금불입액의 40%를 소득공제함으로써 세제를 통한 장려를 행하고 있다. 또한 2008년부터는 공적연금 대상자를 제외한 일반근로자를 대상으로 퇴직연금제도를 도입하여, 민간금융기관에 근로자의 퇴직금을 투자하여 노후 소득보장의 한 방법으로 장려하고 있다. 즉, 국가보장인 국민연금, 기업보장인 퇴직연금, 개인보장인 개인연금의 3층보장제도에 근거하여 퇴직 후 안정적인 생활보장을 위한 제도적 정착을 위해 국가, 민간금융기관, 개인이 함께 노력하여야 한다.

토론해 볼 문제

1. 노후소득보장의 필요성에 대해 토론해 보세요.

2. 노후소득보장의 방법에 대해 설명해 보세요.

3. 우리나라 노후소득보장의 방법에 대해 설명해 보세요.

4. 우리나라 노후소득보장 방법 중 직접급여에 대해 설명해 보세요.

5. 우리나라 노후소득보장 방법 중 간접급여에 대해 설명해 보세요.

6. 우리나라 노인 빈곤상황을 설명하고, 노인빈곤에 대한 대책을 논의해 보세요.

제5장
노인의료보장정책

1. 노인의료보장의 이해

　노인의료보장은 노인소득보장과 더불어 현대 복지국가 노인복지의 중심적인 정책 중 하나로서, 국민 개개인이 하나의 시민으로 신체적 및 정신적으로 건강한 생활을 유지할 수 있도록 국가가 개입하여 보장해 주는 제도라 할 수 있다. 의료보장은 역사적으로 의식주를 위한 최소한의 생활보장과 함께 일찍이 사회적 권리로 인정되어 (Marshall, 1976), 현대 복지국가의 핵심적인 사회보장 프로그램으로 제도화되고 있으며, 한 국가사회의 경제적 발전의 정도에 따라 보장의 대상과 수준에는 차이가 있지만 대부분의 국가는 의료보장 프로그램을 마련하고 있다.

　의료보장 프로그램은 임금노동자의 최소한의 건강보호를 위하여 시작되었으나, 20세기 중반을 넘어서면서 노인인구의 증가와 퇴직 후의 건강관리문제가 노인문제로 대두됨에 따라 노인을 위한 의료보장 프로그램이 제도화되기에 이르렀다.

　이 장에서는 노인에 대한 의료보장의 필요성, 의료보장의 방법, 의료서비스 전달

방법, 우리나라 노인의료보장의 현황과 노인장기요양보험제도에 대해서 살펴보기로
한다.

2. 노인의료보장의 필요성

노인에 대한 의료보장이 필요한 이유는 다음의 네 가지로 생각해 볼 수 있다(장인
협, 최성재, 2006).

첫째, 의료서비스는 노인의 삶의 질과 수명에 가장 직접적으로 영향을 미친다. 건
강은 개인 자신을 유지하고 사회적 생활에서 기대되는 역할을 수행하도록 할 뿐 아
니라 사회 · 심리적인 면에서 자기 자신에 대한 평가를 긍정적으로 향상한다(Shanas
& Maddox, 1976). 이러한 의미에서 한 국가가 국민 건강을 위하여 건강보호의 책임을
지는 것은 국민의 생존권 보장과 직결되는 가장 중요한 국가의 의무이고, 개인의 권
리로서 보장되어야 하는 것이다.

둘째, 질병은 예측 불가능하며, 질병 치료에 대한 정보의 불완전성은 개인적 차원
에서 위기이다. 노인은 다른 연령집단에 비하여 유병률이 높고 질병이 만성적이며,
합병의 우려가 높은 특성이 있다. 타 연령층에 비해 장기적인 치료와 요양을 필요로
하고, 고액의 의료비용을 감당해야 하는 어려움이 있다(Shanas & Maddox, 1976). 그
러므로 이러한 문제는 노인 개인이 아니라 노인집단이 갖는 공통적 어려움으로 국가
차원의 개입이 요구된다.

셋째, 예측불허이며 고액인 의료비 부담의 위협을 사적이고 상업적인 보험으로 해
결하려는 시도는 경제적 능력이 있는 일부 노인인구에게만 가능하다. 의료서비스의
필요성이 다른 연령집단에 비하여 빈번히 요청되고, 또한 진료비가 고액으로 요청되
는 경우가 많다. 일부 노인인구의 보험가입은 보험료를 계속 상승시키는 악순환에
빠지게 하며, 일부 제한된 인구의 위험분산 또한 보험료의 부담을 더욱 크게 만들게
된다. 그러므로 더 많은 인구를 대상으로 분산 · 분담하도록 하는 의미에서도 국가의
개입을 통한 강제적 보험 등의 필요성이 크게 요청된다.

넷째, 건강유지는 노인 개개인의 생활 만족감을 향상시키고 자기가 속해 있는 사회조직망(social network)으로의 통합을 촉진한다(Liang, Dvorkin, Kahana, & Mazian, 1980). 이와 같은 입장은 한국 사회의 노인에게서도 잘 입증되고 있다(장인협, 최성재, 2006). 그러므로 건강 유지와 향상을 위한 의료서비스의 보장은 노인을 가족과 사회와의 사회·심리적 면에서 통합하는 주요한 장치가 된다.

3. 노인의료보장의 방법

의료보장은 건강한 삶을 유지하는 데 필요한 최소한의 의료서비스를 사회가 보장해 주는 제도로서 간접적인 소득보장과 같은 효과를 갖는다. 따라서 의료보장의 방법에도 소득보장에서의 방법과 같은 사회수당(데모그란트), 공공부조, 사회보험 등의 방법이 있다(장인협, 최성재, 2006).

1) 사회수당(데모그란트)

일정 연령이나 수급자격조건에 맞는 대상을 위한 사회수당의 경비는 국고에서 조달하는 것이 원칙이고, 일정액의 기본료를 지급하거나 무료 의료서비스를 받을 수 있다.

노인의료보장제도에서 사회수당프로그램을 실시하는 나라는 드물다. 하지만 경제발전과 지향가치관에 따라 도입이 가능한 프로그램이다.

우리나라 「노인복지법」상의 65세 이상 노인에 대한 건강진단이 원래의 입법 의도대로 강제규정으로, 즉 「노인복지법」 제27조 제1항의 규정이 "…… 건강진단과 보건교육을 실시할 수 있다."가 "…… 실시해야 한다."로 바뀌었다면 바로 사회수당적 프로그램이 되었을 것이다.

사회수당의 특수한 경우로 전 국민에 대한 무료 의료서비스가 있다. 그 적용대상에는 조건이 없다고 보아야 할 것이며, 프로그램의 경비는 100% 국고에서 부담하

118

기 때문에 노인뿐 아니라 그 사회의 모든 국민은 무료로 의료서비스를 받게 되는 것이다. 이와 같은 형태의 프로그램을 갖고 있는 나라는 영국, 폴란드 등이며(Kahn & Kammerman, 1976), 사회주의적 의료정책을 취하고 있는 나라에서는 이러한 프로그램을 가장 적절한 의료보장 프로그램으로 삼고 있다.

2) 공공부조

공공부조는 개인 또는 가구의 수입이 최저생활비의 기준에 미달하여 의료비의 지출이 사실상 불가능하거나, 또는 최저생활비의 수준을 상회하더라도 의료비를 지출하면 생계에 큰 지장을 초래할 것으로 인정되는 개인이나 가구원에 대해서 의료서비스의 비용을 정부가 부담해 주는 프로그램이다. 건강보호가 시민의 사회적 권리로 인식되기 시작하면서 본격적으로 제도화되었다고 할 수 있다. 의료에서의 공공부조 적용대상 조건은 가구의 수입과 재산이 의료적 빈곤수준(최저생활 수준 이하 또는 최저생활 수준을 상회하더라도 의료비를 지출하면 최저생활 수준 아래로 떨어지는 경제수준)에 해당하는 것이다.

의료적 빈곤수준의 결정은 수입과 재정상태를 점검하는 자산조사(means test)를 통하여 이루어지는 것이 일반적인 원칙이다. 공공부조를 통한 의료보장의 비용은 전액 국고에서 조달된다. 이와 같은 공공부조 프로그램은 주로 앞서 언급한 사회보험에 대한 보완책으로서 경제수준에 따라 사회보험에 가입할 수 없는, 즉 사회보험에서 제외된 자를 위한 방법이라는 점에서 큰 의의를 갖는다.

3) 사회보험

역사적으로 보면, 의료보험은 독일에서 1893년에 처음 시작되었고, 제2차 세계대전 이후 선진산업사회 및 개발도상국에 널리 제도화되고 있으며, 의료보장의 가장 바람직한 형태로 인식되고 있다. 도입 당시의 의료보험은 임금노동자 및 가족의 건강보호를 위하여 시작되었고, 퇴직 후의 노령자의 건강보호는 고려하지 않았다. 그러나 제2차 세계대전 이후 노인인구의 급증과 퇴직 후의 격감된 수입으로 인한 의료비 지출의 어려움이 노인문제로 심각하게 대두되자 노인을 위한 의료보험 프로그램이 기존 의료보험 프로그램에 추가되거나 별도의 사회보험으로 발전되기에 이르렀다. 독일, 프랑스 등의 국가는 기존의 의료보험 속에 노인을 추가로 포함하였고, 미국, 캐나다, 일본 등의 국가에서는 노인만을 대상으로 하는 별도의 의료보험을 발전시켰다. 우리나라도 노인장기요양보험제도를 2008년 7월부터 실시 중에 있다.

급여와 기여는 사회보험방식을 따른다. 은퇴하거나 소득이 없을 경우 부양의무자의 건강보험기여로 의료서비스를 받게 된다. 부양의무자가 없는 경우에는 본인부담과 국가가 보험관리기관의 지원으로 기여금을 부담하게 된다.

의료보험의 급여액은 규정된 의료서비스 비용의 대부분을 충당하지만 비용의 전액을 충당하지는 않는 것이 원칙이다. 급여원칙은 일정액 이상의 서비스에 대해서는 본인부담의 원칙을 적용하고 있다.

사회보험방식의 의료보장정책은 현대 복지국가에서 가장 선호하는 정책이다.

4. 노인의료서비스의 전달방법

의료서비스를 어떠한 장소적 체계에서 전달할 것인가를 중심으로 한 의료서비스 전달방법과 이에 관련된 문제를 간략히 살펴보기로 하겠다.

노인에 대한 의료서비스는 서비스 전달의 장소적 체계에 따라 크게 두 가지로 구분할 수 있다(Shanas & Maddox, 1976). 하나는 가정통원보호(home/out-patient care) 방식인 재가보호 방식이고, 다른 하나는 입원보호(in-patient care) 방식인 시설보호 방식이다.

1) 재가보호

노인환자가 치료를 받는 장소가 자신의 가정인 것을 재가보호라 한다. 병원에 통원하면서 의료서비스를 받게 되면 노인환자의 심리적·정서적 안정에 도움이 된다는 점에서 재가보호가 선호되고 있다. 재가보호가 제대로 실행되려면, 노인 스스로가 어느 정도의 일상생활 동작이 가능하고, 노인을 수발할 가족이나 원조자가 있어야 하며, 통원을 위한 교통수단을 확보하고 있어야 한다.

우리나라에서도 재가보호서비스를 강조하는 추세이지만, 독거노인가구나 노인부부가구의 증가로 재가보호서비스 활성화를 위한 대책 마련이 요구된다.

2) 시설보호

장기적이고 집중적인 치료가 필요한 노인을 위한 병원이나 요양시설에서의 보호가 시설보호이다.

요양시설는 재가보호가 불가능한 경우 선택하는 것으로 병원과는 다른 의료서비스가 제공된다.

5. 한국 노인의료보장정책의 현황

1960년대 초기의 「생활보호법」과 1975년의 「의료보험법」의 제정으로 의료보장의 제도화에 첫발을 내디뎠다고 할 수 있으나, 1970년대 중반까지 실질적인 제도화는 이루어지지 못했다. 1976년의 「의료보험법」 전면개정, 1977년의 「공무원 및 사립학교 교직원 의료보험법」 제정, 1977년의 「의료보험법」 제정 및 1981년의 「노인복지법」 제정과 시행으로 우리나라 의료보장제도는 1970년대 후반기 이후에 실제적인 제도화가 이루어지게 되었다. 1989년 의료보험이 농어촌 주민 및 자영업자에게 확대됨에 따라 전 국민이 의료보험 또는 의료보호 프로그램의 적용을 받는 의료보장 시대가 열렸다. 1990년대 후반 두 가지 의료보험체계의 단일체계로의 통합을 둘러싸고 많은 전문가와 의료보험 시행 책임자 및 국민 사이에 상당한 갈등이 초래되었고, 2000년에는 의약분업과 연계되어 사상 최대의 의료대란까지 겪었다.

1998년에 제정되어 2000년 7월부터 시행된 「국민건강보험법」에 따라 우리나라 의료보험체계는 단일체계가 되었고, 「의료보험법」도 새로운 「국민건강보험법」과 「국민기초생활보장법」에 따라 2001년 「의료급여법」으로 개정되었다.

우리나라의 의료보장 프로그램은 공공부조 형태인 의료급여제도, 사회보험 형태인 국민건강보험제도와 노인장기요양보험제도, 그리고 노인건강진단제도와 치매상담센터 등으로 구성되어 있다. 전 국민에 대한 의료보험 프로그램을 하나의 제도 속에 포함하는 것은 바람직하나, 이러한 의료보장체계가 노인의 경제적 특성과 건강 및 질병의 특성을 고려하는 측면에서는 대단히 미흡한 실정이다. 이 장에서는 다섯 가지 제도를 살펴보도록 한다.

1) 의료급여제도

1970년대 중반 의료보장에 관한 사회적인 욕구가 강해짐에 따라 1976년 「의료보험법」이 개정되었으며, 이를 근거로 의료보험제도가 본격적으로 실시되기에 이르렀다. 그러나 의료보험은 제도의 불충분성으로 의료보장의 필요성이 더욱 절실한 저소득층이 의료의 혜택을 받을 수 있는 기반은 되지 못하였다. 1977년부터 정부는 저소득층에 대한 의료보호를 역점사업으로 정하였지만 이를 뒷받침할 수 있는 근거인 「생활보호법」상의 의료보호 규정이 미비하였다. 따라서 의료보호사업을 생활보호의 일환으로 강력히 추진하기 위해서는 「생활보호법」상의 의료보호 규정과 이에 관련된 시행령의 개정 정도로는 불충분함을 실감하고, 1977년 말에 의료보호만을 위한 단독 입법안을 국회에 제출하여 통과되기에 이르렀다. 「의료보호법」이 제정됨으로써 의료보험제도의 미비점을 보완할 수 있게 되었고, 1979년부터 이 법이 시행됨으로써 의료보호제도가 공공부조 프로그램으로 확립되기 시작하였다. 이후 국민건강보험의 실시와 국민기초생활보장법의 시행에 따라 「의료보호법」이 2001년에 「의료급여법」으로 개정되었다.

의료급여제도의 자격요건과 급여수준은 〈표 5-1〉과 같다.

이러한 의료급여제도에 따라 지출되는 의료급여지출비는 매년 상승하고 있으며,

이는 「국민기초생활보장법」의 선보호방식에 근거한 기초생활수급자의 수적 증가와
수급자의 건강유지 의식강화 등에서 비롯된다고 볼 수 있다.

💡 표 5-1 **의료급여의 자격요건 및 급여내용**

의료급여 대상자	• 「국민기초생활보장법」에 따른 수급자 • 「재해구호법」 제2조에 해당하는 이재민 중 「재난 및 안전관리 기본법」에 따라 특별재난지역으로 선포된 지역에서 발생한 이재민 • 「의사상자 등 예우 및 지원에 관한 법률」 제11조에 의한 1~6급 의상자 및 의사자의 유족 • 「입양특례법」에 따라 국내에 입양된 18세 미만의 아동 • 「독립유공자 예우에 관한 법률」 「국가유공자 등 예우 및 지원에 관한 법률」 「보훈보상대상자 지원에 관한 법률」에 따른 국가유공자와 그 가족 • 「무형문화재 보전 및 진흥에 관한 법률」에 따라 지정된 국가무형문화재의 보유자(명예보유자 포함)와 그 가족 • 「북한이탈주민의 보호 및 정착지원에 관한 법률」에 따른 북한이탈주민 • 「5 · 18민주화운동 관련자 보상 등에 관한 법률」에 따른 5 · 18민주화운동 관련자 • 「노숙인 등의 복지 및 자립지원에 관한 법률」에 따른 노숙인 • 그 밖에 생활유지 능력이 없거나 생활이 어려운 사람으로서 보건복지부장관이 의료급여가 필요하다고 인정하는 사람
급여내용	수급권자가 진찰 · 검사, 약제 · 치료재료 지급, 처치 · 수술, 예방 · 재활, 입원, 간호, 이송과 그 밖의 의료목적을 달성하기 위한 조치가 필요한 경우

의료급여 비용

• 비용의 전부 또는 일부는 의료급여기금에 부담
• 일부를 부담할 경우 나머지는 본인 부담
※본인부담금액

구분		1차(의원)	2차 (병원, 종합병원)	3차 (상급종합병원)	약국	PET 등
1종	입원	없음	없음	없음	–	없음
	외래	1,000원	1,500원	2,000원	500원	5%
2종	입원	10%	10%	10%	–	10%
	외래	1,000원	15%	15%	500원	15%

출처: 보건복지부(2023a). 「2023년 의료급여사업안내」, p. 6.

2) 국민건강보험제도

우리나라 의료보험제도는 1963년 「의료보험법」 제정 후 여러 차례 개정과정을 거쳐 1998년에 국민의료보험을 제정함으로써 일차적으로 공무원 및 사립학교 교직원 의료보험과 「의료보험법」 체계 내에 있던 지역의료보험을 통합하고, 기존 의료보험법 체계하에 있던 직장의료보험은 그대로 남아 있게 되었다. 이후 다시 「국민건강보험법」을 제정하여 2000년 7월부터 시행함으로써 공무원 및 사립학교 교직원 의료보험, 지역의료보험 및 직장의료보험이 단일체계로 통합되어 오늘에 이르고 있다.

국민건강보험제도의 보험료율에 대해서 좀 더 구체적으로 살펴보면 〈표 5-2〉와 같이 노인인구의 증가로 전체 인구의 15.4%가 65세 이상 진료대상자였다(건강보험심사평가원, 2020). 2016년과 비교하여 2020년 노인진료비를 1.5배 증가하는 것으로 나타났다. 우리나라가 '초고령사회'라는 것은 건강보험에서 전체 진료비의 노인진료비 비중에서도 발견할 수 있다. 하지만 2016년 이후 매년 상승곡선을 그려 온 '노인 1명당 연평균 진료비'가 감소했다. 이는 2019년 65세 이상 건강보험진료 인원이 전년 대비 5.9% 늘어날 동안 진료비는 5.1% 증가했던 것으로 나타났기 때문이다. 이는 코로나19의 영향으로 일시적인 현상인지 좀 더 지켜볼 필요가 있다(Kukinews.com, 2021. 11. 25.).

✿ 표 5-2 국민건강보험의 가입자별 보험료율 부담비율 및 보험료율

구분	계	부담		
		가입자	사용자	국가
근로자	7.09%	3.545%	3.545%	-
공무원	7.09%	3.545%	-	3.545%
사립학교교직원	7.09%	3.545%(50%)	2.127%(30%)	1.418%(20%)

출처: 국민건강보험공단 홈페이지(2023).

表 5-3 노인진료비 상승 추이

구분	2016년	2017년	2018년	2019년	2020년
전체인구(천 명)	50,763	50,941	51,072	51,391	51,345
65세 이상 인구 진료비 비율(%)	38.8	40.0	40.8	41.6	43.4
65세 이상 인구 (천 명)(비율, %)	6,445 (12.7)	6,806 (13.4)	7,092 (13.9)	7,463 (14.5)	7,904 (15.4)
65세 이상 진료비 (억 원)(증가율, %)	252,692 (13.6)	283,247 (12.1)	318,235 (12.4)	357,925 (12.5)	376,135 (5.1)
노인 1인당 연평균 진료비 (천 원)	3,983	4,255	4,568	4,910	4,870
전체 1인당 연평균 진료비 (천 원)	1,275	1,391	1,528	1,681	1,688

주) 1. 국민건강보험공단, 수진기준(실제 진료받은 일자기준)
    2. 전체인구와 65세 이상 인구는 연도말 기준
* 노인 1인당 연평균 진료비 = 65세 이상 진료비/65세 이상 연평균 적용인구(7,723,393명)
  전체 1인당 연평균 진료비 = 전체 진료비/연평균 적용인구(51,360,138명)

3) 노인장기요양보험제도

정부는 평균수명의 연장에 따른 급격한 노인인구의 증가 추세에 따라 노인요양 및 요양욕구에 대비하기 위하여 2003년 공적 노인장기요양보험제도의 도입을 발표했다. 이후 노인장기요양보험법안을 2006년 2월 16일 국회에 제출하고 입법절차에 따른 법적 정비를 완료하였으며, 2008년 7월 공적노인요양보험제도를 도입하여 보편적 노인복지제도로 실시하고 있다. 우리나라 노인장기요양보험제도는 건강보험제도와는 별개의 제도로서 국고지원이 가미된 사회보험방식을 기본으로 하지만 일부는 공적부조방식을 가미한 형태로 설계·운영되고 있다(국민건강보험공단 홈페이지, 국민건강보험공단 노인장기요양보험 홈페이지).

(1) 노인장기요양보험의 목적

노인장기요양보험제도는 만성적인 신체적·정신적 장애로 일상생활유지가 어려운 노인에게 장기간의 사회적 서비스 및 의료적 원조를 제공하는 것으로(배창진, 2003: 269 재인용), 보호대상과 보호내용은 포괄적이다. 즉, 고령이나 치매, 중풍, 파킨슨병 등 노인성 질병으로 일상생활을 혼자서 수행하기 어려운 노인 등이 수급자로 인정받는 경우, 수급자의 가정이나 시설 등에서 노인장기요양서비스를 제공받을 수 있다.

(2) 노인장기요양보험의 적용대상

보편주의 원칙에 근거하여 전 국민을 대상으로 노인중심의 급여를 제공하고 있으며, 65세 이상의 노인 또는 65세 미만의 자로서 치매·뇌혈관성 질환 등 노인성 질병을 가진 자 중 6개월 이상 혼자서 일상생활을 수행하기 어렵다고 인정되는 자를 그 대상으로 하고 있다. 단, 65세 미만으로서 노인성 질환이 없는 일반적인 장애인은 제외되고 있다.

(3) 서비스 이용체계
① 급여의 종류 및 내용

요양급여의 원칙은 심신상태, 생활환경, 가족욕구와 선택을 종합적으로 고려한 적정한 서비스 제공을 원칙으로 하고 있다. 노인이 가능한 한 재가요양을 우선으로 실시하되, 심신상태나 건강 등이 악화되지 않도록 의료서비스 연계도 원칙으로 하고 있다.

요양급여의 종류는 크게 재가급여, 시설급여, 복지용구, 특별현금급여(가족요양비)로 구분된다.

- 재가급여는 노인의 가정에서 방문요양, 인지활동형 방문요양, 방문목욕, 방문간호, 주·야간보호, 단기보호, 기타재가급여(복지용구) 등을 제공받는 것이다.
- 시설급여는 시설에 입소한 수급자에게 신체활동을 지원하고 심신기능 유지 및 향상을 위한 교육, 훈련 등을 제공하는 것으로, 노인요양시설과 노인요양공동생활가정 등이 있다.

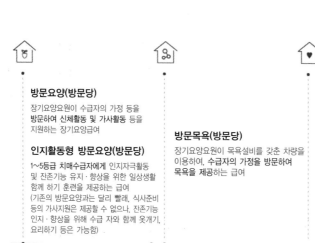

방문요양(방문당)

장기요양요원이 수급자의 가정 등을 방문하여 신체활동 및 가사활동 등을 지원하는 장기요양급여

인지활동형 방문요양(방문당)

1~5등급 치매수급자에게 인지자극활동 및 잔존기능 유지·향상을 위한 일상생활 함께 하기 훈련을 제공하는 급여 (기존의 방문요양과는 달리 빨래, 식사준비 등의 가사지원은 제공할 수 없으나, 잔존기능 인지·향상을 위해 수급 자와 함께 옷개기, 요리하기 등이 가능함)

방문목욕(방문당)

장기요양요원이 목욕설비를 갖춘 차량을 이용하여, 수급자의 가정을 방문하여 목욕을 제공하는 급여

방문간호(방문당)

의사, 한의사 또는 치과의사의 지시에 따라 간호사, 간호조무사 또는 치위생사가 수급자의 가정 등을 방문하여 간호, 진료의 보조, 요양에 관한 상담 또는 구강위생 등을 제공하는 급여

주·야간보호(1일당)

수급자를 하루 중 일정한 시간 동안 장기요양기관에 보호하여 목욕, 식사, 기본간호, 치매관리, 응급서비스 등 심신기능의 유지, 향상을 위한 교육, 훈련 등을 제공하는 급여

단기보호(1일당)

수급자를 월 9일 이내 기간 동안 장기요양기관에 보호하여 신체활동 지원 및 심신기능의 유지, 향상을 위한 교육, 훈련 등을 제공하는 장기요양급여

기타재가급여(복지용구)

수급자의 일상생활 또는 신체활동 지원에 필요한 용구로서 보건복지부 장관이 정하여 고시하는 것을 제공 하거나 대여하여 노인장기요양보험 대상자의 편의를 도모하고자 지원하는 장기요양급여

휠체어, 전동·수동침대, 목욕리프트, 욕창예방매트리스·방석, 이동욕조, 성인용보행기 등

🏠 **그림 5-1 재가급여**

- 복지용구급여란 심신기능이 저하되어 일상생활을 영위하는 데 지장이 있는 노인장기요양보험 대상자에게 일생생활·신체활동 지원 및 인지기능의 유지·기능향상에 필요한 용구를 보건복지부장관이 정하여 고시하는 것을 구입하거나 대여해 주는 것을 말한다. 급여제공방식은 구입방식(10종)과 대여방식(6종) 그리고 구입 또는 대여방식(2종)이 있다.

- 특별현금급여(가족요양비)는 수급자가 섬·벽지에 거주하거나 천재지변, 신체·정신 또는 성격 등의 사유로 장기요양급여를 지정된 시설에서 받지 못하고 그 가족 등으로부터 방문요양에 상당하는 장기요양 급여를 받을 때 지급하는 현금급여를 말한다. 요양제공자는 수급자의 주거에서 비직업적으로 방문요양에 상당한 서비스를 제공자는 자로서 가족 및 친지, 이웃 등이 포함된다.

② 장기요양인정 및 이용 절차

신청주의 원칙에 의해 급여를 받고자 하는 본인이나 그 대리인[1]이 신청하여야 한다. 요양급여를 받고자 할 때에는 건강보험공단에 장기요양인정신청서와 의사소견서를 첨부하여 신청한다. 건강보험공단의 소속직원은 신청자를 방문조사하여 조사결과서와 의사소견서를 첨부하여 등급판정위원회에서 등급판정을 받도록 한다. 등급판정위원회에서 등급판정을 한 후 장기요양수급대상 인정 여부를 결정하게 된다.

③ 서비스 제공기관

장기요양서비스를 제공하기 위해 요양기관을 설치·운영하고자 하는 자는 국민건강보험공단으로부터 요양기관으로 지정받아야 한다.

요양서비스 제공기관은 「노인복지법」에서 규정하고 있는 노인복지시설(노인의료복지시설, 재가노인복지시설, 단 노인전문병원은 제외)을 준용하여야 한다. 다만 방문간호기관 등 「노인복지법」에 규정되지 않은 서비스 제공기관은 「노인장기요양보험법」에 규정되어 있으며, 서비스의 효율성 및 경쟁시스템 구축을 위해 민간사업자와 비영리법인·단체 등 다양한 주체가 참여할 수 있도록 되어 있다.

④ 전문인력

노인장기요양보험제도는 사회보험 방식에 의해 서비스 제공의 결정이 이용자의 계약에 따라 이루어지며, 공급 주체 또한 다양하다. 노인장기요양보험제도를 성공적으로 정착시키기 위해서는 전문인력을 확보하는 것이 무엇보다 중요하다. 전문인력확보 기본방향은 서비스의 질을 보장하는 것을 원칙으로 하되, 현실적으로는 비용효과성의 원칙에 따라 기존 인력을 활용하는 것으로 되어 있다.

「노인장기요양보험법」에서는 노인장기요양서비스를 제공하는 인력을 요양보호사로 규정하고 있다. 제도 시행 초기 노인장기요양보험제도의 정착을 위하여 요양보호사 수급에 집중하였다. 나이와 학력에 상관없이 노인장기요양보호교육기관에서 일

---

1) 대리인: 가족, 친족 또는 이해관계인, 사회복지전담공무원, 치매안심센터의장(신청인이 치매인 경우), 시장·군수·구청장이 지정하는 자

정기간 이상의 교육을 수료하면 요양보호사 자격증을 수여하던 것을 전문성을 확보하기 위해 학력을 명시하였으며, 시험제도를 마련하는 등 전문인력에 대한 제도개선을 시행하고 있다.

노인장기요양서비스기관에서의 요양보호사의 역할은 노인의 신체활동과 가사활동 지원 등의 역할이 주요업무이다. 2023년 기준 신규자는 총 240시간의 교육을 수료해야 한다. 이론 80시간, 실기 80시간, 실습 80시간이다. 2024년부터는 320시간을 이수해야 한다. 사회복지사, 물리치료사, 작업치료사, 간호조무사 자격증(면허증)을 소지한 자는 총 50시간, 간호사는 40시간을 이수하면 된다.

♡ 표 5-4 노인요양보호사의 교육시간

교육시간 자격구분	총시간	이론	실기	실습
신규자	280	90	94	96
간호사	50	30	4	16
		(34)		
사회복지사	60(50)	33	11	16
		(44)		
물리치료사 작업치료사 간호조무사	60(50)	35	9	16
		(44)		

⑤ 재원조달체계

우리나라의 노인장기요양보험제도는 사회보험방식을 기본으로 하고 있다. 이는 독일과 일본의 사회보험방식과 유사하다. 단, 의료급여수급자 등을 위한 요양보험료를 국가가 보조하는 조세방식과 본인부담금을 포함하고 있다. 국가는 당해 예상되는 수입의 20% 정도를 부담하고, 지방자치단체는 의료급여 수급자의 비용을 부담하는 방식이다.

● 가입자 보험료: 노인 장기요양보험료는 건강보험제도와 같이 사회연대성 원칙에

따라 전 국민이 부담하는 것으로 하였다. 보험료 부담 대상자는 국민건강보험 가입자로 하며, 직장가입자와 지역가입자에 대한 개별보험료는 건강보험제도의 보험료 부과체계를 그대로 활용하여 산정하도록 되어 있다. 장기요양보험료는 건강보험료액에 장기요양보험료율을 곱하여 산정한다. 요양보험료율은 재정소요에 따라 노인요양위원회에서 결정하며 보험료의 부과와 징수도 건강보험료와 함께 일괄 부과·징수하도록 되어 있다. 다만 통합 징수된 노인장기요양보험료와 건강보험료는 각각 독립회계로 관리하도록 하고 있다.

- 정부와 본인부담금: 대통령령이 정하는 내용에 따라 예산의 범위 안에서 재정부담은 공공부조사업자(국고 및 지방비)에 대해서는 요양급여비용의 일부를 부담하되, 국가와 지방자치단체는 의료수급자의 요양급여비용 중 공단이 부담하여야 할 비용과 관리운영비 전액을 대통령령이 정하는 내용에 따라 각각 부담하도록 되어 있다. 또한 국가와 지방자치단체는 요양예방사업을 실시하여야 하며, 지방자치단체는 요양기관의 확충 및 설립을 지원하도록 하고 있다. 재가급여인 경우는 총급여액의 15%를, 그리고 시설급여인 경우는 총급여액의 20%를 본인이 부담한다. 요양급여비용을 지급하기 위하여 요양서비스별 특징과 서비스 이용량(자원소모량)에 따른 수가의 차등화가 반영될 수 있는 재가요양 수가 및 시설요양 수가체계를 따로 마련하고 있다. 구체적인 수가는 등급별·서비스별 일당 혹은 방문당 수가로 책정된다.

국민건강보험법의 적용을 받는 건강보험가입자의 장기요양보험료

$$건강보험료액 \times \frac{장기요양보험료율(0.9082\%)}{건강보험료율(7.09\%)} \quad (2023년도 \ 보험료 \ 기준)$$

🏠 **그림 5-2　장기요양보험료**

출처: 국민건강보험공단 홈페이지.

⑥ 관리운영체계

노인장기요양보험제도는 보건복지부 장관이 관장하도록 하고 있다. 국가가 사회보장정책에 따라 이 제도의 관리·운영의 책임을 지는 것이다. 따라서 보건복지부는 이 제도에 관한 정책의 입안과 서비스 기준 등 제도시행에 필요한 총괄적 권한과 책임을 지고 있으며, 이를 위하여 보건복지부 장관의 자문기구로 장기요양위원회를 설치·운영하도록 하고 있다. 이 위원회에서는 요양보험료율, 요양급여 기준, 가족요양비 등을 심의·의결하도록 하고 있다. 이에 국가에서는 이 제도의 시행에 필요한 재정의 일부를 부담하도록 규정하고 있다.

지방자치단체도 요양시설의 인프라 구축에 대한 책임이나 지도·감독, 지역단위 세부 실행계획의 수립, 그리고 국가와 함께 의료급여수급자의 요양급여비용 중 공단이 부담하여야 할 비용(본인일부부담금, 감면부분)과 관리운영비 전액을 분담하도록 되어 있다. 또한 요양예방사업 실시, 요양등급판정위원회 위원위촉, 제도홍보 등을 수행하도록 되어 있다.

(4) 장기요양인정 업무
① 장기요양인정의 신청

- 신청대상: 노인장기요양보험 가입자(국민건강보험 가입자와 동일)와 그 피부양자, 의료급여수급권자로 65세 이상의 노인과 만 65세 미만의 노인성 질환자[2]는 장기요양인정 신청이 가능하다.
- 신청시기 및 신청인: 장기요양인정 신청은 본인 또는 대리인이 신청할 수 있다. 여기에서 대리인은 본인의 가족·친족 또는 사회복지전담공무원, 이해관계인(시설장, 건강관리보험공단지원센터 직원 등), 시장·군수·구청장이 지정한 자를 말한다.
- 신청절차
  - 장기요양 신청: 본인 또는 대리인이 신청서 등 구비서류를 갖추어 거주지 건강보험공단 장기요양보험지원센터에 신청한다.
  - 장기요양등급 변경 신청: 장기요양인정자가 신체·정신적 기능상태의 변화 등으로 장기요양등급의 변경을 신청하면 된다.

---

2) 노인성 질병: 치매, 뇌혈관성 질환, 파킨슨병 등 대통령령으로 정하는 질병

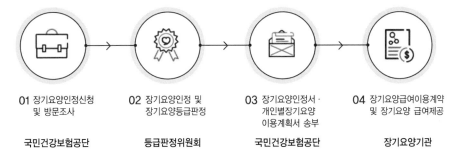

01 장기요양인정신청
및 방문조사

국민건강보험공단

02 장기요양인정 및
장기요양등급판정

등급판정위원회

03 장기요양인정서 ·
개인별장기요양
이용계획서 송부

국민건강보험공단

04 장기요양급여이용계약
및 장기요양 급여제공

장기요양기관

🏠 그림 5-3　장기요양인정 및 이용절차

출처: 국민건강보험공단 홈페이지.

- 시 · 군 · 구에 신청결과 통보: 건강보험관리공단 지원센터는 매월(초) 1회 신청 받은 내역을 시 · 군 · 구에 통보한다. 이때 통보서식은 일괄 전산출력 양식 등을 사용한다.
- 신청의 종류: 장기요양인정 신청, 장기요양등급 변경 신청, 장기요양인정 자격확인 신청의 세 가지로 구성되어 있으며, 구체적인 내용은 〈표 5-5〉와 같다.

💡 표 5-5 신청의 종류

종류	신청 사유	신청 시기	제출 서류
인정신청	장기요양인정신청을 처음 하는 경우	신청자격을 가진 자가 장기요양급여를 받고자 하는 경우	• 장기요양인정신청서 • 의사소견서
갱신신청	장기요양인정 유효기간 종료가 예정되어 유효기간 만료 다음날부터 장기요양인정을 희망하는 경우	유효기간 종료 90일 전부터 30일 전	• 장기요양갱신신청서 • 의사소견서
등급변경신청	장기요양급여를 받고 있는 동안 신체적 · 정신적 상태의 변화가 있는 경우	변경사유 발생 시	• 장기요양등급변경신청서 • 의사소견서
급여 종류 · 내용 변경 신청	급여 종류 · 내용 변경을 희망하는 경우	급여 종류 · 내용 변경사유 발생 시	• 장기요양급여 종류 및 내용 변경 신청서 • 사실확인서(제출 필요시)

출처: 국민건강보험공단 홈페이지.

② **방문조사**

- **목적**: 국민건강보험공단은 장기요양인정신청서를 접수한 때 소속 직원으로 하여금 아래 사항을 조사하되, 지리적 사정 등으로 직접 조사하기 어려운 경우는 시·군·구에 조사를 의뢰하거나 공동으로 조사할 것을 요청할 수 있다.
- **조사원(장기요양관리요원)**
  - **자격**: 소정의 교육을 받은 국민건강보험공단 소속 간호사, 사회복지사 등이 조사원이 되며, 2인 1조가 원칙이나 필요시 탄력적 운용이 가능하다.
  - **역할**: 방문조사를 실시하며, 표준장기요양이용계획서를 작성한다. 또한 장기요양등급판정위원회(이하 '등급판정위원회'라 한다) 위원장의 요청이 있는 경우 위원회의 출석 및 의견제출 등을 한다.
  - **의무**: 재직자는 물론 과거에 재직했던 자도 방문조사에 관련된 개인의 정보에 관하여 비밀을 엄수할 의무가 있다.
- **조사내용**: 신청자의 일반사항(주거상태, 현재 받고 있는 급여 등) 및 장기요양인정·욕구사항 등이 조사내용으로, 기본적 일상생활활동(ADL), 수단적 일상생활활동(IADL), 인지기능, 행동변화, 간호처치, 재활영역 각 항목에 대한 신청인의 기능상태와 질병 및 증상, 환경상태, 서비스욕구 등 12개 영역 90개 항목을 종합적으로 조사하고 이 중 52개 항목으로 요양인정점수를 산정에 이용하고 있다.

📍 **표 5-6 장기요양인정 조사표**

영역	항목	
신체기능 (12항목)	• 옷 벗고 입기 • 식사하기 • 일어나 앉기 • 화장실 사용하기 • 세수하기 • 목욕하기	• 옮겨 앉기 • 대변 조절하기 • 양치질하기 • 체위 변경하기 • 방밖으로 나오기 • 소변 조절하기
인지기능 (7항목)	• 단기 기억장애 • 날짜 불인지 • 장소 불인지 • 나이/생년월일 불인지	• 지시 불인지 • 상황판단력 감퇴 • 의사소통/전달장애

행동변화 (14항목)	• 망상 • 서성거림, 안절부절못함 • 환청, 환각 • 길을 잃음 • 슬픈 상태, 울기도 함 • 불규칙 수면, 주야혼동 • 도움에 저항		• 폭언, 위협행동 • 밖으로 나가려 함 • 의미가 없거나 부적절한 행동 • 물건 망가뜨리기 • 돈/물건 감추기 • 부적절한 옷 입기 • 대/소변 불결행위
간호처치 (9항목)	• 기관지절개관 간호 • 흡인 • 산소요법 • 경관영양 • 욕창간호		• 암성통증간호 • 도뇨관리 • 장루간호 • 투석간호
재활 (10항목)	운동장애(4항목)	• 우측상지 • 좌측상지	• 우측하지 • 좌측하지
	관절제한(6항목)	• 어깨관절 • 고관절 • 팔꿈치관절	• 무릎관절 • 손목 및 수지관절 • 발목관절

출처: 국민건강보험공단 홈페이지.

- ● 조사절차
  - 조사준비: 신청인 거주지역별, 요양시설별로 조사계획을 수립한 후, 신청인과 그 가족 등과 사전 연락으로 방문일시와 장소를 협의 · 조정한다. 이때 필요하다면 지방자치단체의 사회복지전담공무원의 적극적인 협조 및 지원 요청을 할 수 있다.
  - 조사실시: 간호사, 사회복지사 등이 2인 1조로 방문을 한다. 1회 방문조사를 원칙으로 하고 부득이 재방문을 실시한 경우 그 사유를 구체적으로 기재한다. 또한 조사 시 각 항목별 '항목의 정의' '판단기준' '유의점'에 기초하여 판단하며 신청인과 그 가족 등 보호자의 의견을 충분히 청취하여 종합적으로 판단한다.
  - 조사내용 정리: 신청인의 서비스 이용 상황, 요양상태, 주된 요양욕구 등 조사 또는 등급판정에 참고할 수 있는 일반 사항을 확인한다. '장기요양인정조사

표'의 조사내용을 확인하며 특기사항에 대한 기재내용 정리 등이 필요하다.

③ 장기요양 인정기준 및 절차

● 장기요양 인정기준

- 인정기준: 장기요양서비스는 노인의 요양필요도 수준에 따라 차등 실시하는데, 요양필요도는 '요양인정점수'를 기준으로 한다.[3]

- 요양인정점수: '장기요양인정조사표'에 따라 작성된 심신상태를 나타내는 52개 항목 조사결과와 영역별 환산점수는 수형 분석(tree regression analysis)하여 산출한다.[4]

- 장기요양등급: 등급판정은 주관적인 개념이 아닌 지표화한 장기요양인정점수를 기준으로 하며, 5개 등급으로 판정하는데, 등급에 따른 인정점수는 〈표 5-8〉과 같다.

▽ 표 5-7 8개 서비스군

신체 수발	**청결**	세면 도움, 구강관리, 몸 청결, 머리 감기, 몸단장, 기타 청결 관련 서비스
	배설	이동 보조, 배뇨 도움, 배변 도움, 기저귀 교환, 기타 배설 관련 서비스
	식사	상 차리기, 식사 보조, 음료수 준비, 기타 식사 관련 서비스
	기능보조	일어나 앉기 · 서 있기 연습 도움, 기구사용 운동 보조, 이동 도움, 체위변경, 신체기능 유지 등 기능 보조
	간접지원	청소, 세탁, 설거지, 요리 및 식사준비, 의사소통, 침구린넨 교환, 환경관리, 주변정돈, 물품, 장 보기, 산책, 외출 시 동행, 기타 가사지원서비스
행동변화 대응		배회, 불결행위, 폭언 · 폭행 등 행동변화에 대한 대처, 그 밖의 행동변화에 대응
간호처치		관찰 및 측정, 투약 및 주사, 호흡기 간호, 피부 간호, 영양 간호, 온냉요법, 배설 간호, 의사진료 보조, 기타 간호처치

---

3) 장기요양인정은 '장기요양서비스가 어느 정도 필요한가'를 판단하는 것으로, 그 사람의 질병의 중증도나 '요양이 힘들겠다' 등과 같은 주관에 의해 결정되는 것이 아니다.

4) 요양인정점수는 기능상태와 실제 장기요양서비스 제공시간(1인당 1분 타임스터디 조사)을 조합하여 요양필요도를 시간 개념으로 산출한 '요양인정시간'에 따른 것이다.

재활훈련	신체기능훈련, 기본동작훈련, 일상생활동작 훈련, 물리치료, 언어치료, 작업치료, 기타 기능훈련

♀ 표 5-8 등급판정 기준 및 점수

장기요양 등급	심신의 기능상태
1등급	심신의 기능상태 장애로 일상생활에서 전적으로 다른 사람의 도움이 필요한 자로서 장기요양인정 점수가 95점 이상인 자
2등급	심신의 기능상태 장애로 일상생활에서 상당 부분 다른 사람의 도움이 필요한 자로서 장기요양인정 점수가 75점 이상 95점 미만인 자
3등급	심신의 기능상태 장애로 일상생활에서 부분적으로 다른 사람의 도움이 필요한 자로서 장기요양인정 점수가 60점 이상 75점 미만인 자
4등급	심신의 기능상태 장애로 일상생활에서 일정 부분 다른 사람의 도움이 필요한 자로서 장기요양인정 점수가 51점 이상 60점 미만인 자
5등급	치매환자로서(「노인장기요양보험법」 시행령 제2조에 따른 노인성 질병으로 한정) 장기요양인정 점수가 45점 이상 51점 미만인 자
인지지원등급	치매환자로서(「노인장기요양보험법」 시행령 제2조에 따른 노인성 질병으로 한정) 장기요양인정 점수가 45점 미만인 자

출처: 국민건강보험공단 홈페이지.

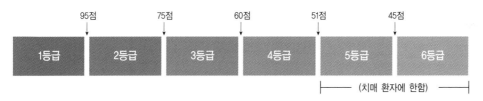

심의판정자료	요양필요상태심의	등급판정기준	등급판정위원회 의견
• 인정조사결과 • 의사소견서 • 특기사항	• 일상생활자립도 • 등급별상태상 등	• 1등급: 95점 이상 • 2등급: 75점 이상 95점 미만 • 3등급: 60점 이상 75점 미만 • 4등급: 51점 이상 60점 미만 • 5등급: 45점 이상 51점 미만&치매 • 인지지원등급: 45점 미만&치매	• 인정유효기간 변경 • 급여이용에 대한 의견 제시 등

⌂ 그림 5-4 장기요양인정점수 구간별 장기요양인정 등급

출처: 국민건강보험공단 홈페이지.

● 등급판정체계
  - 1차 판정: 방문조사원이 방문조사를 통해 파악한 52개 항목에 대한 조사결과 를 수형분석도에 적용하여 산출한 점수를 기준으로 2차 판정을 위한 장기요 양인성 여부 및 장기요양등급을 제시한다.
  - 2차 판정: 등급판정위원회에서 1차 판정결과와 특기사항 및 의사소견서, 기타 심의 참고자료 등을 종합적으로 검토 · 확인하여 장기요양인정 여부 및 장기 요양등급을 최종 결정한다.

요양등급판정절차는 [그림 5-5]와 같다.

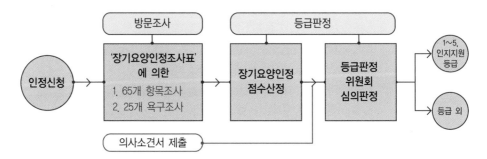

* 신청인이 신청서를 제출한 날부터 30일 이내 장기요양등급판정을 완료하여야하나 부득이한 사유가 있는 경우 30일 이내의 범위에서 이를 연장할 수 있다.

🏠 **그림 5-5   등급판정절차**

출처: 국민건강보험공단 홈페이지.

4) 건강보장사업

(1) 건강진단 사업

① 사업의 목적

질병의 조기발견 및 조기치료로 건강의 유지 · 증진을 도모하고 노인건강 수준 의 향상으로 건강하고 활기찬 노후생활을 보장하기 위하여 실시한다(보건복지부, 2023b).

1981년 「노인복지법」에서 건강진단 근거를 규정하고, 1983년부터 시행되었다.

2005년 이후 지방이양사업으로 전환되어 시행해 오고 있다.

② **대상자**

노인건강진단은 시·군·구 관할구역에 거주하는 65세 이상 의료급여 수급권자 중 노인건강진단 희망자가 그 대상이 된다. 건강보험 가입자로서 '국민건강보험공단'의 건강검진 수검으로 가능한 자는 제외된다. 의료급여 수급권자는 66세가 되는 해에 생애전환기 검진으로 수검가능하나, 부족한 검진항목은 노인건강진단항목에서 검사를 받을 수 있다. 이외에 보건소장이 노인건강진단이 필요하다고 인정하는 자도 대상이 된다.

③ **내용**

- 진단내용: 진단수가는 건강진단 수가를 준용하며, 진단항목은 1차와 2차 진단으로 나누어 실시하고 있다. 전년도 진단결과 유질환자는 1, 2차 진단을 동시에 실시한다. 기존 항목을 준용하되, 노인욕구 및 지역보건사업 특성과 예산에 맞게 검사항목을 조정할 수 있다.
- 사후관리: 검사 후 유질환자 사후관리는 더욱 강화하고 있다. 치매, 무릎관절, 안과 및 치과 치료에 대해 연계서비스를 실시하고 있다. 유질환자는 보건소의 등록관리 및 공공의료기관과의 연계를 통해 방문건강관리 또는 의료서비스를 제공하고 있다. 치매가 의심될 경우 보건소와 협약한 거점병원에서 진단검사를 받도록 조치하고, 치매안심센터에 등록하고 관리하고 있다. 특히 치매치료제를 복용할 경우 소득수준에 따라 치매치료비를 지원하고 있다. 무릎관절수술 대상자의 경우 노인의료나눔재단과 연계하여 소득수준에 따라 본인부담금 전액을 지원하고, 개안수술 대상자의 경우 한국실명예방재단에 통보하여 소득수준에 따라 본인부담금 전액을 지원한다. 치과치료가 필요한 경우에는 노인구강보건사업과 연계하여 진료를 받을 수 있도록 조치한다.

(2) 노인실명예방사업

① 사업목적

저소득층 노인에게 정밀 안검진을 실시하여 안질환의 조기 발견·적기 치료를 통해 노인들의 실명 예방 및 일상생활 가능한 시력을 유지하도록 지원하는 사업으로서 노인 및 가족의 의료비 부담을 경감한다. 이를 통해 체계적인 노인건강을 보장하고 있다.

② 사업대상 및 대상지역

- 대상자: 만 60세 이상의 모든 노령자가 대상이나, 저소득층 우선 지원이다. 검진 대상자의 우선순위는 안과 전문의가 없는 읍·면·동 지역의 만 60세 이상 기초생활보장 수급권자이며, 시·도지사가 안과 병·의원 접근도가 특히 낮다고 인정한 지역의 만 60세 이상의 기초생활보장 수급권자, 최근 2년 이내에 노인건강검진이 제외된 지역 등으로 순위를 정하여 지원한다.
- 대상지역: 보건복지부가 시·도별 안검진 대상인원 및 대상지역 수요를 파악하고 확정 한 후 시·도 및 한국실명예방재단에 통보한다. 대상지역 선정 시에는 농어촌 지역을 우선하고, 노인인구 비율이 타 지역보다 높은 지역을 우선한다.

③ 내용

시력검사, 안압검사, 굴절검사, 안저검사, 세극등현미경 정밀 검사 등 5종을 검진하고, 정밀검사 시 간단한 치료적 처치도 한다. 안질환 발생 시 저소득 수술 필요자에게 수술비를 지원하고 있다.

(3) 노인 개안수술비 지원사업

만 60세 이상의 노인으로서 백내장, 망막질환, 녹내장 등 기타 안질환으로 수술이 필요하다고 인정받은 자가 사업대상자가 된다. 성형 목적 외 치료가 필요하다고 안과전문의가 인정하는 사시수술, 안검하수증 등도 포함된다. 1안당 본인 부담금 전액을 지원하고 있다.

(4) 노인 무릎인공관절 수술지원

① **사업목적**

무릎관절증으로 지속적으로 통증에 시달리나, 경제적 이유로 수술 받지 못하는 노인들의 고통을 경감하여 삶의 질을 개선하고, 노인 건강보장 및 의료비 부담 경감이 이 사업의 목적이다.

② **사업대상**

만 60세 이상의 저소득층 노인으로 건강보험급여 '인공관절치환술(슬관절)' 인정 기준에 준하는 질환자를 대상으로 한다. 기초생활보장 수급자 또는 차상위계층이 대상이다.

③ **내용**

본인부담금에 해당하는 검사비, 진료비 및 수술비를 실비수준에서 지원한다. 사보험등에서 실손보험금 수령이나 타 기관에서 지원받은 경우는 지원하지 않는다.

5) 치매관리사업

「치매관리법」(2011. 8. 4. 제정) 제1조에 의하면, 치매의 예방, 치매환자에 대한 보호와 지원 및 치매퇴치를 위한 연구 등에 관한 정책을 종합적으로 수립·시행함으로써 치매로 인한 개인적 고통과 피해 및 사회적 부담을 줄이고 국민건강증진에 이바지함을 목적으로 두고 있다.

치매관리사업수행기관은 중앙치매센터, 광역치매센터, 공립요양병원, 치매안심병원, 치매안심센터와 치매관리사업을 수행하는 법인 또는 단체 등이 있다. 「치매관리법」 제7조에 의해 5년마다 국가치매관리위원회의 심의를 거쳐 치매관리에 관한 종합계획을 수립하여야 한다(보건복지부, 2023 치매정책사업안내; 법제처 국가법령정보센터 홈페이지). 치매관리종합계획 등과 수행기관에 대해서는 제9장에서 자세히 다루기로 한다.

토론해 볼 문제

1. 노인의 의료보장을 국가가 정책적으로 시행해야 하는 이유에 대해 토론해 보세요.

2. 노인의료보장의 방법을 설명해 보세요.

3. 우리나라 노인장기요양보험제도의 등장배경에 대해 설명해 보세요.

4. 우리나라 노인장기요양보험제도의 급여 내용에 대해 설명해 보세요.

5. 우리나라 노인의료보장 방법 중 직접급여에 대해 설명해 보세요.

6. 우리나라 노인의료보장 방법 중 간접급여에 대해 설명해 보세요.

제6장

노인주택보장정책

1. 노인주택보장정책의 이해

안전하고 안락한 주택을 갖고자 하는 욕구는 적절한 소득을 유지하고 의료적 보호를 받고자 하는 욕구와 더불어 노인에게 가장 기본적인 욕구이다(Kahn & Kammerman, 1976). 주택은 인간생활을 담는 하나의 그릇이다. 특히 노년기에는 사회적 관계가 가족을 중심으로 축소되면서 생활의 주 공간이 가정이 되기 때문에 주택에 대한 노인의 욕구가 생활주기상의 어느 시기보다도 강하다고 할 수 있다.

주택의 형태와 질, 그리고 위치는 노인의 독립성, 안전성, 프라이버시, 사회적 관계 및 참여, 노인복지서비스의 접근 등에 영향을 미치며, 나아가서는 노후생활의 전반적인 만족도를 향상시킬 수 있는 주요한 요인으로 작용하고 있다(Larson, 1978). 그러므로 노인에 대한 주거보장은 노인의 주택 욕구 충족의 수단이 되는 것이다. 여기서 주거보장이라 함은 노인이 자신의 독립성은 갖추면서 안전하고 안락한 일상생활을 누릴 수 있는 생활공간을 확보하고 유지할 수 있도록 사회적인 차원에서 원조해 주는 제반 활동을 말한다.

노인에게 주택의 의미와 가치, 노인주택 개발과 노인주거정책의 필요성, 주거보장의 방법, 노인주택의 구조 및 주거환경적 조건, 우리나라의 노인주거보장정책과 방향을 살펴보고 끝으로 우리나라의 노인을 위한 주거보장정책의 개선방안을 제시해 보기로 한다.

2. 노인주택보장의 필요성

1) 노인에게 있어 주택의 의미와 가치

주택은 인간이 생존을 위해 기본적으로 구비해야 할 물질적 조건이기 때문에 생활주기상 어느 시기의 누구에게나 중요하고 가치 있는 것이다. 특히 노년기에서는 그 의미가 다르고 그 가치는 더욱 크다고 할 수 있다. 장인협과 최성재(2006)는 노년기에 있어서 주택의 의미와 가치를 다음과 같이 주장한다.

첫째, 주택은 노인의 생물적인 생존을 위한 기본적인 수단이 된다. 인간은 생물적 생존을 위해서 생리적인 욕구와 안전의 욕구를 먼저 충족할 수 있어야 하는데(Maslow, 1954), 주택은 안전의 욕구를 충족해 주기 때문이다. 특히 노년기는 신체적 및 심리적 기능이 약해져 안전에 대한 욕구가 더욱 강하게 나타날 수 있기 때문에 이를 충족해 줄 수 있는 주택의 필요성이 커진다고 할 수 있다.

둘째, 주택은 노년기 생활의 주요 장소이다. 노년기, 특히 퇴직 후에는 생활의 주된 근거지가 가정이 되고 사회적 관계와 관심이 가족을 중심으로 축소되기 때문에 주택은 바로 생활의 거의 전부를 담는 그릇이 된다. 따라서 인생의 다른 어떤 시기보다도 노년기 주택은 가장 큰 의미를 지니는 일상생활 공간이 되는 것이다.

셋째, 주택은 노인에게 가계상의 가장 큰 지출의 대상이 된다. 따라서 경제적 보장의 효과를 높여 준다. 주택의 구입이나 임대는 개인 및 가족의 생활에서 가장 많은 비용지출의 대상이고 가장 어려운 일 중의 하나이다. 그러므로 주택은 하나의 생활

필수품으로서 가치와 재산으로서의 가치도 크기 때문에 주택을 소유하거나 임대할 수 있다는 것은 경제적 보장을 높여 주는 것이 된다.

넷째, 주택은 사회적 지위와 사회적 정체감의 상징이 된다. 노년기에는 직업역할이 상실되어 직업역할을 통하여 사회적 지위와 사회적 정체감을 유지할 수 없기 때문에 적합한 주택의 소유나 유지를 통하여 사회적 지위와 사회적 정체감을 나타내고 유지할 수 있다(Huttman, 1985). 이러한 의미에서 주택은 노년기에 있어서 사회적·심리적 의미가 크다고 할 수 있다.

다섯째, 주택은 개인적인 경험과 추억을 저장하며 사회관계망을 구축하고 유지하는 도구가 된다. 한 주택에서 오랫동안 거주함으로써 개인생활의 경험과 추억을 저장할 수 있고, 이웃이나 지역주민, 사회복지시설(이용시설)과의 관계를 통하여 친밀한 사회지지망을 구축할 수 있어(Huttman, 1985), 노화로 환경 적응력이 상실되어 가는 노인에게 자신에게 호의적이고 적응적인 환경을 유지할 수 있다는 면에서 주택의 가치는 크다고 할 수 있다.

여섯째, 자신의 주택에서 생활할 수 있다는 것은 자신의 신체적 독립성과 때로는 경제적 독립성을 확인하고 나타내는 것이 된다. 특히 노인이 자녀와 별거하여 사는 것은 자신이 신체적으로 타인의 도움을 받지 않고 살아갈 능력이 있다는 것을 스스로 확인하게 하고, 나아가서는 타인에게도 자신의 능력을 나타냄으로써 만족감을 얻을 수 있다. 주택을 소유하고 있거나 안정적으로 주거장소를 마련하여 생활할 수 있다는 것은 때로는 경제적으로도 독립된 생활을 하고 있다는 것을 나타낸다.

일곱째, 주택은 노인을 포함한 모든 사람에게 사생활의 자유(privacy)를 공간적으로 확보해 줄 수 있다. 한 인간으로서 노인이 존엄성과 고유한 개성을 보장받는 것은 사생활 자유의 보장을 주요 요소로 하고 있다. 사생활의 자유를 공간적으로 확보하는 것은 바로 삶의 공간을 확보함으로써 가능해지는 것이다(박광준 외, 1999).

여덟째, 주택은 노화에 따른 생활기능 저하를 보완하고 수용할 수 있는 물리적 환경을 제공한다. 노화로 기능이 저하됨에도 일상생활에서 가능하면 타인의 도움 없이 독립적으로 생활하기 위해서는 주택의 구조와 시설이 편리하게 되어 있어야 한다. 노인에게 편리하게 설계된 주택을 확보하여 생활할 수 있다면 주택은 노화에 따른 일상생활 기능의 저하를 보충하고 수용해 주는 물리적 환경을 조성하는 것이 된다. 노인에게 적합하게 설계된 주택은 노인 자신뿐만 아니라 노인을 보호·수발하는 가족 등 보호자에게도 편리성을 제공하고, 나아가서는 노인에게 여러 가지 물리적 장애로 발생할 수 있는 사고를 예방해 준다.

2) 노인주택보장이 필요한 이유

노인을 위한 주거정책, 즉 노인주거정책은 노인에게 적합한 주택의 개발·건설 및 공급, 주거환경 및 주택 유지 등에서 자유, 평등, 공평, 적절성이 이루어질 수 있도록 국가나 지방자치단체 또는 민간단체가 의도적이고 계획적으로 개입하는 활동을 말한다. 주거정책이라 할 때는 국가나 지방자치단체와 같은 공적 부문의 개입활동을 의미하는 것이 일반적이지만, 여기서는 넓은 의미에서 공적 및 사적인 개입활동을 모두 취급하기로 하겠다. 노인주택 개발이 노인주거정책의 핵심적인 한 부분이 되어야 하기 때문에 노인주택 개발의 필요성에 대하여 별도로 논하지 않고 노인주거정책의 필요성에 포함하여 논하기로 한다.

첫째, 주택은 인간의 기본적 생존을 위한 물질적 필수품이므로 모든 노인에게 주거장소가 확보되고 적절한 기준으로 보장되기 위하여 국가의 정책적 개입이 이루어져야 한다.

둘째, 주택은 하나의 생활필수품인 동시에 재산(부)으로서의 가치도 있어 주택 문제로 경제적 불평등이 야기되는 경우가 많으므로 국가적 개입이 필요하다. 특히 경제적 여건이 상대적으로 취약한 노인에게는 주택의 소유 여부에 따라 경제적 상황이 크게 변할 수 있다. 소비지출 중에 주택부문이 차지하는 비중이 커서 주택을 소유하고 있는 사람과 없는 사람 사이에 생활수준의 차이를 가져올 수 있고, 재산으로의 가치증식이 커서 주택의 소유 여부가 경제적 불평등 문제의 큰 요인이 되므로 적절한 국가의 개입이 요청된다.

셋째, 주택의 구입비용은 물론 임대비용은 그 액수가 크기 때문에 일시적으로 준비하기가 어렵다. 따라서 많은 경우 융자 등의 방법으로 조달하고, 개인의 경제적 사정이 구입 또는 임대 능력을 크게 좌우하며, 주택에 대하여 커다란 불평등적 격차를 초래하게 되므로 국민이 최소한의 주거를 확보할 수 있도록 하기 위해서는 국가의 적절한 개입이 요구된다.

넷째, 주택의 임대차 계약이 완전히 자유시장적 원칙에 맡겨지면 임대료의 상승, 계약조건의 불이행 등으로 상대적으로 열등한 위치에 있는 임차인에게 불리하게 작용할 수 있다. 자본주의 국가에서는 자유시장경제에 맡겨 놓기보다는 국가의 개입이 요구된다.

다섯째, 시장경제에 따른 주택의 공급탄력성은 낮고 수요탄력성은 높아 공급이 수요에 응할 수 없기 때문에 주택가격의 상승을 야기할 가능성이 크다. 그러므로 정부가 개입하여 주택공급을 조정하여야 한다(Whitehead, 1984).

여섯째, 주택의 질과 환경은 생활의 제반 영역에 영향을 미치는데, 특히 노인에게 주택의 구조와 환경은 사회적 · 심리적 욕구를 만족시키고 일상생활에 필요한 활동에 지대한 영향을 미친다. 따라서 노인에게 물리적 · 사회적 · 심리적으로 적합한 주거공간이 확보되도록 정부의 적절한 개입이 필요하다.

일곱째, 가족구조 및 가족기능과 역할의 변화는 노인의 독립적인 생활을 요구한다. 따라서 노인이 독립적으로 생활이 가능하도록 노인전용주택 등 관련 서비스 제공에 국가가 적극적으로 개입해야 한다.

여덟째, 모든 국민에게 최소한의 주거공간을 확보해 주고, 주택을 통해 삶의 질을 높이려는 국민의 일반적인 욕구를 충족해 주기 위해 주택의 건설과 보급에서 공적 부문과 민간 부문 간의 역할분담이 필요하다. 이를 위해서 국가가 주도적으로 개입하는 것이 바람직하다.

3. 노인주택보장의 방법

사회복지의 기본 원칙은 인간은 누구나 자기 집에서 가족과 살기를 원한다는 기본적인 욕구를 존중한다. 노인복지실천의 원칙 중에는 가능한 노인을 자신의 집에서 거주하도록 지원하는 재가복지서비스의 원칙이 있다. 그리고 여러 연구결과에 의하면, 노인은 자기 집에서 생활하는 경우에 시설에서 생활하는 경우보다 더 오래 살고, 더 행복해하며, 더 만족스럽게 여긴다. 이러한 사실은 가능하면 노인을 가정에서 생활하도록 하는 원칙을 더욱 강화하고 있다(Kahn & Kammerman, 1976).

또한 노인을 가정에서 보호하는 경우가 시설에서 보호하는 경우보다 효율성과 효과성이 높다는 사실도 노인을 가능하면 가정에서 생활하도록 지원하는 원칙을 중요시하게 된다. 특히 서구에서는 노인주택 문제에 대해 노인을 위한 집합주택 정책 위주로 추진해 왔으나, 최근에는 노인에게 가장 좋은 주거정책은 자기가 지금까지 살던 곳에서 노후를 보내도록 한다는 원칙(aging place)을 강조하고 있다(Pynoos, 1995). 이는 역시 재가주택정책이 가장 우선적이고 중요하다는 것을 의미한다.

노인주택의 필요성과 원리에 기초하여 지역사회에 거주하는 노인을 위한 재가주택보장 방법은 다음과 같다(장인협, 최성재, 2006).

- 일정한 소득 이하의 노인에게 주택수당을 지급하는 제도는 주택가격이나 임대료에 따라 달리 책정될 수 있으며, 주로 영국이나 스웨덴에서 채택하고 있는 방법이다.
- 주택임대료 보조 및 할인제도가 있다. 외국에서 공영주택인 아파트 등을 임대할 때 입주자의 소득수준에 따라 임대료의 일부를 보조해 주거나 할인해 주는 제도로서 공공부조대상자에게 제공되는 주택서비스제도이다.
- 주택 수리 및 개조비 융자제도는 노인의 생활상 장애를 제거하여 기존의 불편한 곳을 개조하거나 수리하는 데 드는 비용을 융자해 주는 제도이다. 자가주택을 소유한 노인을 대상으로 하며 고령화 시대에 요구되는 주택보장제도이다.
- 노인의 일상생활 활동을 고려한 공영주택입주권 우선 부여 방식이 있다. 이 제도는 제한된 공영주택 공급을 일정 노인가족에게 임대하거나 우선 분양권을 부여한다.

4. 노인주택의 유형

세계 각국에서는 고령화 사회를 맞이하여 주택정책을 주요한 사회보장정책 부분으로 간주하면서 노인에게 여러 가지 다양한 주택보장서비스를 실시하고 있다. 이를 구체적으로 살펴보면 다음과 같다(장인협, 최성재, 2006).

1) 재가목적 주택 프로그램

(1) 건설자/공급자를 위한 주택정책

대부분의 국가에서는 주택건설자금 또는 재건축을 위한 융자를 시행하고 있다. 다음은 미국의「주택법」에 따른 프로그램이다.

- 정부보증 은행융자: 정부의 상환보증으로 비영리단체 및 영리단체가 일반은행에서 노인을 위한 주택을 신축하거나 기존 주택을 재활용하는 데 융자받을 수 있도록 하고 있다.
- 정부 직접융자: 노인을 위한 주택의 신축 또는 재건축을 위해서 비영리단체가 장기저리로 정부에서 직접 융자받을 수 있도록 하고 있다. 이 주택의 임차노인은 62세 이상이고, 당해 지역 가족의 중위임금(median income)의 80% 미만으로 규정하고 있다.
- 융자 상환금 이자 감면: 저소득 노인에게 주택을 임대해 주는 임대업자 또는 주택 소유 노인에 대하여 상환금 이자를 감면해 주는 제도이다.

(2) 수요자/소비자를 위한 주택정책(주택건설/보급정책)

- 노인전용주택: 노인에게 편리한 구조와 시설을 갖춘 주택을 정부 또는 비영리 및 영리단체에서 건설하여 보급하고 있다. 이는 서구에서 널리 시행되고 있는 정책이다.

- 3세대 동거형 주택: 노인세대와 자녀세대가 동거하되 세대별로 공간이 분리된 구조의 주택을 건설하여 보급하고 있다.
- 자녀와의 인거(隣居)형 노인주택: 자녀세대와 인접한 구조의 노인주택을 건설하여 보급하고 있다.
- 퇴직자촌 또는 노인촌(retirement community): 우리나라에서는 실버타운으로 알려져 있다. 주택개발업자가 수익을 목적으로 거주환경이 좋은 곳에 계획적으로 설치한 주택이다. 이곳은 대부분이 유료시설이므로, 소득이 있거나 자산이 충분한 퇴직자들이 입주하는 경우가 많다. 퇴직자촌 내의 주거시설은 독립주택(개인이 독립적으로 생활할 수 있는 주택)이나 서비스 주택(개인 또는 가족단위 주택이면서 타인의 서비스가 제공되는 주택)으로 계획되어 있으며, 요양시설로 설치되는 형태가 증가하고 있는 추세이다.
- 하숙주택(boarding home): 일반적으로 생활기능이 저하된 저소득 노인이 소규모 단위로 공동 생활하면서 식사서비스와 일상생활상의 보호서비스를 제공받는 주택이다. 특히 24시간 보호를 제공하는 하숙주택도 있다(이런 형태를 foster home이라 한다).
- 노인집합주택(congregate housing)
  - 노인전용 아파트: 일반 아파트와 유사한 형태로 노인만을 위한 특별한 서비스가 없는 것이 일반적이다.
  - 보호형 노인집합주택: 일반적으로 세대단위의 독립된 생활공간을 사용하면서 공동주방, 공동식단의 시설을 갖추고 일상생활에 필요한 서비스(가사원조, 레크리에이션, 세차 등)를 제공하는 주택으로, 아파트와 생활서비스의 혼합식 주거시설이다. 주택의 규모는 몇 세대에서 100세대 정도까지 이르는데, 일상생활에 약간의 어려움이 있는 노인이 자기가 살고 있는 지역사회에 머무르며 생활할 수 있는 대안적 주택이라 할 수 있다.
  - 보호주택(sheltered housing): 일반 노인이나 약간의 장애가 있는 노인에게 편리하도록 설계된 아파트나 단층 연립주택 같은 데서 독립적인 생활을 하면서 건강상 문제가 있는가를 살피고 응급 시에 연락하는 관리인을 두고 있는 일

종의 집합주택인데, 일반주택에 대한 대안적 주택이라 할 수 있다.

- 기숙호텔(resident hotel): 중산층 이상이 주로 생활하는 곳으로 호텔과 같은 시설을 갖추고 있는데, 개인의 방에는 전화, TV, 목욕시설이 있다.
- 하숙호텔(single-room-occupancy hotel): 값싼 호텔과 같은 곳으로, 임시로 기거하는 노인이 많고 입주자 간의 깊은 관계가 없어 비교적 고립되어 있는 경우가 많다.

2) 주택분양 및 임대 우선권 부여

노인단독세대 또는 노인이 포함된 세대에게 주택을 분양하거나 임대할 때 우선권을 부여하여 노인 및 노인가족의 주거안정을 도모하고, 노후의 생활만족도 향상에 기여하고 있다.

3) 주택 관련 보조금 지급

주택에 대한 비용은 생활비 중 큰 비중을 차지하고 있기 때문에, 비용을 별도로 지급하여 최저한도의 경제적 보장 목적을 달성하고자 주택수당, 주택보조 또는 임대료 보조금 등의 명목으로 주로 저소득 노인가구에 지급되고 있다. 스웨덴, 프랑스, 독일, 영국, 미국, 일본 등에서 이러한 주택 관련 보조금이 지급되고 있는데, 이는 공공부조금에 포함되어 지급되는 것이 일반적이다. 미국의 경우 임대주택에 거주하는 노인에 대하여 당해 지역의 임대료와 노인소득의 15~30%의 차액에 해당하는 금액을 정부에서 직접 임차인에게 지불하고 있다(Gelfand, 1984). 이외에 임대료 신용이 있는데, 1년 동안 지불한 임대료의 일부를 정부에서 보상해 주는 제도로 저소득 노인이 대상이 된다.

4) 주택 관련 세제혜택 및 주택금융제도

주로 주택 재산세를 감면해 주거나 지불을 연기해 주는 제도이다. 또한 소득수준에 따라 저소득층 노인에 대한 지원으로 주택 수리 및 개조금의 전부를 지원하거나 저리로 융자해 준다. 동절기의 방한장치를 위한 특별지원금제도로 난방비 일부 혹은 전부를 지원해 준다.

5) 주택자산 활용

노인이 현재 소유하고 있는 주택은 재산으로서의 가치가 높지만, 주택을 매매하게 될 경우 필요한 주택구입자금을 융자하고자 할 때, 노인으로서의 특별한 혜택이 주어지지는 않는다.

노인의 경우, 거주하거나 소유한 주택이 자산가치가 높더라도 일정한 소득이 없기 때문에 유동자산이 거의 없어 경제적 어려움에 놓일 가능성이 많다. 이러한 경우에 주택을 은행이나 부동산회사에 담보로 맡기고 매월 연금 형식으로 일정 기간 내지는 사망 시까지 대부받는 방법, 주택을 은행이나 부동산회사에 팔고 노인이 은행에서 임차하는 방법, 공공기관이나 민간 비영리기관이 일정 기한을 정하여 주택개축, 세금, 재가복지서비스 비용을 대신 지불하고 일정 기한 도래 후에 매각하여 비용을 청산하는 방법 등으로 현재의 주택자산을 활용(home equity conversion)하는 프로그램이 있다.

5. 한국 노인주택보장의 현황

우리나라의 노인주택보장은 국민기초생활수급노인이나 일부 저소득층노인을 위한 정책이 대부분이다. 따라서 우리나라 노인주택보장정책(서비스) 현황은 취약계층 주거지원사업을 중심으로 설명하고자 한다.

1) 주거급여제도

(1) 제도 개요

2015년 7월 국민기초생활보장제도의 급여개편으로 개별급여로 독립되었다. 그동안의 기초생활보장제도는 최저생계비 이하 가구에 대한 통합 급여 체계로 지원되었으나, 소득인정액이 최저생계비를 벗어나면 무조건 수급자격을 잃음으로 정책의 사각지대가 발생하고 빈곤계층의 욕구지원에 한계를 발견하여 개별급여로 분리 독립되어 지원하게 된 것이다(국토교통부, 2023).

주거급여제도는 「주거급여법」과 「국민기초생활보장법」에 근거하고 있으며, 「주거급여법」에서 주거급여 지원대상, 지급 기준, 지급 방법, 운영 및 관리 주체 등 관련행정 절차를 규정하고, 이 법에서 정하지 않은 사항에 대해서 「국민기초생활보장법」을 준용하도록 하고 있다.

근로능력여부, 성별, 연령 등에 관계없이 국가의 보장을 필요로 하는 대상으로 소득인정액[1]이 기준 중위소득의 47% 이하인 가구가 그 대상이다. 주거급여는 가구단위 보장이 원칙이나 필요한 경우 개인단위 보장도 가능하다. 소득인정액 기준이하의 가구가 안정된 주거생활을 할 수 있도록 실제임차료, 유지수선비를 지원한다. 임차가구는 전월세비용을 지원하고, 자가가구는 노후화된 집 수선비를 지원한다. 임차가구인 경우 지역 및 가족 수에 따라 산정한 기준임대료를 상한으로 실제임차료인 월임차료와 보증금 환산액을 지원한다. 자가가구는 주택의 노후도에 따라 도배, 난방, 지붕 등 종합적인 수리를 지원하며, 주택개량이외의 별도의 현금지원은 하지 않는다. 수선유지급여는 기존 5개 부처에서 각기 시행하던 유사 주택개량사업이 국토교통부로 통합일원화[2]하였다.

---

1) 소득인정액: 소득평가액+재산의 소득 환산액
2) 주거급여 수급자에 한함.

(2) 주거급여의 지급원칙

- 보충급여의 원칙
- 최저보장수준 보장의 원칙
- 실소요 비용 지급의 원칙
- 형평적 부담의 원칙
- 중복지원 불가의 원칙
- 보편성의 원칙

(3) 주거급여 신청의 원칙

- 신청주의
- 직권주의: 사회복지담당 공무원은 급여를 필요로 하는 자를 대신하여 본인의 동의를 얻어 직권으로 신청할 수 있다

(4) 주거급여 지급 대상 거주지 유형

단독주택, 아파트, 연립 및 다세대주택, 고시원, 노인복지주택, 오피스텔과 임차료가 발생하는 주거시설, 그 밖에 소매점, 미용실 등 거주를 목적으로 하고, 수급권자가 거주하는 것으로 보장기관이 인정하는 시설에 대해 주거급여 지급 대상이 된다.

(5) 임차급여 특례

임차급여 특례 대상자에 대해 실제 임차료를 기준임대료의 60%로 간주하여 지급하는 제도로서, 가족해체 방지를 인한 별도가구 특례보장 대상자를 정하고 있다. 즉, 가구단위로 보면 주거급여 선정기준을 초과하나, 가구를 분리하면 급여종류별 선정기준 이하에 해당하는 가구에게 적용하는 제도이다. 이 제도는 65세 이상 노인을 포함하고 있으며, 노인과 주거를 같이하는 장애인, 미성년 손자녀, 희귀난치성질환자 등의 노인이 부양을 받거나, 부양을 하는 경우를 포함하고 있다.

2) 취약계층 주거지원사업

(1) 공공임대주택

국토교통부가 공급·지원하며, 국가 또는 지자체가 재정 및 주택도시기금의 지원을 받아 공공주택사업자가 공급하는 주택을 말한다. 공급방식에 따라 신규 건설, 기존 주택매입, 기존 주택 임차로 나누어진다. 신규건설 공공임대주택은 공공주택 사업자가 임대를 목적으로 건설하여 저소득층 등 사회취약계층에게 임대하는 것으로 유형에는 영구임대주택, 국민임대주택, 행복주택, 장기전세주택 등이 있다. 기존 주택매입은 기존의 다가구 주택을 매입하여 임대하는 주택으로 임대기간은 최장 20년이다.

① 영구임대주택

국내 최초의 장기공공임대주택으로, 기초생활수급자 등 최저소득계층의 주거안정을 목적으로 건설·공급되는 최저가의 임대주택이다. 1989년 '주택200만호 건설계획'에 의해 도입되어, 1993년까지 건설공급되다가 일시 중단되었으나 2009년부터 공급을 재개하고 있다.

1순위 자격에 노인이나 노인부양가족을 배려하고 있다. 생계·의료급여 수급자, 65세 이상의 직계존속(배우자의 직계존속 포함)을 부양하는 자로서, 수급자 선정기준의 소득인정액 이하인 자, 65세 이상으로서 「국민기초생활보장법」 제2조 제1호에 따른 수급권자 또는 같은 조 제10호에 따른 차상위계층에 속하는 사람으로 정하고 있다.

② 국민임대주택

입주자 모집공고일 기준 무주택세대구성원으로서 소득기준 및 자산보유기준이 「공공주택특별법 시행규칙」에 해당하는 자로 정하고 있으나, 입주자 우선순위 선정기준에 노인을 특별하게 배려하지는 않는다.

③ 다가구 매입임대주택

2004년부터 공급되고 있으며, 지방공사 및 LH가 도심 내 다가구 주택을 매입하여 최저소득계층이 현 생활권 내에서 저렴하게 최장 20년까지 거주할 수 있도록 지원하는 주택제도이다.

입주 1순위 대상자는 사업대상지역에 거주하는 무주택 세대구성원으로서 생계급여 또는 의료급여 수급자, 보호대상 한부모가족, 기초생활 수급자 또는 차상위계층 중 최저주거기준에 미달하거나, 소득 대비 임차료 비율이 30% 이하인 가구 또는 만 65세 이상 고령자, 당해 세대의 월평균 소득이 전년도 도시근로자 가구당 월평균 소득 70% 이하인 장애인 또는 아동복지시설 퇴소자로 퇴소한 지 5년 이내인 자로 정하고 있다.

다가구 매입임대주택의 1순위 자격요건에 만 65세 이상 고령자를 배려하여, 거주하던 지역에서 장기적으로 살 수 있도록 배려하고 있음을 알 수 있다.

임대조건은 시중시세의 30% 수준의 보증금과 월 임대료를 내도록 하고 있다.

④ 기존주택 전세임대

저소득층이 현 생활권을 떠나지 않고 주변 전세주택에 저렴하게 거주할 수 있도록 하여 주거안정을 지원하는 제도이다. 입주 대상자가 입주를 희망하는 주택을 구하고, 시행자가 해당 주택의 소유자와 전세계약 후 입주대상자에게 저렴하게 임대하게 된다.

사업대상지역에 거주하는 무주택세대 구성원으로서 1순위 자격에 수급권자 또는 차상위계층 중 만 65세 이상인 고령자를 포함하고 있다. 긴급주거지원대상자로서 선정된 자 중 시장 등이 주거지원이 필요하다고 인정하여 LH에 통보한 자가 해당되므로, 노인이 그 대상에 포함될 수 있다.

전세임대료 지원한도를 보면, 기존주택, 고령자 및 소년소녀는 수도권(11,000만 원)과 광역시(8,000만 원), 기타 지역(6,000만 원)으로 구분하여 지원하고 있다. 지원한도액을 초과하는 전세주택의 전세금액을 입주자가 부담할 경우에도 지원하고 있다.

⑤ 주거취약계층 주거지원

최저주거기준에 미달되고 위험에 노출된 환경에서 생활하는 쪽방, 고시원, 여인숙, 비닐하우스, 노숙인 시설 등 거주자에게 주거안정 및 주거상향이동을 지원하는 사업이다. 특히 홍수 등 재해우려로 인해 이주가 필요하다고 인정하는 지하층 등에 3개월 이상 거주한 자도 입주 대상이 된다. 사업대상지역 제한은 없고 비주택 거주자만 해당된다.

⑥ 행복주택

2013년 도입된 행복주택은 대학생, 신혼부부와 같은 젊은 계층의 주거 안정을 도모하는 사업이다. 입주자격은 입주 대상 계층별로 소득 및 자산기준을 다르게 적용하고 있다. 젊은 계층은 6년 거주, 취약계층이나 노인계층의 경우 20년까지 거주가 가능하다. 만 65세 이상인 무주택세대구성원으로서 소득기준은 해당세대 월평균 소득 합계가 전년도 도시근로자 가구원수별 가구당 월평균 소득의 100% 이하가 대상이다. 행복주택의 입주계층별 공급비중은 일반단지의 경우 젊은 계층 80%, 취약·노인계층은 20%이고, 산업단지형의 경우 고령자는 10%이다.

⑦ 공공실버주택

주택과 복지관을 함께 설치해 주거와 복지서비스를 함께 제공하는 공공임대주택이다. 독거노인 등이 주거지 내에서 편리하게 복지 서비스를 이용할 수 있도록 영구임대주택 1개동에 복지관과 주택을 함께 넣어 짓는 신개념 공공주택이다. 민간 기부금과 정부 재정을 공동 활용해 독거노인 등 고령자를 위해 설치하는 주거 및 복지시설이다.

일반적인 공공임대주택에 해당하나, 대상과 시설에 있어 차이가 있다. 공공임대주택은 소득기준만 충족하면 되지만, 공공실버주택은 소득기준과 연령기준을 충족해야 한다. 또한 주거공간뿐만 아니라 복지시설이 함께 있다는 것이 차이점이다.

공공실버주택을 설치하는 지방자치단체에 따라 입주기준이 상이하지만, 대체로 생계급여 및 의료급여 대상자, 국가유공자 및 그 유족 등이 우선순위로 정해진다. 보건관련시설과 사회복지시설이 함께 설치되어 있으므로 노인에게 유용한 공공주택이다. 장기임대가 가능하고, 오랜 기간 거주를 보장하며, 임대료도 시세보다 낮게 책정되어 있다.

(2) 주택 전월세 자금 융자지원

주거안정 월세대출의 신청대상은 우대형에 취업준비생, 사회초년생, 근로장려금 수급자, 주거급여수급자가 해당된다. 대출한도는 월 40만 원씩 2년간 최대 960만 원(2023년 기준)이다.

(3) 노인복지주택

노인복지주택에는 실비노인복지주택과 유료노인복지주택으로 구분된다. 유료노인복지주택은 노인복지시설로서 「사회복지사업법」 제2조의 규정에 따른 사회복지시설에 해당되고, 「건축법」상 용도가 노유자시설에 해당되나, 타 사회복지시설과는 달리 설치 · 관리 · 공급 시 「노인복지법」에서 규정된 사항을 제외하고는 「주택법」 관련 규정을 준용하여야 한다. 1994년부터 유료노인복지주택의 설치신고, 시설, 설비, 직원자격, 직원배치, 시설운영 기준 등 시설의 설치, 운영에 관한 일반적 사항은 「노인복지법」에 의거하고 있다. 노인복지주택을 노인복지시설로 분류함으로써 국토 · 토지계획상 용도지역에 따른 입지제한이 적도록 하여 노인복지주택의 활성화를 도모하여야 한다.

유료노인복지주택 분양계약의 대상자는 60세 이상의 자(「노인복지법」 제32조 제1항 제5호)로, 유료노인복지주택의 소유권을 획득하는 분양계약대상자와 실제 거주하는 입소대상자 모두 60세 이상의 자여야 한다. 또한 유료노인복지주택의 입주자를 모집하는 형태는 분양 또는 임대 방식이다.

노인복지시설에 대해서는 제7장에서 자세하게 다룰 것이다.

6. 노인주거생활의 질 향상을 위한 정책 방향

1) 노인주택정책의 명료화

오랫동안 우리나라의 주택정책은 공급자 중심, 양적 확대 중심이었으며 수요자 중심의 주택정책, 거주인의 삶의 질 향상에 대한 고려는 없었다.

「노인복지법」에 따르면, 국가 또는 지방자치단체는 노인에게 적합한 주택 건설을 촉진하도록 규정하고 있지만, 그 규정이 모호하고 규정에 따른 주택프로그램이 제공되지 않고 있다. 노인부양의 책임이 동거가족에게 있다는 사회문화적 가치는 노인주택정책 마련의 걸림돌이 되고 있다. 하지만 노인단독가구의 증가는 노인주택정책의 필요성을 더욱 요구하고 있다.

노인단독가구 및 노인부부가구의 증가, 정부의 재가복지서비스의 활성화 유도, 노인건강수명의 연장으로 인한 독립된 생활욕구를 가진 노인인구의 증가 등은 국가를 노인주택정책의 책임기관으로 명시화하여야 하는 이유이다.

2) 노인주거보장의 기본 설계: 단계별 주거의 개발

셸터드 하우징(sheltered housing)의 문제로 지적되고 있는 것이 주거의 연속성 문제이다. 즉, 제1종, 제2종 그리고 요양형의 세 가지 유형의 셸터드 하우징이 개발되어 있는데, 각 단계에 따라 노인이 주거를 바꾸어야 하는 것은 인간존엄성의 훼손 및 자기선택권, 거주이전의 자유를 훼손한다는 것이다. 그러므로 노인공동주택을 설계하는 시점에서 입주자(거주자)의 일상생활능력이나 조건에 따라 탄력적으로 운영될 수 있는 시스템으로 설계되어야 한다.

노인주거보장의 기본 방향은 자택 거주와 요양시설 입소 사이에 노인전용의 주거를 개발하여 단계적 주거를 개발하는 것과 자택에 더 오랫동안 거주할 수 있도록 자택의 내부 개보수를 지원하는 것이다. 다음은 단계적 주거의 주요 내용이다.

- 제1단계는 자택에 거주하는 단계로서 건강한 시기이다.
- 제2단계는 자택 거주를 가능한 한 연장하기 위하여 주택의 개보수를 지원하는 단계로서 이 단계에서 재가복지서비스를 이용한다.
- 제3단계는 노인전용주택으로 이주하는 단계이다. 노인전용주택은 소규모이며 자신이 거주해 온 지역에 위치하는 것을 원칙으로 한다. 노인전용주택에 거주하면서 재가복지서비스를 이용한다.
- 제4단계는 요양원 입소 내지 노인병원 입원이며, 그곳에서 임종을 맞이한다.

3) 노인가구의 특성을 고려한 노인주택

노인주택정책은 노인 및 그 가족을 위한 정책이 되어야 한다. 그러므로 노인주택정책을 수립할 때는 노인의 특성을 고려한 정책이 되어야 한다. 건강한 노인이나 건강하지 않은 노인, 저소득 노인과 고소득 노인이 갖는 욕구의 다름을 인정하고, 그들의 욕구와 특성에 맞는 주택정책이 마련되어야 한다.

4) 민간주택 장려

노인전용주택의 공급 주체는 다양하다. 영국의 셸터드 하우징은 네 가지 주체를 통해 공급되고 있다. 우리나라의 경우 노인주택 공급은 공적인 영역과 사적인 영역으로 나누어서 생각할 수 있다. 다만 이 경우 공·사의 역할분담을 어떠한 형태로 행하느냐가 중요하다. 국가가 최소한의 공급을 행하는 것이 중요하지만, 민간의 공급에 대해서는 최저기준의 설정과 적용을 통하여 노인주택의 질을 확보하면서 다양한 재정지원을 통하여 주택공급을 장려하는 것이 필요하다. 또한 세대통합을 위한 세대동거를 장려하기 위한 3세대 가족의 동거가 가능한 주택공급 지원이 필요하다.

노인주거는 각국의 사회문화적 전통의 영향을 받는다. 한국은 전통적으로 경로효친 사상이 강하고, 비록 현재는 다소 약화되기는 했지만 효에 대한 의식이 많이 남아 있으며, 노인부양의 가족부담 방식이 많이 존재하고 있다. 3세대 동거형 주택은 동거형, 인거형, 복층형 등 다양한 방식으로 건축이 가능하며, 노인의 사생활과 편리성이 보장되도록 설계하는 것이 중요하다. 내부 설계도 가구 구성에 따라 다양하게 하고, 규모도 대형, 중형, 소형으로 나누어 입주자 가구의 선택 폭을 넓힐 수 있도록 해야 한다.

　소위 실버타운으로 불리는 기업형 노인주택에 대해서는 노인 중 일부 계층의 수요가 있는 것이 현실이다. 그 공급의 확대가 가져올 수 있는 부작용이 지적되고 있기는 하지만, 그에 대하여 불필요한 규제를 행하기보다는 일정 범위 내에서 육성하는 것이 필요하다. 다만, 실버산업을 일찍부터 행한 선진 각국에서 일어나고 있는 다양한 폐해[3]를 충분히 인식하고, 입주노인이 와상상태가 되어 자신의 의지를 충분히 표시하기 어려운 시기에도 노인인권이 보장될 수 있도록 하는 장치를 마련하는 것이 필요하다.

5) 노인주거정책의 비용과 편익

　주택정책의 충실화를 도모하기 위해서는 막대한 재원이 필요하다. 주택수당을 도입하고 사회주택을 보급하며, 노인과 장애인을 위한 주택을 건설하고 주거 환경을 정비하며, 나아가 주거 환경의 평등화를 추진하는 것은 정부의 적극적인 개입이 있을 때만 가능한 일이다. 그런데 막대한 재원을 투입하는 주택정책이 과연 효과적이고 그럴 만한 가치가 있는 것인가에 대해서는 회의적인 입장이 없는 것은 아니다. 특히 1980년대에 들어서서 서구 복지국가의 경우 사회주택에 대한 투자를 줄이거나 민영화로 전향하는 경향이 있어 왔기 때문에 사회주택의 기능이나 역할에 관하여 더욱 더 회의시하는 논의가 있는 것도 사실이다. 이러한 논의는 사회정책이 경제성장을 저해하는가 혹은 촉진하는가라는 해묵은 논쟁과 관련되지만, 주택정책에 관한 논의를 마무리하면서 주택정책의 충실화를 요구하는 입장에 서서 그것이 가지는 광범한

---

3) 대표적인 폐해는 실버산업의 기본 원리가 완전시장경제 원리라는 데서 발생하는 문제이다. 즉, 시설경영자의 입장에서 볼 때 입주자가 단명하는 것에 대한 인센티브가 있는 체제이기 때문에 그것이 악용될 소지가 있다.

효과에 대해서 언급하고자 한다.

　사회정책은 사회적 통합이라는 목표를 가지고 있다. 그러한 의미에서 사회정책은 소비가 아닌 하나의 투자이며, 장기적으로 볼 때 사회통합을 이룩하고 사회비용(social cost)을 줄이는 중요한 역할을 하므로, 많은 재원이 투입되어야 하고 또 그럴 만한 가치가 있다고 주장하는 것은 이미 오래된 논쟁을 다시 끄집어 내는 것에 불과하므로 거듭 강조할 필요조차 없다. 그러므로 여기에서는 이러한 규범적 당위성으로서 주택정책의 중요성을 강조하고자 하는 것이 아니라 현실적인 생활보장이라는 차원에서도 주택정책의 투자는 매우 중요한 사안임을 지적하고자 한다. 우선 노후의 연금생활자의 경우에 있어서 주거비 부담은 매우 높고 그러한 요인이 연금급여 상승의 압력요인으로 작용하여 연금재정을 압박하는 것은 서구 복지국가의 공통적인 현상이다. 따라서 주택수당의 도입을 통하여 주거비를 줄인다면 연금재정의 안정에도 크게 도움이 될 뿐만 아니라 자가소유자와 임대생활자 간의 생활수준 격차(주거비의 지출 차이에 따른)를 해소하는 통합적인 효과도 거둘 수 있다.

　주택이 복지의 기반임을 생각할 때, 주택정책의 충실화는 장애인과 초고령자 등이 노후에 요양원 입소에만 의존하지 않고 가능한 한 오랫동안 자신의 집에서 재가복지서비스를 받으면서 자립생활을 하게 됨으로써 많은 비용을 줄일 수 있다는 점도 강조되어야 한다. 주택정책은 비용보다는 편익이 크다는 점을 다시금 강조한다.

토론해 볼 문제

1. 여러분이 살고 있는 주택은 자기 자신에게 어떤 의미인지 토론해 보세요.
2. 노인에게 주택의 의미와 가치는 무엇인지에 대해 설명해 보세요.
3. 노인주택보장의 필요성에 대해 토론해 보세요.
4. 노인주택보장의 방법에 대해 설명해 보세요.
5. 우리나라 노인주택보장정책에 대해 자유롭게 의견을 개진해 보세요.

제3부

노인복지실천

제7장   노인복지실천

제8장   노인상담과 사례관리

노인복지실천

1. 노인복지실천 방법

1) 노인복지실천에 대한 이해

(1) 노인복지실천의 개념

노인복지실천의 개념을 이해하기에 앞서 사회복지실천의 개념을 살펴보자. 사회복지는 개인, 가족, 집단, 지역사회의 사회적 기능을 향상 또는 회복시키고 인간의 삶에 적절한 사회적 조건을 창출하고자 인간과 사회의 변화를 추구하는 개별적 · 집단적 · 지역사회적 접근과 직접적 · 간접적 · 통합적 접근방법으로 사회복지의 목적을 달성코자 한다. 사회복지실천은 1970년대 이후 새로운 접근방법을 모색하게 되었고, 그 과정에서 등장한 것이 바로 사회복지실천과 실천기술이다. 즉, 과거의 사회복지 개입이 인간이나 환경 등 어느 하나를 변화시키는 데 주력하였다면, 1970년대 이후 사회복지실천은 '인간+환경'의 상호작용을 변화시키는 데 초점을 두고 있다.

사회복지실천(social work practice)이란 "개인, 가족, 집단, 조직 및 지역사회를 대상으로 원조를 제공하여 인간이 지닌 사회적 문제나 사회적 기능수행상의 어려움을 해결하기 위한 사회복지의 통합적 접근방법"이라고 정의할 수 있다(정길홍, 2006).

'사회복지실천'의 정의로 보면 '노인복지실천'은 개인, 집단, 조직 및 지역사회 수준에서 원조와 서비스를 제공하여 '노인'의 사회적 기능을 향상하려는 인간과 환경 간의 통합적 노인복지 접근방법이라고 정의할 수 있다. 이러한 노인복지실천은 노인과 그를 둘러싼 환경, 특히 가족을 주된 대상으로 하며 노인과 환경 간의 상호작용에서 욕구나 문제해결을 경감하게 하며, 노인의 신체적·심리적·사회적 기능을 향상하는 것을 기본 목적으로 한다.

(2) 노인복지실천의 목적과 목표

① 미국사회복지사협회(NASW, 1992)에서 제시한 사회복지실천 목적을 근거로 한 노인복지의 세부 실천목적

- 노인의 문제해결능력, 대처능력 및 발달상의 능력 향상
- 자원·서비스 및 기회를 제공하는 체계와 노인의 연결
- 자원과 서비스를 제공해 주는 체계의 효과적이고 인간적인 작용
- 노인(사회)복지정책의 개발과 증진
- 위험에 대한 집단의 역량강화를 통한 사회·경제적 정의의 증진
- 전문적 지식과 기술의 개발과 검증

② 미국사회사업교육협의회(CSWE, 1995)의 사회복지실천 목표에 근거한 노인복지실천의 세부 목표

- 노인의 사회적 기능 유지, 회복, 증진
- 노인의 욕구충족과 능력개발에 필요한 사회정책, 서비스, 자원, 프로그램의 계획, 형성, 수행
- 위험에 직면한 노인의 역량강화와 사회·경제적 정의를 증진하기 위한 옹호 (advocacy)와 행동(action)

노인복지실천은 이 같은 목적과 목표를 추구하는 과정에서 예방, 회복, 치료적 기능을 수행한다(CSWE, 1995).

- 예방으로는 노인의 건강과 복리증진을 위하여 현대의 신체적 · 심리적 · 사회적 기능상태를 유지하고 환경의 요구에 대처할 수 있는 능력을 강화하고 필요한 자원을 제공 · 연결하여 사전에 문제를 해결하는 것 등이 있다.
- 회복은 신체 혹은 정신적 문제나 장애로 약화된 기능을 되찾을 수 있도록 원조하는 데 초점을 둔다.
- 치료적 기능은 노인이 현재 겪고 있는 문제나 장애를 해결 또는 개선하는 것을 목적으로 한다.

또한 노인복지실천에서 사회복지사는 조력자, 중개자, 옹호자, 임상가 또는 치료자, 클라이언트 발굴자, 사례관리자, 교육자, 자문가, 행동가, 방문서비스 제공자, 행정가, 자원동원가, 프로그램 및 정책 개발자, 지역사회기획자, 부양자, 중재자 등의 다양한 역할을 수행한다(Zastrow, 1992).

(3) 노인복지실천의 개입수준

노인 각각의 인구 · 사회학적 특성, 사회적 경험, 교육, 기능, 수준, 생활양식 등의 욕구와 함께 다양한 문제를 고려하여 실천의 개입수준을 비버와 밀러(Beaver & Miller, 1985)는 다음의 세 가지로 나누어 제시하고 있다.

- 1차적 수준 개입: 건강하며 활동적인 노후생활을 영위하는 노인을 대상으로 한 것으로, 치료모델보다는 사전에 문제를 예측하고 사정해 볼 수 있는 문제해결모델을 주로 활용한다. 이는 지역사회에서 이루어지며 자원봉사, 건강증진 프로그램, 물질남용 방지 등의 보호, 예방, 서비스, 프로그램 및 정보 제공, 자문, 교육활동 등 일상생활에 적합한 환경 제공 등의 중개자, 옹호자의 역할을 수행한다.

- 2차적 수준 개입: 신체적 · 심리적 · 사회적 노화가 심해 일상생활 동작능력이 저하되어 의존성을 지닌 노인이 대상이다. 지역사회에서 생활유지가 가능할 수 있도록 능력을 고양한다. 과제중심모델, 위기개입모델, 인지행동중심모델과 클라이언트중심모델, 가족치료, 회상치료 등 다양한 치료적 모델을 활용할 수 있다. 사회복지사는 개인, 가족, 소집단 수준에서 개입하여 조력자, 정보제공, 위기개입, 상담, 치료 등 임상가로서의 역할을 수행한다.
- 3차적 수준 개입: 심한 기능상의 문제로 타인의 도움으로 생활하는 노인과 그 부양가족을 대상으로 한다. 잔존능력을 유지하며 다시 기능을 회복할 수 있도록 원조한다.

따라서 3차적 수준의 개입에서는 회복이나 완치가 아니라 장애를 경감하고 재활을 도모하는 병원이나 장기요양서비스(long-term care)가 제공되어야 한다.

노인복지실천 현장에서의 사회복지사는 클라이언트 발굴자, 사례관리자, 자원동원자(mobilizer)로서의 역할을 하고 물리치료사와 작업치료사에게 재활서비스를 연결해 주어야 한다.

이와 같이 노인복지실천에서는 노인과 가족의 특성, 욕구, 장애나 문제, 기능수준을 고려하고 1차적 수준의 개입과 2차적, 3차적 수준의 개입 실천 모델과 전략을 선택적으로 활용하여 훈련하고 기술을 터득해야 한다.

(4) 노인복지실천의 구성체계

노인복지실천은, 첫째, 노인의 욕구나 문제에 대한 관심(가치체계), 둘째, 노인이 처한 문제에 대한 사정과 개입계획(지식체계), 셋째, 서비스나 원조(기술체계)의 세 가지로 구성된다(정길홍, 2006). 따라서 노인복지실천을 위해 사회복지사는 독자적인 지식체계(thinking 또는 knowledge)를 구축함과 동시에 실제 사회복지현장에 적용할 수 있는 기술체계와 지식과 기술의 활용을 안내하는 가치체계를 함께 갖추어야 하며, 이 세 체계의 통합성 가치를 추구하여야 한다.

사회복지사는 다음의 세 가지 지식을 갖추어야 한다.

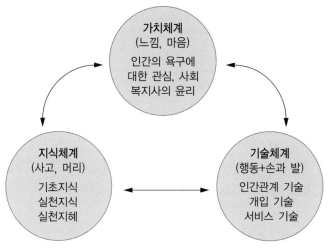

🏠 그림 7-1 노인복지실천의 구성체계

- 노인과 사회(인간행동과 사회환경), 그리고 양자 간의 상호작용을 이해하는 데 필요한 기초지식(foundation knowledge)
- 개인, 가족, 집단, 조직, 지역사회 그리고 전체 사회를 원조·변화시키는 데 필요한 실천지식(practice knowledge)
- 현장 경험을 토대로 하여 습득한 실천지혜(practice wisdom)

노인복지실천의 기반을 이루는 인간관계인 촉진적 원조관계를 형성할 수 있는 기술, 노인과 사회를 변화시키는 개입기술, 그리고 실질적인 원조행위에 수반되는 서비스 기술을 갖추기 위해 노력해야 한다.

가치체계를 흔히 '인간사랑' '인간존중'이라 표현하는데, 국가마다 사회복지사 윤리강령을 제정·시행하고 있다. 윤리강령은 시대나 사회에 따라 다르지만, '인간과 사회에 대한 헌신과 봉사, 사회정의 실현, 인간의 존엄성에 대한 존경, 인간관계의 중요성에 대한 인식과 실천' 등이다.

사회복지사 윤리강령을 노인복지실천의 지식체계 및 기술체계와 가치체계로서 높이 인지하고 실천해야 한다.

2) 노인복지실천 지식 및 기술에 대한 이해

(1) 노인복지실천 지식

사회복지사가 노인의 욕구를 더욱 효과적으로 충족시키려면 노인의 행동이나 욕구뿐 아니라 가족, 지역사회, 직장, 사회정책 등 노인을 둘러싼 환경에 대한 지식을 가지고 있어야 한다.

〈표 7-1〉은 미국의 노인전문 사회복지사 820명을 대상으로 구체적으로 필요한 지식에 대해 질문한 결과를 응답한 순서대로 정리한 것이다.

표 7-1 노인전문 사회복지사에게 가장 필요한 지식

항목
1. 노화에 따른 신체적 · 심리적 · 사회적 변화
2. 노화와 정신질환 및 가족의 역할에 대한 다양한 태도
3. 노화가 가족의 역동에 미치는 영향
4. 도움을 받는 것에 대한 노인의 태도
5. 생활의 변화에 대한 적응방식의 다양성
6. 노인과 가족을 위해 사용할 수 있는 자원의 이용 가능성
7. 신체적 · 사회적 노화를 설명하는 이론적 모델
8. 성별, 인종, 문화, 경제상태, 민족, 성적 지향 등에 따른 노화과정의 다양성
9. 노인의 건강과 질병예방에 대한 개념
10. 전쟁, 가난 등의 경험이 노인의 가치에 미치는 영향
11. 노년기의 사랑, 친교 및 성
12. 노인 정책 및 서비스가 소수집단에 미치는 영향
13. 노인 정책 및 서비스가 여성에게 미치는 영향
14. 정책, 법규, 프로그램이 노인복지실천 현장에 미치는 영향
15. 노인과 성인장애인에 관한 관리보호정책
16. 건강, 정신건강, 장기요양보호 관련 정책과 법규 및 프로그램
17. 노인과 관련된 기본적인 약리학 및 약물의 상호작용

출처: CSWE (2000).

(2) 노인복지실천 기술

노인에 대한 기초지식과 더불어 실천기술 역시 효과적인 서비스 제공을 위해 반드시 필요하다. 실천기술에는 사례관리나 정보수집, 서비스 제공과 관련된 기술이 포함되며, 자세한 내용은 〈표 7-2〉와 같다. 미국 노인복지실천 현장의 사회복지사가 응답한 내용을 정리한 것이다.

♡ 표 7-2 사회복지사의 실천기술

항목
1. 사례관리 기술(중재, 옹호, 평가, 퇴원계획 등)의 사용
2. 사회력(사회적 기능, 지원, 활동수준 및 기술, 재정상태, 사회참여 정도 등)에 대한 정보수집
3. 노인에게 서비스를 제공하는 다른 보건, 정신건강 전문가와의 협동
4. 가족부양자가 자신의 신체적·정신적 건강을 유지할 수 있도록 지원
5. 개인과 가족이 슬픔, 상실, 애도의 문제를 인지하고 다룰 수 있도록 지원
6. 노인가족원과 관련하여 위기상황에 있는 가족을 지원
7. 노인 클라이언트가 독립적으로 생활하는 데 영향을 주는 가족, 기관, 지역사회 및 사회적 요인을 파악
8. 노인의 대처능력 향상
9. 클라이언트와 그 가족을 사정하거나 개입할 때 노인학대 여부 점검
10. 노인의 신체건강에 영향을 미치는 심리·사회적 요인 사정
11. 회상, 생애검토, 지지집단, 애도상담 등 공감하고 보살펴 주는 개입의 활동
12. 면접할 때 노인의 감각, 언어, 인식, 제한을 인식하고 있음을 드러냄
13. 정신상태, 과거 혹은 현재의 정신질환, 삶의 만족도, 대처능력, 정서와 영성에 대한 정보수집
14. 주거와 심리·사회적 지원을 통합할 수 있는 서비스 계획 개발
15. 노인이 시설에 입소하거나 퇴소하는 일과 관련된 지원
16. 노인과 가족 혹은 노인에게 중요한 다른 사람의 욕구를 충족해 주고 강점을 살릴 수 있는 세대 간 접근을 포함한 서비스 계획 개발
17. 장애, 만성/급성질환, 영양상태, 감각장애, 약물, ADLs, IADLs 등과 같은 신체상태에 대한 정보수집
18. 부양자가 그 역할을 잘 수행하는 데 필요한 정보 제공
19. 포괄적인 신체·심리적 사정 수행
20. 노인과 그 가족의 기능상태, 인생의 목적, 증상관리, 재정, 사회적 지원을 고려해 현실적으로 측정가능한 목표 설정
21. 노인의 신체, 사회, 인지 변화에 따라 서비스, 보호계획을 주기적으로 평가
22. 노인의 알코올 문제와 약물남용 문제를 사정하고 개입
23. 기관이 노인과 부양자의 욕구를 어느 정도 효과적으로 충족하였는지 평가
24. 노인과 가족의 재정, 주택, 의료, 사회적 욕구에 초점을 둔 장기요양보호 계획 수행
25. 노인의 정신질환과 정신건강 욕구 파악

〈계속〉

26. 정신질환을 진단할 수 있는 DSM-IV와 같은 집단 매뉴얼 활용
27. 유언, 후견 등 노인과 관련된 법적 이슈 확인
28. 심리교육적인 접근 적용
29. 노인의 단기기억, 대처능력, 사회화 패턴 및 행동의 변화, 생활상의 사건과 관련된 기분과 정서의 적
    절성 시정
30. 노인과 취약한 성인에게 알맞은 사정 프로토콜과 개입기술 적용
31. 노인의 치매, 섬망, 우울증 사정
32. 정신건강과 인지장애의 문제에 대한 개입

출처: CSWE (2000).

(3) 노인복지실천 항목

노인복지실천 분야에서 효과적으로 활동하기 위해서는 다음과 같은 전문적 실천
을 위한 항목이 필요하다.

♀ 표 7-3 사회복지사의 전문적 실천 항목

항목
1. 노화, 죽음, 임종에 대한 자신의 생각과 편견에 대한 평가
2. 노화와 관련된 잘못된 믿음을 없애는 자기 스스로의 교육
3. 법적인 면과 안전을 고려하여 노인 스스로 자신의 선택과 결정을 할 권리와 욕구가 있음을 수용, 존중, 인지
4. 노인과 가족의 문화적, 영적, 민족적 욕구와 신념을 존중하여 다룸
5. 클라이언트의 자기결정권, 죽음과 관련된 결정, 가족갈등 등 노인 및 부양자와 일할 때 일반적으로 발생할 수 있는 윤리적 · 전문적 영역의 이슈 파악
6. 자신과 노인 클라이언트의 위험 정도와 안전의 문제 평가
7. 노인 및 가족과 일할 때 아웃리치 기술 사용
8. 노인 클라이언트, 부양자, 다른 전문가 및 지역사회에 서비스를 제공할 때 사회복지사의 역할을 명확히 함
9. 집 혹은 시설 등 거주하는 곳에 따라 노인의 기능상태별 욕구를 다룸
10. 서비스 전달체계에서 전문교육을 받은 사회복지사의 고용과 유치를 옹호
11. 노인에게 서비스를 제공할 때 이론, 연구조사, 정책, 실천의 영역에서 새로운 정보 유지
12. 대중이나 다른 기관 및 직원에게 증가하는 노인인구와 관련된 욕구와 문제에 대해 교육
13. 화가 난, 적의에 찬, 저항하는 노인 및 가족에게 관여하고 중재함
14. 건강, 주택, 고용, 교통의 영역에서 노인차별을 다룰 전략을 개발
15. 노인과 가족부양자에게 서비스 제공을 촉진하고 최대화하기 위해 기관의 정책, 절차, 자원을 창조적으로 사용
16. 서비스 전달체계 내에서 서비스의 단편화와 장애를 다룰 전략 개발

출처: CSWE (2000).

(4) 노인복지 패러다임의 변화에 대한 사회복지사의 대응

노인계층의 변화, 노인의 욕구변화와 사회환경의 변화에 대해 우연하게 대처하기 위한 지식과 기술의 개발 노력이 필요하다. 노인복지실천 현장의 사회복지사는 노인복지실천을 위한 서비스 목표를 설정하고 그에 맞는 노력을 하여야 한다. 노인복지실천 방법 개발에 필요한 여덟 가지 서비스 목표를 제시하면 다음과 같다.

① 노인전문 의료팀(medical provider)과의 연계 강화

노인복지실천 현장의 사회복지사는 노인의료서비스와 프로그램과 관련된 노인보건의료전문가들과의 연계, 협조작업이 필요하다.

② 적절하고 전문적인 사정

노인에게 적절한 의학적·심리학적인 사정과 더불어 개별 또는 집단활동에 참여할 수 있는지를 결정하는 것도 다른 연령대와 마찬가지로 꼭 필요한 일이다. 모든 개인이나 집단에 적용될 수 있는 접수와 사정, 평가, 사후지도, 리더십 훈련에 관한 기준을 세우는 것이 필요하다.

③ 단기치료 기술의 적용

과거의 문제해결 치료방법으로 강조되었던 접근모델은 정신분석모델(프로이트)이었다. 이는 장기적 접근방법으로서, 노인에게는 적절치 않은 접근법이었다. 그에 비해 단기치료가 효율성과 경제적인 측면 때문에 각광을 받고 있으며, 앞으로도 계속 유용하게 사용될 것이다. 따라서 노인복지 현장의 사회복지사는 단기치료모델의 지식과 기술을 습득하고, 적용방법에 대해 결정할 수 있는 전문성을 갖추어야 한다.

단기치료의 핵심 원리는 노인 개인이나 집단에게 매우 적합하다. 장기적 문제에 노출되어 있었던 노인은 위기상황에 장기간 노출되어 있으면 문제해결을 처리할 수 있는 능력이 소진되어 치료에 방해를 받을 수 있다. 단기치료의 특징은 위기개입접근법으로 긍정적인 면에 초점을 두고, 작은 변화에 만족할 수 있도록 하는 것이다. 즉, 위기노인의 문제해결을 위해서 긍정적인 작은 변화를 이끄는 단기개입방법을 적용하는 것이 바람직하다. 단기치료는 보통 2~3개월 이내에 해결하나 집단의 목적이나 형식, 클라이언트의 특성에 따라 다르게 적용할 수 있다.

④ 노인복지서비스 사각지대 노인과 무주택 노인을 위한 프로그램

도시거주 노인 중에서 다양한 이유로 노인복지서비스 사각지대에 놓여 있는 노인집단이 존재할 것이며, 무주택노인을 위한 노인복지서비스가 필요하게 될 것이다. 지역사회 내에서는 보호를 받아야 할 노인계층을 위한 프로그램과 서비스를 개발하여야 한다. 지역사회복지관, 경로당, 노인교실 및 기타 노인시설과 다양한 사회복지 관련 기관에서 만나게 될 노인계층을 위한 개별 · 집단프로그램 개발이 요구된다.

⑤ 노인부부 및 가족관계에 대한 이슈

인간의 수명이 연장되면서 가족관계 및 새로운 가족관계의 유지, 형성이 변화되거나 가능해졌다. 새로운 배우자 및 이성과의 교제 등이 가능해지고 있다. 또한 가족구조의 변화로 가족구성원 역시 변화가 나타났다. 가족의 해체 등으로 노인과 손자녀와의 동거, 노인형제 간의 동거, 비혈연 가족관계 등의 문제는 새로운 가족관계 갈등으로 나타나기도 한다.

노인의 성, 이별과 사별, 이혼과 재혼, 이성교제, 새로운 노인가족구조에 대한 이해를 잘 다룰 수 있는 사회복지사로 준비되어 있어야 한다.

⑥ 노인학대와 가정폭력에 대한 훈련

신체적 · 정신적 · 성적 학대는 현대의 사회문제로 가족이나 개인을 파괴하는 학대가 발생하고 있음에도 우리나라는 이에 대한 법적 대책 마련이 미흡한 것이 현실이다.

노인복지실천 현장의 사회복지사는 노인이 폭력이나 학대에 노출되어 있는지, 피해나 위협을 받고 있는지 판별할 수 있도록 정기적인 교육과 훈련을 받아야 한다.

⑦ 실천가-연구자로서의 기회

사회복지의 지식과 기술은 노인대상자가 실제적으로 참여하는 노인복지실천 현장에서 이루어지고, 노인과 노인집단의 욕구, 문제 등에 대한 방대하고 체계적인 자료와 정보의 수집으로 얻을 수 있다.

　노인복지실천 현장의 사회복지사는 사회복지의 발전을 위한 지식과 기술 계발을 위한 노력을 통해 노인복지발전을 이끌 수 있어야 한다. 이를 위해 실천현장의 자료와 정보를 공유하고, 전문적 지식과 기술로 발전시킬 수 있도록 다양한 방법이 필요하다. 또한 사례 및 연구물, 연구논문 발표 등에 적극적으로 참여하여야 한다.

2. 노인복지시설의 종류

「노인복지법」 제4장 제31조에 의하면 노인복지시설의 종류에는 노인주거복지시설, 노인의료복지시설, 노인여가복지시설, 재가노인복지시설, 노인보호전문기관, 노인일자리지원기관, 학대피해노인전용쉼터 등이 있다.

1) 노인주거복지시설

(1) 종류
- 양로시설: 노인을 입소시켜 급식과 그 밖의 일상생활에 필요한 편의를 제공함을 목적으로 하는 시설
- 노인공동생활가정: 노인에게 가정과 같은 주거여건과 급식, 그 밖에 일상생활에 필요한 편의를 제공함을 목적으로 하는 시설
- 노인복지주택: 노인에게 주거시설을 임대하여 주거의 편의 · 생활지도 · 상담 및 안전관리 등 일상생활에 필요한 편의를 제공함을 목적으로 하는 시설

(2) 노인주거복지시설에 관한 사항
- 입소대상 · 입소절차 · 입소비용 및 임대 등에 관하여 필요한 사항은 보건복지부령으로 정함

- 노인복지주택의 설치·관리 및 공급 등에 관하여 이 법에서 규정된 사항을 제외하고는 「주택법」의 관련 규정을 준용

(3) 노인주거복지시설의 설치

- 국가 또한 지방자치단체는 노인주거복지시설을 설치할 수 있다.
- 국가 및 지방자치단체 외의 자가 노인주거복지시설을 설치하고자 하는 경우에는 특별자치도지사·시장·군수·구청장(이하 '시장·군수·구청장'이라 한다)에게 신고하여야 한다.
- 노인주거복지시설의 시설, 인력 및 운영에 관한 기준과 설치신고, 설치·운영자가 준수하여야 할 사항, 그 밖에 필요한 사항은 보건복지부령으로 정한다.

2) 노인의료복지시설

(1) 종류

- **노인요양시설**: 치매·중풍 등 노인성 질환 등으로 심신에 상당한 장애가 발생하여 도움이 필요한 노인을 입소시켜 금식·요양과 그 밖에 일상생활에 필요한 편의를 제공하는 시설
- **노인요양공동생활가정**: 치매·중풍 등 노인성 질환 등으로 심신에 상당한 장애가 발생하여 도움을 필요로 하는 노인에게 가정과 같은 주거여건과 급식·요양, 그 밖에 일상생활에 필요한 편의를 제공하는 시설

(2) 노인의료복지시설에 관한 사항

입소대상·입소비용 및 입소절차의 설치·운영자의 준수사항 등에 관하여 필요한 사항은 보건복지부령으로 정한다.

(3) 노인의료복지시설의 설치

- 국가 또는 지방자치단체는 노인의료복지시설을 설치할 수 있다.

- 국가 또한 지방자치단체 외의 자가 노인의료복지시설을 설치하고자 하는 경우에는 시장·군수·구청장에게 신고하여야 한다.
- 노인의료복지시설의 시설, 인력 및 운영에 관한 기준과 설치신고 및 설치허가 등에 관하여 필요한 사항은 보건복지부령으로 정한다.

3) 노인여가복지시설

(1) 종류

- 노인복지관: 노인의 교양, 취미생활 및 사회참여활동 등에 대한 각종 정보와 서비스를 제공하고, 건강증진 및 질병예방과 소득보장·재가복지, 그 밖에 노인의 복지증진에 필요한 서비스를 제공함을 목적으로 하는 시설
- 경로당: 지역 노인들이 자율적으로 친목도모·취미활동·공동작업장 운영 및 각종 정보교환과 기타 여가활동을 할 수 있도록 하는 장소를 제공함을 목적으로 하는 시설
- 노인교실: 노인에 대하여 사회활동 참여욕구를 충족시키기 위하여 건전한 취미생활, 노인건강 유지, 소득보장, 기타 일상생활과 관련한 학습프로그램을 제공함을 목적으로 하는 시설
- 노인여가복지시설의 이용대상 및 이용절차 등에 관하여 필요한 사항은 보건복지부령으로 정한다.

(2) 노인여가복지시설의 설치

- 국가 또는 지방자치단체는 노인여가복지시설을 설치할 수 있다.
- 국가 또는 지방자치단체 외의 자가 노인여가복지시설을 설치하고자 하는 경우에는 시장·군수·구청장에게 신고하여야 한다.
- 국가 또는 지방자치단체는 경로당의 활성화를 위하여 지역별·직능별 특성을 갖춘 표준 모델 및 프로그램을 개발, 보급하여야 한다.

- 노인여가복지시설의 시설, 인력 및 운영에 관한 기준과 설치신고 등에 관하여 필요한 사항은 보건복지부령으로 정한다.

4) 재가노인복지시설

(1) 종류

- 방문요양서비스: 가정에서 일상생활을 영위하고 있는 노인(이하 '재가노인'이라 한 다)으로서 신체적 · 정신적 장애로 어려움을 겪고 있는 노인에게 필요한 각종 편의를 제공하여 지역사회 안에서 건전하고 안정된 노후를 영위하도록 하는 서 비스
- 주 · 야간보호서비스: 부득이한 사유로 가족의 보호를 받을 수 없는 심신이 허약 한 노인과 장애노인을 주간 또는 야간 동안 보호시설에 입소시켜 필요한 각종 편의를 제공하여 이들의 생활안정과 심신기능의 유지, 향상을 도모하고, 그 가 족의 신체적 · 정신적 부담을 덜어 주기 위한 서비스
- 단기보호서비스: 부득이한 사유로 가족의 보호를 받을 수 없어 일시적으로 보호 가 필요한 심신이 허약한 노인과 장애노인을 보호시설에 단기간 입소시켜 보호 함으로써 노인 및 노인가정의 복지증진을 도모하기 위한 서비스
- 방문목욕서비스: 목욕장비를 갖추고 재가노인을 방문하여 목욕을 제공하는 서 비스
- 그 밖의 서비스: 그 밖에 재가노인에게 제공하는 서비스로서 보건복지부령이 정 하는 서비스
- 재가노인복지시설의 이용대상과 비용부담 및 이용절차 등에 관하여 필요한 사 항은 보건복지부령으로 정한다.

(2) 재가노인복지시설의 설치

- 국가 또는 지방자치단체는 재가노인복지시설을 설치할 수 있다.
- 국가 또는 지방자치단체 외의 자가 재가노인복지시설을 설치하고 하는 경우에

는 시장·군수·구청장에게 신고하여야 한다.

- 재가노인복지시설의 시설, 인력 및 운영에 관한 기준과 설치신고 등에 관하여 필요한 사항은 보건복지부령으로 정한다.

5) 노인보호전문기관의 설치

(1) 중앙노인보호전문기관의 설치운영

지역 간의 연계체계를 구축하고 노인학대를 예방하기 위해서 다음 각 호의 업무를 담당한다.

- 노인인권 보호 관련 정책 제안
- 노인인권보호를 위한 연구 및 프로그램의 개발
- 노인학대 예방의 홍보, 교육자료의 제작 및 보급
- 노인보호전문사업 관련 실적 취합, 관리 및 대외자료 제공
- 지역노인보호전문기관의 관리 및 업무지원
- 지역노인보호전문기관 상담원의 심화교육
- 관련 기관 협력체계의 구축 및 교류
- 노인학대 분쟁사례 조정을 위한 중앙노인학대사례판정위원회 운영
- 그 밖에 노인의 보호를 위하여 대통령령으로 정하는 사항

(2) 지역노인보호전문기관

학대받는 노인의 발견, 보호, 치료 등을 신속히 처리하고 노인학대를 예방하기 위하여 특별시·광역시·도·특별자치도에 설치한다.

- 노인학대 신고전화의 운영 및 사례접수
- 노인학대 의심사례에 대한 현장조사
- 피해노인 및 노인학대자에 대한 상담

- 피해노인가족 관련자의 관련 기관에 대한 상담
- 상담 및 서비스 제공에 따른 기록과 보관
- 일반인을 대상으로 한 노인학대 예방교육
- 노인학대 행위자를 대상으로 한 재발방지교육
- 노인학대사례 판정을 위한 지역노인학대사례판정위원회 운영 및 자체사례회의 운영
- 그 밖에 노인의 보호를 위하여 보건복지부령으로 정하는 사항
- 보건복지부 장관 및 시·도지사는 노인학대예방사업을 목적으로 하는 비영리 법인을 지정하여 중앙노인보호전문기관과 지역노인보호전문기관의 운영을 위탁할 수 있다.
- 중앙노인보호전문기관과 지역노인보호전문기관의 설치기준과 운영, 상담원의 자격과 배치기준 및 제3항에 따른 위탁기관의 지정 등에 필요한 사항은 대통령령으로 정한다.

6) 노인일자리전담기관의 설치 및 운영

- 「노인복지법」 제23조의 2 제2항의 규정에 의하여 보건복지부 장관은 중앙노인일자리전담기관을, 지방자치단체의 장은 지역노인일자리전담기관을 설치·운영할 수 있다.

(1) 중앙노인일자리전담기관의 업무
- 노인일자리의 개발 및 보급
- 노인일자리사업 종사자의 교육훈련
- 노인일자리에 관한 조사 및 연구
- 노인일자리 종합정보시스템 및 노인인력 데이터베이스의 구축·운영
- 지역노인일자리전담기관에 대한 지원 및 평가

- 그 밖에 보건복지부 장관이 노인일자리사업에 관하여 위탁한 사항

(2) 지역노인일자리전담기관의 업무

- 지역 특성에 적합한 노인일자리의 개발 및 보급
- 노인일자리사업에 참여하는 노인의 교육훈련
- 노인일자리 및 참여자의 사후관리
- 노인인력 데이터베이스의 구축지원
- 그 밖의 지방자치단체의 장이 노인일자리사업에 관하여 위탁한 사항

(3) 노인일자리전담기관의 운영에 관하여 필요한 세부사항은 보건복지부 장관이 정한다.

(4) 노인일자리전담기관의 운영위탁

- 보건복지부 장관 및 지방자치단체의 장은 노인일자리전담기관 운영의 전부 또는 일부를 노인일자리사업을 실시한 경험이 있고 노인일자리 관련 전담인력 등을 갖춘 법인·단체에 위탁할 수 있다(「노인복지법」 제23조의 2의 규정).
- 노인일자리전담기관의 운영위탁 등에 관하여 필요한 세부사항은 보건복지부 장관이 정한다.

7) 학대피해노인 전용쉼터

「노인복지법」 제39조의 19에 의하면, 국가와 지방자치단체는 학대로 피해를 입은 노인을 일정기간 보호하고 심신 치유 프로그램을 제공하기 위하여 학대피해노인 전용 쉼터를 설치, 운영할 수 있다.

(1) 쉼터의 주요업무

- 학대피해노인의 보호와 숙식제공 등의 쉼터생활 지원

- 학대피해노인의 심리적 안정을 위한 전문심리상담 등 치유프로그램 제공
- 노인학대행위자에 대한 고소·고발 등 법률적 사항의 자문을 위한 대한변호사협회, 지방변호사회 또는 「법률구조법」에 따른 법률구조법인 등에 대한 협조 및 지원 요청
- 학대피해노인에게 학대로 인한 신체적, 정신적 치료를 위한 기본적인 의료비 지원
- 학대 재발 방지와 원가정 회복을 위하여 노인학대행위자 등에게 전문상담서비스 제공
- 그 밖에 쉼터에 입소하거나 쉼터를 이용하는 학대피해노인을 위하여 보건복지부령으로 정하는 사항

(2) 설치와 운영

- 국가와 지방자치단체는 쉼터의 운영업무를 노인보호전문기관에 위탁할 수 있으며, 위탁에 소요되는 비용을 지원할 수 있다.
- 쉼터 운영의 위탁과 위탁비용 지원에 관한 사항은 대통령령으로 정한다.
- 쉼터의 설치기준, 운영 및 인력에 관한 사항과 쉼터의 입소, 이용 대상, 기간 및 절차 등에 관한 사항은 보건복지부령으로 정한다.

💡 **표 7-4 노인시설의 유형 및 서비스 제공**(「노인복지법」 제31조)

종류	시설	설치목적	입소(이용)대상자	설치
노인주거 복지시설	양로시설	노인을 입소시켜 급식과 그 밖에 일상생활에 필요한 편의를 제공	• 다음 각 호의 어느 하나에 해당하는 자로서 일상생활에 지장이 없는 자 가. 「국민기초생활보장법」 제2조에 따른 수급권자(이하 "기초수급권자"라 한다)로서 65세 이상의 자 나. 부양의무자로부터 적절한 부양을 받지 못하는 65세 이상의 자 다. 본인 및 본인과 생계를 같이하고 있는 부양의무자의 월소득을 합산한 금액을 가구원 수로 나누어 얻은 1인당 월평균 소득액이 통계청장이 「통계법」 제17조 제3항에 따라 고시하는 전년도의 도시근로자 가구 월평균 소득을 전년도의 평균 가구원 수로 나누어 얻은 1인당 월평균 소득액 이하인 자(이하 '실비보호대상자'라 한다)로서 65세 이상의 자 라. 입소자로부터 입소비용의 전부를 수납하여 운영하는 양로시설 또는 노인공동생활가정의 단독취사 등 독립된 주거생활을 하는 데 지장이 없는 60세 이상의 자	시장 · 군수 · 구청장에 신고
	노인공동 생활가정	노인들에게 가정과 같은 주거여건과 급식, 그 밖에 일상생활에 필요한 편의를 제공		
	노인 복지주택	노인에게 주거시설을 분양 또는 임대하여 주거의 편의 · 생활지도 · 상담 및 안전관리 등 일상생활에 필요한 편의를 제공	단독취사 등 독립된 주거생활을 하는 데 지장이 없는 60세 이상의 자	

〈계속〉

노인의료 복지시설	노인요양 시설	치매·중풍 등 노인성 질환 등으로 심신에 상당한 장애가 발생하여 도움을 필요로 하는 노인을 입소시켜 급식·요양과 그 밖에 일상생활에 필요한 편의를 제공	• 노인성 질환 등으로 다음 각 호의 어느 하나에 해당하는 자 가.「노인장기요양보험법」제15조에 따른 장기요양급여 수급자 나. 기초수급권자로서 65세 이상의 자 다. 부양의무자로부터 적절한 부양을 받지 못하는 65세 이상의 자 라. 입소자로부터 입소비용의 전부를 수납하여 운영하는 노인요양시설 또는 노인요양공동생활가정의 자
	노인요양 공동생활 가정	치매·중풍 등 노인성 질환 등으로 심신에 상당한 장애가 발생하여 도움을 필요로 하는 노인에게 가정과 같은 주거여건과 급식·요양, 그 밖에 일상생활에 필요한 편의를 제공	
노인여가 복지시설	노인 복지관	노인의 교육·취미생활 및 사회참여활동 등에 대한 각종 정보와 서비스를 제공하고, 건강증진 및 질병예방과 소득보장·재가복지, 그 밖에 노인의 복지증진에 필요한 서비스를 제공	60세 이상의 자
	경로당	지역노인들이 자율적으로 친목도모·취미활동·공동작업장 운영 및 각종 정보교환과 기타 여가활동을 할 수 있도록 하는 장소를 제공	60세 이상의 자
	노인교실	노인들에 대하여 사회활동 참여욕구를 충족시키기 위하여 건전한 취미생활·노인건강유지·소득보장, 기타 일상생활과 관련한 학습 프로그램을 제공	60세 이상의 자

〈계속〉

재가노인 복지시설	방문요양 서비스	가정에서 일상생활을 영위하고 있는 노인으로서 신체적·정신적 장애로 어려움을 겪고 있는 노인에게 필요한 각종 편의를 제공하여 지역사회 안에서 건전하고 안정된 노후를 영위하도록하는 서비스	• 장기요양수급자나 심신이 허약하거나 장애가 있는 65세 이상의 자(이용자로부터 이용 비용의 전부를 수납받아 운영하는 시설의 경우에는 60세 이상의 자로 한다)로서 다음 각 호에 해당하는 자 가. 방문요양서비스: 가정에서 보호가 필요한 자 나. 주·야간보호서비스: 주간 또는 야간 동안의 보호가 필요한 자 다. 단기보호서비스: 단기간의 보호가 필요한 자 라. 방문목욕서비스: 가정에서의 목욕이 필요한 자	시장·군수·구청장에 신고
	주·야간 보호 서비스	부득이한 사유로 가족의 보호를 받을 수 없는 심신이 허약한 노인과 장애노인을 주간 또는 야간 동안 보호시설에 입소시켜 필요한 각종 편의를 제공하여 이들의 생활안정과 심신기능의 유지·향상을 도모하고, 그 가족의 신체적·정신적 부담을 덜어 주기 위한 서비스		
	단기보호 서비스	부득이한 사유로 가족의 보호를 받을 수 없어 일시적으로 보호가 필요한 심신이 허약한 노인과 장애노인을 보호시설에 단기간 입소시켜 보호함으로써 노인 및 노인가정의 복지증진을 도모하기 위한 서비스		
	방문목욕 서비스	목욕장비를 갖추고 재가노인을 방문하여 목욕을 제공하는 서비스		
노인보호 전문기관	중앙노인보호 전문기관	지역 간의 연계체계를 구축하고 노인학대를 예방하기 위하여 학대받는 노인의 발견·보호·치료 등을 신속히 처리하고 노인학대의 예방		보건복지부, 시·도 지사의 위탁운영
	지역노인보호 전문기관		학대받는 노인과 그 가족	

〈계속〉

노인일자리 전담기관	중앙노인 일자리 전담기관	노인일자리의 개발 및 보급	일자리참여노인	
	지역노인 일자리 전담기관	지역 특성에 적합한 노인일자리의 개발 및 보급		
학대피해노인 전용쉼터		학대피해노인의 보호와 치유	학대피해노인	

3. 노인재가복지서비스

1) 노인재가복지의 이해

재가서비스의 기본 이념은 정상화(normalization) 사상에 근거를 두고 있다. '정상화'란 인간에게 어떤 질병이나 장애가 있든 간에 자신이 살아온 지역에서 함께 살 수 있는 사회의 실현이다. 보호가 필요한 약자를 그 지역사회에서 멀리 격리하고 강자만의 지역사회를 구성하여 생활하는 것은 비정상적인 사회이다. 이러한 이념은 시민의 적극적인 연대와 공생 사상을 발로케 하며, 시민의 자원적 활동이나 주민의 적극적 참여를 통한 폭넓은 관여를 수반케 한다.

이러한 이념에 입각한 재가복지사업은 본인 또는 당사자의 의사에 기반을 두어야 하며, 지역사회 내에서 생활하면서 그들의 다양한 욕구를 지역사회 주민의 공동적 협동과 사회제도나 자원의 활용을 통해 수행할 수 있는 조직적 원조활동이다.

2) 재가복지서비스의 개념

재가복지는 좁은 의미에서 시설보호와 대비되는 개념으로 사용되고 있으나, 넓게는 가정에서 생활하고 있는 노인을 위한 제반 사회서비스를 말한다. 우리나라에서의 재가서비스는 시설보호에 대비되는 개념으로 사용되는 경향이 있으며, 장애노인, 허약노인, 질병노인을 보호 또는 수발하는 서비스에 한정하는 경향이 있다.

재가복지라는 말은 1980년대 중반부터 비공식적으로 사용되기 시작하였지만, 공식적으로는 1993년에 개정된 「노인복지법」에 재가노인복지사업이 규정되면서 재가노인복지사업이라는 말을 사용한 것과 정부에서 1992년부터 사회복지관 부설의 재가복지봉사센터 사업을 지원한 데서 비롯되었다고 볼 수 있다. 그리고 1997년에 「노인복지법」을 개정하면서 노인복지시설을 네 가지로 분류하고 재가노인복지시설을 그중 하나로 사용하면서 재가복지는 시설복지에 대응하는 공식 용어로 자리를 잡게 된 것으로 보인다.

재가라는 말은 가정에서 생활하는 것을 말하고, 재가노인은 가정에서 생활하는 노인을 말하기 때문에 재가노인복지는 가정에서 생활하는 사람을 위한 서비스를 말하는 것으로 해석되기도 한다. 따라서 재가복지 또는 재가노인복지는 가정에서 생활하고 있는 노인을 위한 제반 서비스로서 사회서비스는 물론 소득보장, 의료보장, 주거보장까지 포함하는 것으로 보는 경우도 있다. 우리나라에서 사용되는 재가복지 또는 재가노인복지의 경우 가정보호(home care)와 지역사회보호(community care)를 포함하는 것으로 이해하는 것이 바람직하다.

3) 재가복지서비스의 필요성

불우 노인을 위한 서비스는 시설서비스 위주였지만 탈시설화의 개념이 점차 중시되면서 서비스가 가정 내에서 이루어져야 한다는 주장이 강하게 제기되고 있다. 이는 다음과 같은 주장에 근거한다.

첫째, 노인의 시설에 대한 부정적인 감정이나 태도를 들 수 있다. 대부분의 노인은 자기 집에서 노후를 보내기를 원하는데, 이것은 자신만의 안식처를 갈망하는 인간 본연의 욕구이다.

둘째, 노령인구의 증가로 원조대상도 증대되고 있다. 또한 서비스를 제공해야 할 사람이 더 많이 필요하며, 핵가족화로 가족 자체의 힘만으로는 부족하므로 간접적인 사회적 지원 프로그램이나 서비스가 요구된다.

셋째, 노령인구의 증가로 독거노인이나 거동이 불편한 노인 모두에게 시설서비스를 제공한다는 것은 불가능한 일이다.

끝으로, 시설서비스는 이론적으로는 바람직한 제도이지만 운영 면에서 많은 제약과 결함이 있어 재가보호의 필요성이 강조되고 있다.

이와 같이 인간 본연의 욕구, 노령인구의 증대, 가족기능의 사회화, 경제발전에 따른 서비스의 확대 및 시설보호의 한계성 등이 노인복지 프로그램에서 재가서비스의 활성화를 절실히 요청하고 있다.

4) 한국 재가복지서비스의 현황

우리나라의 재가노인복지서비스는 보건복지사업안내에서 제시하는 재가노인복지시설과 노인돌봄 및 지원서비스를 중심으로 살펴보기로 한다.

(1) 재가노인복지서비스와 재가노인복지시설

1980년 중반 이후 시설보호 중심에서 재가노인에 대한 보호와 지원 전환의 필요성을 인식하기 시작하였다. 1987년 한국노인복지회에서 최초로 가정봉사원 파견사업의 시범실시로 재가노인복지서비스가 시작되었다. 1989년 1차 「노인복지법」 개정 시 "가정봉사사업" "재가노인"이라는 용어가 등장하게 되었다. 노인에 대한 시설보호 중심에서 가정에 있는 노인에 대한 보호와 지원으로 전환할 필요성을 인식하고 가정봉사원파견사업 실시를 시작으로 1992년부터 주간보호사업 및 단기보호사업 등 여러 가지 재가노인복지서비스를 제공하였다. 1992년 정부는 사회복지관에 재가복지봉사센터를 설치하고 지역사회에 거주하는 재가노인들에게 사례관리와 서비스를 제공하게 되었다. 특히 1993년 「노인복지법」 개정 시 "재가노인복지"라는 용어가 명문화되었다. 1997년에는 재가노인복지시설을 규정하기에 이른다. 그 이후 노인장기요양보험제도 실시에 즈음한 2008년 '재가노인복지시설'로 사업명을 변경한 후 주·야간보호서비스, 단기보호서비스, 방문목욕서비스로 서비스 명칭이 변경되었고, 서비스 대상도 장기요양등급 환자를 중심으로 전개되었다. 2010년에는 재가노인지원서비스가 신설되었으며, 2016년에는 재가노인복지시설이 제공할 수 있는 서비스에 방문간호 서비스를 추가하였다.

특히 재가노인지원서비스는 별도로 재가노인지원서비스센터를 설치하여 예방적 복지와 안전망 구축을 실현하기 위해 영역별 계획을 수립하고, 프로그램 안에서 다양한 서비스를 개발하여 제공하며, 긴급지원사업은 장기요양서비스와 노인돌봄서비스 여부와 관계없이 제공하게 되었다.

이 긴급지원사업은 지역조직망, 전산기기 등을 활용하여 긴급상황을 신속하게 파악할 수 있는 시스템을 구축하여 활용하는 것으로, 특히 위기 독거노인을 대상으로 많은 성과를 내고 있다. 또한 재가노인지원서비스는 지역협의체 구성 및 사례관리를 통하여 서비스의 중복을 방지하고 요구서비스의 즉각 지원을 도모하는 사업이다.

장기요양기관의 서비스 내용 등은 제5장을 참조하기 바란다.

(2) 재가노인복지시설의 종류
- 방문요양서비스
- 주야간보호서비스
- 단기보호서비스
- 방문목욕서비스
- 재가노인지원서비스
- 방문간호서비스
- 복지용구지원서비스

(3) 이용 대상
- 장기요양급여수급자
- 장기요양급여수급자 이외의 자 중 기초수급권자 및 부양의무자로부터 적절한 부양을 받지 못하는 자로서 혼자서 일상생활을 수행하기 어려워 재가서비스의 제공이 필요한 자
  - 노인보호전문기관에서 학대피해노인으로 입소의뢰를 받은 노인 포함

● 노인장기요양보험제도 실시 이전(2008년 7월)에 국가 및 지방자치단체로부터 운영비를 지원받는 시설을 이용하고 있는 장기요양급여수급자 이외의 자 중 "기초수급권자" 및 "실비이용자"

5) 노인돌봄 및 지원서비스

(1) 노인맞춤돌봄서비스
① 추진경과 및 현황

「노인복지법」 제27조의 2에 의하면, 홀로사는 노인에 대한 국가의 보호조치를 명확하게 있다. 즉, 홀로 사는 노인에 대하여 방문요양과 돌봄 등의 서비스와 안전확인 등의 보호조치를 취하여야 한다고 명시하고 있으며, 홀로 사는 노인에 대한 돌봄과 관련한 사업 수행을 위해 독거노인종합지원센터를 설치·운영 할수 있음을 명문화하고 있다(동법 제27조의 3).

2007년~2019년까지 노인돌봄과 관련된 다양한 사업을 시행하여 생활지원사들이 독거노인의 안부확인 및 자원을 연계해 오고 있었다. 각 지방자치단체별로 유사사업과 중복사업, 분절된 사업운영으로 인한 서비스 질 제고에 대한 많은 논의가 있었으며, 돌봄기본서비스, 독거노인친구만들기, 돌봄종합서비스와 장기요양사업을 체계적이고 통합적으로 관리하고자 2020년부터 노인맞춤돌봄서비스가 시행되고 있다.

정부는 독거노인이 급속히 증가할 것을 예상하고, 특히 85세 이상의 후기고령노인의 증가에 대한 대책으로 노인맞춤돌봄서비스의 필요성을 언급하고 있다. 돌봄이 필요한 독거노인과 후기고령노인의 급속한 증가는 「노인복지법」에서 명시하고 있는 홀로 사는 노인에 대한 국가의 보호조치 의무를 다하기 위한 노인복지서비스로서 "노인맞춤돌봄서비스"가 시행되고 있다.

노인이 장기간 거주해 오던 지역사회에 거주하도록 돕는 노인맞춤돌봄서비스는 건강한 노년을 지원하고, 장기요양서비스의 이용이나 요양병원 입원 등의 고비용 의료비용의 진입을 예방하기 위한 예방적 돌봄강화를 위한 사업이다.

보건복지부의 추진방향(2023 보건복지사업안내 II)을 보면, 욕구중심 맞춤형 서비스 제공 및 서비스 다양화와 민간복지전달체계의 공공성과 책임성을 강화하고자 한다. 특히 노인맞춤돌봄서비스의 특징으로 기존의 사업통합을 통해 서비스 다양화, 참여형 서비스, 개인별 맞춤형 서비스 제공, ICT 기술을 활용한 첨단 서비스 도입, 생활권역별 수행기관 책임운영, 은둔형·우울형 노인에 대한 특화서비스 확대를 강조하고 있다.

② 서비스 대상 및 절차

일상생활 영위에 취약한 노인들에게 적절한 돌봄서비스를 제공하기 위한 서비스 대상은 만 65세 이상의 국민기초생활수급자, 차상위계층, 기초연금 수급자이다. 단, 이들은 유사 중복사업 자격에 해당되지 않아야 한다.

- 독거·조손·고령부부 가구 노인 등 돌봄이 필요한 노인
- 신체적 기능 저하, 정신적 어려움(인지저하, 우울감 등) 등으로 돌봄이 필요한 노인
- 고독사 및 자살위험이 높은 노인

서비스 대상은 중점돌봄군, 일반돌봄군, 특화서비스대상과 사후관리 대상으로 구분하고, 중점돌봄군은 신체적인 기능제한으로 일상생활 지원이 필요한 대상자로 월 16시간 이상 40시간 미만의 직접적인 서비스와 주기적인 가사지원서비스 제공이 가능하다. 일반돌봄군은 사회적 관계 단절과 일상생활의 어려움으로 돌봄 필요가 있는 대상자로 월 16시간 미만의 직접서비스가 제공되나, 주기적인 가사지원 서비스 제공은 불가능하다. 특화서비스대상은 사회관계단절, 우울증 등으로 집중적인 서비스가 필요한 대상을 말하며, 중점돌봄군과 일반돌봄군으로 종결자 중 사후관리가 필요한 자는 사후관리 대상으로 관리한다.

③ 서비스내용

방문형, 통원형 등의 직접 서비스 및 연계 서비스를 제공한다. 개인별 조사 및 상담을 통해 서비스 제공계획을 수립하고, 돌봄욕구와 필요정도에 따라 서비스 내용,

제공시간, 제공주기 등을 결정한다. 직접서비스에는 안전지원, 사회참여, 생활교육, 일상생활지원 등이 있고, 연계서비스는 지역사회 자원 발굴을 통한 사회복지서비스가 있다.

특화서비스란 고립, 우울, 자살생각 등이 높은 노인을 대상으로 개별 맞춤형 사례관리 및 집단활동프로그램을 제공하는 것이다. 특히 우울증 진단과 투약을 지원하는 서비스와 다양한 사회참여활동 프로그램을 진행한다.

(2) 독거노인 · 장애인 응급안전안심서비스

독거노인과 장애인의 가정에 화재탐지기, 응급호출기 등 가정 내에 장비를 설치하여 화재사고 등의 응급상황 발생 시 신속하게 대처할 수 있도록 119에 신고하는 체계를 구축하는 사업이다. 사업대상자 중 독거노인의 경우에는 노인맞춤돌봄서비스 대상자 중 상시적 안전확인이 필요한 대상자를 추천하고 발굴하게 된다. 서비스 체계는 [그림 7-2]와 같다.

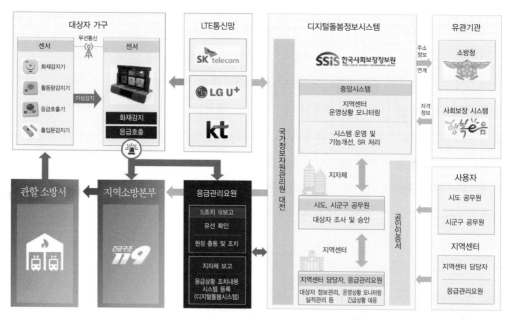

🏠 그림 7-2 **응급안전안심운영 서비스 체계도**

대상자 가정의 장비가 응급호출, 화재감지 등 응급상황 발생 시 게이트웨이에서 119안심콜 시스템을 통해 소방서로 자동 신고(게이트웨이 → 소방서)되고, 응급상황 정보, 활동량 데이터, 장비작동 및 상태 정보 등은 응급안전안심운영시스템(게이트웨이 → 응급안전안심운영시스템)으로 전송된다. 소방서에 응급신고가 접수되면 응급출동을 지원하고, 화재진화 등 구조 및 구급활동이 진행된다. 응급안전안심운영시스템 지역센터는 응급안전안심서비스 모니터링을 하고 이상징후 발견 또는 응급상황이 발생하면 응급관리 요원이 대상 가구를 방문하여 필요한 서비스를 연계하거나 조치하게 된다.

6) 노인여가복지시설의 현황

(1) 노인복지관

무료 또는 저렴한 요금으로 노인에 대하여 각종 상담에 응하며, 건강증진, 교양, 오락, 기타 노인의 복지증진에 필요한 편의를 제공함을 목적으로 하는 시설이다. 2008년 1월부터 개정된 「노인복지법」 제36조에 의거하여 기존 노인복지관 및 노인복지회관에 대해 노인복지관으로 명칭을 통일하도록 하였다. 보건복지부와 지방자치단체에서는 2007년 1월부터 노인복지사업 활성화 차원에서 다양한 사업을 신규로 추진하고자 하였는데, 시 · 군 · 구에서는 노인복지관, 종합사회복지관 등에서 독거노인생활지도파견사업과 노인자원봉사활성화사업 등의 신규사업을 적극적으로 추진할 수 있도록 상호 협의할 것을 중점 추진 방향으로 계획하였다. 또한 노인복지관이 없는 시 · 군 · 구는 노인복지관을 건립할 수 있도록(시 · 군 · 구당 1개소 이상 건립될 수 있도록 점진적 확충계획을 수립 · 시행) 하였다.

낮은 지방재정 자립도 등의 이유로 그 필요성에도 불구하고 노인복지관을 설치하지 못하고 있는 시 · 군 · 구의 경우 복지관 분관을 설치할 수 있도록 하였다. 분관은 신축 또는 임대하여 설치할 수 있으며, 반드시 노인복지관 및 분관은 〈표 7-5〉에서 제시한 시설기준(최소 기준)을 갖추어 운영에 차질이 없도록 해야 하는 규정을 담고 있다.

🎗 표 7-5 시설기준

구분 시설별	사무실	식당 및 조리실	상담실 또는 면회실	집회실 또는 강당	오락실	화장실	물리 치료실	비상재해 대비시설	거실 또는 휴게실
노인복지관	1	1	1	1	1	1	1	1	1
노인복지관 분관	1	-	1	1	1	1	-	-	1

　　노인복지관은 지역사회 노인복지사업의 구심적 조직으로 위상을 강화하고, 다양한 노인복지 욕구에 대응하는 종합서비스를 제공한다. 또한 노인복지관 이용자가 특정 계층으로 편중되는 것을 지양하고 저소득층 노인의 이용을 확대할 수 있도록 프로그램에 대한 보완 및 개발을 해야 하며, 전문성, 지역성, 중립성, 책임성을 견지하고 자율적인 운영기반을 확립한다. 이러한 노인복지관의 주요 사업내용은 제12장에서 자세하게 다룬다.

(2) 경로당

　　경로당은 지역노인이 자율적으로 친목을 도모하며 취미활동을 하고, 공동작업장을 운영하며 각종 정보교환과 기타 여가활동을 할 수 있는 장소를 제공함을 목적으로 하는 시설로, 지역의 노인복지정보센터로서 기능혁신을 꾀하고 있다. 또한 건강관리 · 운동 · 교육 · 여가 · 자원봉사 등의 다양한 프로그램을 제공하여 노인이 가장 손쉽게 접근할 수 있는 다기능 공간으로 전환하고, 프로그램 조정 · 지원을 담당하는 경로당 순회프로그램 관리자 배치를 확대하며, 독거노인 생활교육 실시장소로 활용하여 지역사회 독거노인 보호기능을 수행한다. 최근에는 지역사회서비스 혁신사업과 연계하여 경로당에 운동 · 건강관리 · 교육 · 문화활동 등을 위한 프로그램 바우처를 지급하여 경로당 운영형태의 변화를 촉진하고 있다. 이러한 경로당 운영체계는 [그림 7-3]을 참조한다.

　　경로당 활성화를 위해서 먼저 경로당 운영프로그램 현황을 조사하는데, 효율적 조사를 위해 매 분기별 경로당 정산보고 시 경로당에서 운영 중인 프로그램을 첨가하

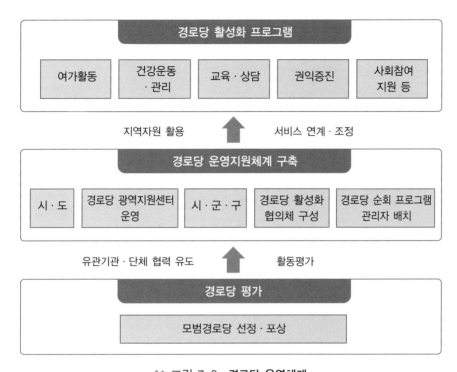

⌂ 그림 7-3 **경로당 운영체계**

출처: 보건복지부(2023b).

여 시 · 군 · 구에 보고하도록 조치한다. 또한 경로당 순회프로그램 관리자가 경로당
프로그램 현황정리 및 현장조사를 통해 확인 실시하고, 경로당 운영프로그램 현황조
사를 토대로 운영프로그램이 미흡한 경로당을 선정하여 노인복지관 프로그램 연계,
자원봉사활동, 공동작업장 운영 등 각종 프로그램을 지원한다. 지원되는 프로그램의
내용은 〈표 7-6〉과 같다.

　지역 노인복지 증진을 위한 경로당의 공공적 역할강화를 위하여 독거노인 생활교
육 장소로 경로당을 활용하고, 노인공동생활에 경로당 시설을 활용한다. 경로당에서
지역 내 독거노인을 대상으로 1회 2시간 건강 · 영양관리 및 간단한 신체기능 유지
프로그램 등 교육을 실시하여 생활교육 장소로 경로당을 활용하고, 농어촌의 경우
경로당을 노인공동생활 공간으로 활용함으로써 경로당의 공공적인 역할을 강화하도
록 하고 있다.

표 7-6 활성화 프로그램 분야

분야	내용	비고
자원봉사 활동	경로당 이용 노인을 중심으로 지역사회 청소 및 재활용품 수집, 청소년 안전지킴이 등의 봉사활동 수행	
공동작업장 운영	경로당을 중심으로 노인들이 지역 특성에 맞는 일거리를 확보하여 공동으로 생산 활동에 참여	
정보통신 교육	정보통신 교육을 실시함으로써 정보격차 해소는 물론 노인의 건전한 여가 선용 기회 제공	
레크리에이션 활동	노래교실 등 각종 레크리에이션 활동	
건강운동 활성화	노인들의 신체적 · 정서적 건강 유지 및 증진을 위한 건강 운동 프로그램 지원	전체 경로당에 치매 예방 수칙 및 치매 예방 체조 보급
노인복지관 연계 프로그램 운영	노인복지관을 경로당과 연계하여 경로당 이용 노인들에게 필요한 건강관리, 사회활동서비스, 교양 · 오락프로그램, 경로당 개 · 보수 등 환경개선 사업 등을 수행	
기타	지역 특성에 알맞는 각종 활동	

출처: 보건복지부(2017).

전국 6만 8천여 개의 경로당을 활용하여 학대피해노인을 발굴 · 신고하는 지역사회 학대예방 체계를 구축하여 노인학대예방과 신고에 적극적으로 대응하고자 한다.

(3) 노인교실

노인들의 사회활동 참여욕구를 충족시키기 위하여 건전한 취미생활, 노인 건강유지, 소득보장 및 기타 일상생활과 관련한 학습프로그램을 제공하는 사업이다. 60세 이상인 자가 대상이며, 주 1회 이상 교육이 실시되어야 한다. 국가나 지방자치단체 이외의 자가 노인교실을 설치 · 운영하고자 할 때에는 '노인여가복지시설설치신고서'를 작성 · 제출하고, 운영기준과 운영규정을 마련하여 운영하여야 한다.

토론해 볼 문제

1. 노인복지실천의 의미에 대해서 설명해 보세요.

2. 노인복지실천의 3요소에 대해 설명하고 각각의 요소에 포함되어야 할 것에 대해 설명해 보세요.

3. 노인복지실천서비스의 종류와 그 차이점에 대해 설명해 보세요.

4. 우리나라 노인시설보호의 종류에 대해 설명해 보세요.

5. 재가노인복지가 필요한 이유는 무엇이라고 생각하는지 설명해 보세요.

6. 노인여가시설의 종류와 서비스 내용에 대해 설명해 보세요.

제8장

노인상담과 사례관리

1. 노인상담

1) 의사소통의 개념과 과정

인간이 사회적 관계를 맺고 타인과 상호작용하기 위한 수단은 의사소통(commu-nication)이다. 의사소통은 두 사람 또는 그 이상의 개인 사이에서 정보를 전달하는 체계이며, 개인 간의 관계를 형성하는 기반이 되는 축적적인 상호교환 과정이다(권중돈, 김동배, 2004). 두 사람 또는 그 이상의 사람들 사이의 의사소통을 통하여 상호작용과 사회적 의사소통의 기반이 되는 사회적 경험을 공유하므로, 의사소통은 인간관계를 공유(sharing)하고 상호보완하는 과정이 된다.

의사소통은 언어적 · 비언어적으로 이루어진다. 언어적 의사소통은 30% 정도를 차지한다. 비언어적 의사소통은 침묵, 눈 맞춤, 얼굴 표정, 공간적 거리 유지, 웃음 또는 눈물, 목소리의 높낮이 등과 같은 방법이다. 비언어적 의사소통은 타인에게 강력한 긍정적 · 부정적 메시지를 전달하는 것이므로 클라이언트와의 정보수집에서 사회복지사는 비언어적 의사소통에 민감해야 한다.

의사소통과정에는 상징을 사용하게 되는데, 다음 과정을 거치게 된다. 첫째, 상징을 받아들이는 자는 자신의 심리적 감각을 부호화하고, 둘째, 그것을 타인에게 전달할 때 상징이나 언어로 전달하는 과정을 거쳐, 셋째, 정보를 받은 수신자는 상징이나 의미를 해독하여, 마지막으로 피드백(환류)하는 과정을 거친다. 부호화, 전달, 피드백의 과정에서 방해나 오류, 왜곡의 요인이 나타나면 의사소통에 오류가 발생하기도 한다. 이러한 의사소통의 과정을 도식화하면 [그림 8-1]과 같다.

2) 의사소통의 유형

의사소통의 유형은 의사소통의 수단, 방법, 내용 등에 따라 다양하게 구분할 수 있다. 사티어(Satir, 1972)의 의사소통 유형분류를 보면 다음과 같다.

- 회유형: 자신의 가치나 감정은 무시한 채 다른 사람의 감정을 건드리지 않기 위해 비위를 맞추려 하는 의사소통 유형
- 비난형: 자신이 틀리거나 약해서는 안 된다는 굳은 신념하에 다른 사람이나 상황을 비난하려 하는 의사소통 유형
- 초이성형: 자신이나 다른 사람을 과소평가하려 하며, 지나치게 합리성을 중요시하기 때문에 상황과 기능적인 측면에만 초점을 맞추고, 자료의 객관성과 논리성 유무를 따지기 좋아하는 의사소통 유형
- 산만형: 생각과 말과 행동 등 모든 차원에서 부산스러우며, 자신뿐만 아니라 다른 사람에게도 초점을 맞추지 못하고, 상황에 대처하는 것도 매우 부적절하여 주위를 혼란스럽게 하는 의사소통 유형
- 일치형: 건강한 의사소통 유형으로 자신의 개성과 독특성을 인정하고, 자기를 보호하기 위해 지나치게 방어적이지 않으며, 자기 자신과 다른 사람을 사랑하고 신뢰하며 수용하는 의사소통 유형

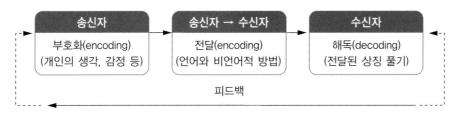

🏠 그림 8-1 의사소통의 과정

2. 노인상담의 이해와 접근방법

1) 노인상담의 필요성

노인은 자립적 일상생활 능력의 감퇴, 가족구조 및 가족기능의 약화로 인한 정서적 · 심리적 유대감 약화 등으로 다양한 위기 문제에 직면할 가능성이 높다.

노년기에 겪게 될 다양한 위기문제에 대한 예방, 치료, 해결을 위해 노인을 위한 전문 상담이 더욱 필요하게 되었다. 노인상담은 1차적 사회관계망의 역할과 노인의 잠재된 욕구와 문제의 탐색을 통한 지원방법 모색이라는 필요성을 가지고 있다. 노년기에 필요한 정보와 지지체계를 제공하고, 노인부양가족에 대한 서비스 제공도 노인상담이 필요한 이유이다.

2) 노인상담의 개념과 특성

노인상담이란 "도움을 필요로 하는 노인이 상담자와 전문적 원조관계를 형성하여 은퇴문제, 개인 및 가족문제, 경제 및 건강상의 문제를 해결하고, 감정, 사고, 행동 측면의 성장을 도모하여 성공적인 노후생활을 영위하기 위해 노력하는 과정"이라고 할 수 있다(김태현, 2007). 이와 같은 정의에 따르면, 노인상담은 다음과 같은 네 가지 특성을 가진다(현외성 외, 2001).

- 도움이 필요한 노인과 노인문제를 경험하고 있는 가족이나 가족원이 주요 대상이 된다.
- 전문적인 교육과 훈련을 받은 전문가가 주체가 된다.
- 노인 자신과 가족의 제반 문제를 해결하고 그들의 심리적·사회적 기능을 증진하려는 데 궁극적 목적이 있다.
- 전문적인 관계하에 이루어지는 일련의 구체적이고 실제적인 서비스의 과정이다.

노인상담은 일반상담과는 다음의 내용에서 차이가 있다(Burlingame, 1995).

- 문제해결이나 치료보다는 노인의 삶에 대한 지지를 더욱 강조한다.
- 상담과정에서 이루어진 성과를 실제 생활에 적용하는 것을 더욱 중시한다.
- 노인의 체면을 손상하지 않기 위해 방어기제와 전이를 비교적 관대하게 다룬다.
- 노인은 사망하거나 살던 집을 떠나 시설로 들어가면서 상담관계가 비계획적으로 종결되는 경우가 다른 연령층에 비해 높기 때문에 종결과정에서 에너지가 더 투입된다.

3) 노인상담의 영역과 목적

(1) 노인상담의 영역

노인의 심리·사회적 욕구 충족, 노인문제의 예방과 해결을 지원하고 노후생활 적응을 도모하기 위한 노인상담은 노년기의 4고(四苦) 중에서 심리적 고독과 사회적 소외의 예방 및 해결에 중점을 둔다. 하지만 노인상담의 목표가 성공적인 노후생활 적응이라는 점을 고려해 볼 때, 노인상담의 영역은 〈표 8-1〉에서와 같이 노년기의 네 가지 주된 문제가 되어야 한다(권중돈, 2000).

표 8-1 노인상담의 주요 영역

상담 영역	주요 내용
정서적 영역 (고독)	• 배우자 상실, 자녀와의 애정적 교류 단절 • 노인의 가족 내 지위 하락, 가치관 및 생활양식 변화에 따른 세대 간 갈등(예: 고부갈등) • 성격 특성의 변화문제: 우울성향, 완고성, 내향성 및 수동성, 조심성, 친근한 사물이나 사람에 대한 애착 증가, 의존성 증가, 유산을 남기려는 성향 등 • 이성교제 또는 노년기 성생활에 관한 문제 • 정서서비스(예: 말벗 파견 등)의 문제
경제적 영역 (빈곤과 일)	• 은퇴 전후의 재정관리에 관한 문제 • 소득 감소 또는 상실에 따른 생계유지와 경제지원 문제 • 사회보장제도의 정보 제공 • 유산배분의 문제 • 경제활동 지원(예: 취업알선, 부업알선 등)
건강 영역 (질병과 부양)	• 노년기 건강유지 및 질병예방에 관한 상담 • 질병치료 및 의료비 지원 상담 • 사회복지시설, 노인전문 의료시설에 관한 상담 • 가족부양체계 조성 상담 • 부양가족의 부담경감을 위한 지원상담
사회참여 영역 (소외와 무위)	• 종교활동, 사회단체 및 비공식 모임 참여문제 • 노년기 친구 및 이웃관계 문제 • 가족 내 역할 부적응에 관한 문제 • 은퇴 이후의 사회적 관계 유지 문제 • 법률 및 복지제도에 대한 정보 상담

(2) 노인상담의 목적과 목표

노인상담은 노인의 성장을 지원하고 노년기에 직면하는 다양한 문제를 해결하여 성공적인 노후생활을 영위할 수 있도록 하는 데 기본적인 목적을 두고 있다.

- 자아존중감의 증진
- 문제해결능력의 향상
- 상실에 대한 대처

- 위기상황의 해결
- 스트레스의 감소와 대처능력 제고

버렁게임(Burlingame, 1995)은 노년기 발달과업을 근거로 하여 노인상담의 목적을 다음과 같이 여덟 가지로 제시하고 있다.

- 필요한 의료적·사회적·정서적 지원을 효과적으로 동원하고 이용하도록 원조하는 것이다.
- 신체적인 강점을 강화하고 건강약화에 적응하도록 원조하는 것이다.
- 노년기의 신체적·재정적 변화와 관련하여 노인의 보호 및 주거시설에 대한 욕구가 충족되도록 원조하는 것이다.
- 지역사회에서 새로운 역할을 가질 수 있도록 원조하는 것이다.
- 손자녀, 친척 및 지역사회와의 관계를 조정하도록 돕는 것이다.
- 배우자나 친구 등 중요한 사람들의 상실에 적응하도록 원조하는 것이다.
- 은퇴와 재정적인 변화에 대처하도록 원조하는 것이다.
- 노인이 자신의 삶에서 주도권을 갖고 중요한 결정을 할 수 있도록 원조하는 것이다.

4) 노인상담의 원칙과 노인상담 전문가

(1) 노인상담의 원칙

노인상담에서 노인 클라이언트와 촉진적 원조관계를 형성하는 데에서 지켜야 할 원칙과 상담자의 태도는 일반적 상담과 유사하다. 상담자는 클라이언트와의 논쟁, 과도한 관여, 지속적인 편들기, 다른 사람을 대신해서 말하기 등의 행동을 하지 말아야 하며, 모든 클라이언트를 존중해야 한다. 비스텍(Biestek)이 제시한 원조관계의 주요 원칙에 노인의 특성을 고려한 원칙을 제시하면 다음과 같다(장인협, 1996).

- **개별화의 원칙**: 노인의 특성이나 상황에 따라 다르게 처우해야 하며, 노인을 범주화해서 다루지 말아야 한다. 노인이나 노화에 대한 편견이나 선입관을 가져서는 안 되며, 면접 장소와 시간 등을 결정할 때 노인에 대한 세심한 배려와 함께 상담을 통해 얻은 개인적 정보에 대한 비밀을 유지해야 한다.
- **의도적 감정표현의 원칙**: 상담자는 노인이 가족 또는 사회관계에 대해 가지고 있는 부정적 감정을 의도적으로 표현하도록 도와주어 이것이 긍정적 감정으로 전환될 수 있도록 해야 한다. 이를 위해 시간 및 정서적으로 여유를 가짐으로써 스스로가 긴장하지 말아야 하며, 상담과정에서 수용적 태도를 갖고 경청하여야 한다. 또한 비현실적 보장이나 성급한 판단을 하지 않아야 한다. 노인을 두 번 실망시키는 일을 해서는 안 된다.
- **통제된 정서적 관여의 원칙**: 상담자는 감정적으로 동요되지 않고 객관적인 입장에서 노인의 감정을 충분히 이해하고 사회적으로 바람직한 형태로 표출될 수 있는 방안을 모색해야 한다.
- **수용의 원칙**: 상담자는 노인의 인간적 존엄성을 존중하여 노인의 장점과 약점, 바람직한 성격과 그렇지 못한 성격, 긍정적 또는 부정적 감정과 행동 등 노인이 지닌 특성을 현재 있는 그대로의 모습으로 받아들여야 한다.
- **비심판적 태도의 원칙**: 상담자는 노인의 사고와 감정에 대해 결코 심판적이어서는 안 되며, 문제해결에 노인이 공동 참여할 수 있도록 해야 한다. 이를 위해 상담자는 노인의 문제에 대해 노인을 비난하거나 어느 정도의 책임이 있는가를 판단하고 따져서는 안 된다. 노인의 감정, 행동, 태도, 가치관 등을 객관적으로 평가하되, 심판의 목적보다는 이해의 목적에서 행해야 한다.
- **자기결정의 원칙**: 상담자는 노인의 자유의사를 존중하여 노인 자신의 능력과 자원에 맞는 목적을 설정하고 이를 달성할 수 있도록 지원해야 한다. 이를 위해 상담자는 노인을 대신하여 문제를 해결해 주는 것이 아니라 노인이 원하고, 노인 자신의 능력에 맞게 목표를 설정하고, 문제를 스스로 해결할 수 있는 능력을 고양하여야 한다.
- **비밀보장의 원칙**: 상담자는 상담과정에서 획득한 노인이나 그 가족에 대한 사적

비밀을 외부에 제공하여서는 안 되며, 철저하게 비밀을 지켜야 한다.

● **죽음에 대한 대비의 원칙:** 상담과정에서 노인이 죽음에 대한 불안에 대처하고 남은 인생을 바람직하게 보낼 심리적 준비를 할 수 있도록 자아통합의 기회를 제공하여야 한다. 이를 위해 상담자는 노인의 삶에 대한 긍정적 회고를 할 수 있는 기회를 부여하고, 죽음을 긍정적으로 수용할 수 있도록 유도하여야 한다.

(2) 노인상담전문가

상담자는 전문적 자질(든 사람)과 인간적 자질(된 사람)을 동시에 갖추어야 한다. 즉, 상담자는 '든 사람'인 동시에 '된 사람'이기도 해야 한다(조학래, 2002).

노인과의 상담을 실시하는 상담자는 노인에 대한 존중감을 바탕으로 하여 즉각적인 효과나 보상을 유보하고 끈기 있게 기다릴 수 있는 자세를 가져야 하며, 노인의 특성을 정확히 이해하고 장점과 자원을 발견하고 고양하여야 하며, 노인의 비언어적 의사소통을 활용할 수 있는 능력을 갖추어야 한다.

5) 노인상담의 과정

상담의 과정은 학자나 연구자에 따라 여러 단계로 구분하고 있다. 이 장에서는 4단계의 과정으로 설명하고자 한다.

(1) 관계형성단계

초기단계로서 내담자와 친밀한 관계를 형성하는 단계이며, 상담접수와 정보수집의 단계이다. 친밀감을 형성하는 데 필요한 상담자의 자질을 갖추고, 노인내담자가 자신의 문제를 가감 없이 표현할 수 있도록 촉진자의 역할을 제공해야 한다. 이를 위한 기본적인 상담지식과 기술을 갖추어야 하며, 친화력도 갖추어야 전문적인 원조관계가 형성된다.

특히 노인내담자의 특성에 대한 이해를 기본으로 상담은 구조화된 질문으로 진행하여 상담시간에 비해 부정확한 정보만 수집하지 않도록 주의하여야 한다.

(2) 사정단계

노인에 관한 정보는 전(全) 단계에서 이루어진다는 점이 노인상담의 특성이다. 단, 원조관계가 형성된 이후에 수집된 정보로 사정의 과정을 거쳐 개입계획을 세우게 된다.

노인상담에서 사정단계는 노인의 신체적 기능, 심리·정서적 기능, 사회적 기능과 가족기능의 손상과 욕구의 사정, 자원의 문제 등과 이들 상호 간의 관련성 등에 대해 분석하여야 한다. 환경 속의 노인이 갖는 다양한 욕구 불충족과 기능손상 및 문제에 대한 이해와 접근이 선행되어야 한다.

사정단계를 거치면 노인과 그 가족의 문제해결 욕구를 분석하고, 클라이언트의 참여를 기반으로 한 개입계획을 수립하여야 한다. 이때 단기치료접근법에 대한 검토가 필요하다.

(3) 개입 및 문제해결단계

사정을 통해 분석된 문제를 기반으로 개입목표가 설정되었으므로, 문제해결을 위한 목적과 목표가 달성되기 위해서 클라이언트의 참여를 유도하고, 효과적·효율적 목표달성을 위해 의도적 개입이 유지되어야 한다. 계획된 목표가 달성되었거나, 새로운 문제나 욕구가 발생하였을 때는 목적과 목표가 변경될 수도 있어야 한다.

(4) 평가 및 종결단계

개입과정에서 종결단계가 어느 시점에서 있을 것임을 내담자에게 알려 주어 종결을 준비하도록 하여야 한다. 종결단계에서 나타나는 불안감을 감소시키고, 종결을 준비하도록 하여 부정적인 정서반응도 다루는 과정이 필요하다. 종결단계에서는 상담목표의 달성을 다루고, 추후 다룰 문제에 대해 다루는 평가도 실시하여야 한다.

6) 노인상담의 기술

노인상담의 기술과 기법은 노인과 관련한 전문적 지식과 기술을 바탕으로 하여 다

양한 상담모델과 기법을 활용할 수 있다. 노인상담의 기법과 기술은 다음과 같다(권
중돈, 2012).

(1) 주의집중과 경청

효과적인 의사소통과 상담이 이루어지기 위해서는 클라이언트에게 관심을 집중해
야 한다. 상담자의 시선은 클라이언트의 넥타이 매듭과 눈 사이에서 이동하고, 몸은
앞으로 약간 숙이고, 팔다리를 꼬지 않는 태도를 보이며, 클라이언트의 보이지 않는
정서에 귀를 기울이고, 제3의 귀, 즉 눈으로 적극적으로 관찰하여야 한다.

이러한 주의집중 기술과 함께 상담자는 클라이언트의 의사소통을 경청하여야 하
는데, 경청을 위해서는 1 · 2 · 3의 원칙을 따르는 것이 바람직하다. 즉, 1분 동안 상
담자가 얘기하고, 2분 동안 클라이언트의 의사소통을 귀담아듣고, 3분 동안 클라이
언트가 한 말의 의미를 깊이 되새기며 어떻게 반응할지를 깊게 생각해야만 적절한
경청이 이루어질 수 있다. 이러한 경청에는 지지적 언어반응, 언어의 재구성, 명료
화, 비언어적 단서탐색, 도전, 자기노출 등이 포함된다(권중돈, 윤경아, 배숙경, 2002).

(2) 질문기법

노인상담에서 활용할 수 있는 해결중심 단기치료의 다양한 질문기법으로는 초점
질문, 해결중심 질문, 순환질문, 기적질문, 대처질문 등이 있다(권중돈 외, 2002).

- 초점질문: 구체적 사항을 묻는 것으로 클라이언트를 특정 사항에 집중하게 하는
  기법
  예 "문제가 무엇입니까?" "문제가 생긴 지 얼마나 오래되었습니까?"
- 해결중심 질문: 해결에 초점을 두어 클라이언트의 생각이 문제보다는 해결방안
  쪽으로 변화될 수 있게 하는 질문
  예 "문제가 다소 좋아지는 때는 언제입니까?" "이러한 예외적인 일이 좀 더 일
  어나기 위해 어르신께 필요한 것은 무엇입니까?"
- 순환질문: 클라이언트로 하여금 문제나 문제해결과 관련된 부분의 상호 연관성

을 파악하게 하는 질문

> **예** "친구분이 그렇게 할 때, 어르신께서는 무얼 하셨습니까?"

- 기적질문: 클라이언트로 하여금 미래 지향적 사고를 갖게 할 목적으로 사용하는 질문

> **예** "기적처럼 어르신의 문제가 해결되었다면 무엇이 달라지겠습니까?"

- 대처질문: 고통스러운 상황에서 생존하기 위해 클라이언트가 하고 있는 일이 무엇인지에 초점을 맞추게 하기 위한 질문

> **예** "지금까지 힘들었을 때 가장 도움이 되었던 것은 무엇입니까?"

(3) 인지적 행동수정 기법

지나친 일반화, 자기비하, 타인에 대한 비현실적인 요구, 자신에 대한 비현실적인 기대, 자신의 중요성에 대한 과장 등과 같은 노인의 비합리적이고 왜곡된 인지과정은 노인의 부정적 감정과 행동을 유발할 수 있다. 이러한 비합리적 인지를 재구조화하는 기법으로는 인지적 재구조화 기법, 인지적 자기지시 기법, 인지적 심상기법 등이 있다.

- 인지적 재구조화 기법(cognitive restructuring techniques, Mahoney, 1974): 클라이언트의 사고에 내포되어 있는 잘못된 논리를 표현하게 하고 불합리한 사고과정을 논리적이고 합리적인 사고유형으로 대치하는 기법이다. 인지적 재구조화 기법은 먼저 클라이언트의 사고나 신념의 근거가 되는 비합리적 가정을 조사하고, 대안적 가정을 만들게 하고, 현실상황에서 대안적 가정은 검증할 수 있는 행동을 하도록 하고, 이러한 논리에 대해 피드백을 제공함으로써 부적응적 행동의 원인이 되는 클라이언트의 잘못된 논리를 변화시킨다.
- 인지적 자기지시 기법(cognitive self-instruction techniques, Mahoney, 1977): 내적 대화(internal dialogues)와 겉으로 드러나지 않은 자기진술을 하게 함으로써 자기패배적 사고에서 벗어나 어려운 생활사건에 대처하고 행동문제를 해결하게 하는 기법이다.

- 인지적 심상기법(cognitive imagery techniques): 공포나 불안을 야기하는 사건에 대한 비생산적 반응을 소거하기 위한 기법으로, 홍수기법(flooding)과 내파기법(implosion)이 있다. 내파기법은 두려운 사건이나 자극 중에서 가장 두려웠던 경우를 상상하게 함으로써 실제 두려운 상황에 직면하였을 때 이를 극복할 수 있도록 원조하는 기법이다. 홍수기법은 클라이언트에게 사건 중에서 가장 두려웠던 순간을 상상하게 하는 것이 아니라 실제로 두려움을 느끼는 상황을 상상하게 한다는 점에서 내파기법과 다르다.
- 합리적 심상기법(rational imagery techniques, Lazarus, 1971): 불안이나 두려움을 느끼는 상황에서 즐겁고 유쾌한 상황이나 사건을 상상하게 하는 기법으로, 불합리한 신념이나 가정에 도전할 수 있게 하고 불안을 야기하는 상황에 효과적으로 대처할 수 있게 해 준다.

(4) 회상요법

인생회고(life review) 또는 회상(reminiscence)은 과거의 사건이나 경험을 기억해 내는 과정을 통해 과거를 돌아보고 지나온 생을 정리하는 특성을 가진 노인에게 적합한 상담방법이다. 주로 노인집단회상 방법으로 이루어지는데, 집단성원 간에 경험을 공유함으로써 집단을 통한 동류의식 및 소속감이 증진되고 생의 의미를 재발견하는 기회를 제공할 수 있으며, 소외와 고독감을 줄이는 효과가 있다. 그러나 자신의 생애를 완전한 실패로 회고할 경우에는 외로움, 우울 및 죄의식이 심화될 수도 있으므로(전시자, 1989), 개입자는 세심하게 집단의 슈퍼바이저 역할을 수행하여야 한다.

(5) 인정요법

인정요법 또는 정당화요법(validation therapy)은 치매노인과 같이 인지기능이 저하된 노인에게 효과적인 개입방법으로, 비정상적인 행위일지라도 모든 행위 이면에는 어떤 논리가 존재한다는 전제를 근거로 한다. 인정요법에서 사용하는 기술에는 집중(centering), 예방(rephrasing), 모방(mirroring) 등이 있다.

인지기능이 저하된 노인에게 적용하는 인정요법의 치료목표는 노인의 불안과 갈등을 해소하고, 가족과 상담자의 소진을 예방하며, 원활한 의사소통을 증진하는 데 있다.

3. 노인과의 효과적 의사소통기술

신체적 · 심리적 · 사회적 노화를 겪고 있는 노년기에는 의사소통상의 다양한 장애를 갖게 된다(권중돈, 2012). 의사소통의 방해요인을 갖고 있는 노인과 의사소통하기 위하여 일반적으로 따라야 하는 원칙과 특수한 장애나 질환을 갖고 있는 노인과의 의사소통 방법에 대해 살펴보면 다음과 같다.

1) 일반적인 노인과의 의사소통

노인과 원활한 의사소통을 하기 위해서 지켜야 할 일반적 원칙을 살펴보면 다음과 같다.

- 얼굴을 마주 보고 눈높이를 맞춰 이야기한다.
- 가까운 곳에서 말한다.
- 천천히 이야기하되, 너무 높은 소리로 크게 이야기하지 않는다.
- 노인이 알아듣기 쉬운 말로 명확하게 이야기한다.
- 말로만 대화하지 말고 사진, 문자와 같은 비언어적 의사소통을 같이 활용한다.
- 스킨십(skinship)과 신체언어(body language)를 적극적으로 사용한다.
- 노인의 주장에 반대하거나 가치관을 고치려 들지 않는다.
- 자신의 고집을 부리지 말고 또 노인의 고집을 꺾으려 하지 않는다.
- 노인의 신상에 관한 비밀을 철저히 보호한다.
- 노인의 평소 생활 습관이나 심정에 대해서 잘 인지한다.
- 노인의 청력이 나빠 듣지 못할 수도 있으므로 이야기를 듣고 있는지 확인한다.

- 노인의 속마음을 알려 하기 전에 먼저 마음의 문을 열고 속마음을 털어놓는다.
- 노인의 이야기를 귀담아듣고 공감해 준다.
- 노인이 말할 기회를 많이 주고 귀담아듣는다.
- 이야기를 잘하거나 좋은 행동을 할 때 자주 칭찬한다.
- 표정은 밝게 하고, 자주 웃고, 유머감각을 잃지 않는다.
- 다투거나 말싸움하지 말고 또 비교나 반말, 욕을 하지 않는다.
- 이야기를 하다가 계속 흥분하거나 화를 내면 상황이나 말을 전환한다.
- 칭찬을 많이 하되, 광범위하게 칭찬하지 말고 잘한 행동이나 좋은 태도 등 구체적인 것을 두고 칭찬한다.
- 나쁜 행동을 할 때 위험한 행동이 아니라면 못 본 척한다.
- 대화에 방해가 되는 소음이나 소란한 환경에서는 대화하지 않는다.
- 복잡한 질문은 하나씩 끊어서 묻는다.
- 노인이 질문에 대답하지 않는다고 하여 서두르지 말고 기다린다.
- 노인과 비슷한 점을 찾아내어 이를 활용한다.
- 자신의 감정을 솔직히 표현하되, 부정적 감정은 가급적 표현하지 않는다.
- 자신의 이야기에 틀린 부분이 있으면 즉시 잘못된 부분을 인정한다.
- 할 수 없는 것은 할 수 없다고 하되, 시간을 두어 가며 노인을 충분히 납득시킨다.
- 약속한 것이 있으면 반드시 지키고, 지키지 못할 약속은 하지 않는다.

2) 장애나 질병이 있는 노인과의 의사소통

청각장애나 시각장애를 갖고 있거나 치매와 같은 정신장애를 갖고 있는 노인과는 원활한 의사소통이 어렵다. 그러므로 장애노인이나 치매노인과 의사소통을 할 경우는 특별한 의사소통 기술과 태도를 갖추어야 한다.

(1) 청각장애노인과의 의사소통

- 청각에 장애가 있다고 하여 의사소통이 불가능하다는 생각을 버린다.
- 청각장애노인에게는 몸짓 및 얼굴 표정이 매우 중요하므로 색안경, 커다란 챙이 있는 모자로 얼굴을 가리는 것은 오해를 살 수 있으므로 주의한다.
- 과장된 얼굴 표정과 몸동작을 보이지 않는다.
- 청각장애노인이 오래 이야기할 때는 고개를 끄덕이고 몇 마디 말을 하여 여전히 경청하고 있음을 알린다.
- 청각장애노인의 말을 완전히 이해할 때까지 듣고 함부로 추측하지 않으며 모르면 물어본다.
- 적당히 크고 일정한 소리로 약간 느리게 분명하고 간략히 이야기한다.
- 입술 모양을 정확하게 하여 청각장애노인이 입 모양을 볼 수 있게 한다.
- 말끝을 흐리지 않도록 유의한다.
- 한 문장을 말하고 약간 쉰 후 다음 문장을 말한다.
- 새로운 주제에 대해 이야기하고자 할 때 얼마간 시간을 두고 이야기한다.
- 이야기 도중 다른 상황(예: 전화벨이 울린 경우)이 벌어진 경우 이를 설명해 준다.
- 말, 글뿐 아니라 지도, 도표, 그림 등을 이용한다.
- 글로 의사소통을 할 때는 글자는 정자(正字)로 쓴다.
- 글로 의사소통을 할 때는 청각장애노인이 내용을 읽고 있는 동안 그의 표정을 관찰하여 내용을 이해하는지 확인한다.

(2) 시각장애노인과의 의사소통

- 여러 명이 있는 곳에서 시각장애인은 자신에게 말하고 있는지 혹은 다른 사람에게 말하는 것인지 확신하지 못하는 경우가 있으므로, 이름을 먼저 부르고 이야기한다.
- 시각장애노인의 바로 앞에 서서 말을 건넨다.
- 시각장애노인과 대화를 시작할 때는 자기가 누구인지를 먼저 소개한다.
- 시각장애노인은 만지고, 냄새 맡고, 듣는 것을 통해 상황을 인식한다는 사실을

기억한다.

- 시각장애노인에게 주변 환경이나 상황을 자세히 설명해 준다.
- 대화할 때 너무 큰 소리로 이야기하지 않는다.
- 유머를 사용하여 대화 분위기를 편안하게 해 준다.

(3) 언어장애노인과의 의사소통

- 언어장애에도 불구하고 말을 통해 의사소통한다는 것을 기억한다.
- 언어장애노인의 대화 속도는 비장애인만큼 빠르지 않으며 청각장애를 함께 지닌 경우 상대방의 대화를 이해하는 데 더욱 많은 시간이 걸림을 인지한다.
- 얼굴, 눈을 바라보고 대화에 충분한 주의를 기울인다.
- 소음이 있는 곳에서는 가까이 앉아서 이야기한다.
- 상대방의 말이 확실히 끝날 때까지 기다린 다음 적당하게 천천히 말한다.
- 상대방이 오랫동안 이야기할 때는 고개를 끄덕이고 몇 마디 말을 하여 여전히 경청하고 이해하고 있음을 알린다.
- 말하는 것이 힘들어 보일지라도 그가 말하고자 하는 것을 끝마칠 때까지 기다린다.
- 말을 완전히 이해할 때까지 귀담아듣고 함부로 추측하지 않는다.

(4) 치매노인과의 의사소통

치매노인은 인지기능의 저하뿐 아니라 언어장애까지 동반되므로 의사소통방법은 다음의 내용으로 한다(권중돈, 2004; 권중돈 외, 2002).

- 대화를 하기 전에 먼저 주의를 집중시킨다.
- 환자의 말을 경청하고 존중한다.
- 환자가 혼자 있게 내버려두지 말고 자주 대화를 나누되, 환자의 속도에 맞춘다.
- 소란스럽거나 산만한 분위기에서 대화를 하지 않는다.
- 얼굴을 마주 보고 눈 맞춤을 유지하며, 언어 이외에 문자, 그림, 사진 등의 상징

을 이용하거나 스킨십을 통하여 의사를 전달하는 것도 좋다.

- 발병 이전에 환자가 자주 사용하던 용어를 사용하고, 환자가 쉽게 알아들을 수 있는 말을 사용한다.

- 공격성이 없는 경우는 1m 이내의 가까운 거리에서 대화를 한다.

- 수발자 자신을 소개하고 환자의 이름이나 존칭을 부름으로써 대화를 시작하고, "저를 알겠어요?"라는 식의 기억력 테스트를 하는 듯한 대화는 피한다.

- 과거를 회상하도록 하되, 시간, 장소 등 기본적인 현실상황을 인식시킨다.

- 배고픔, 배변이나 배뇨 욕구 등 기본적인 생활상의 욕구가 충족되지 않아 불안해하는지를 잘 관찰하고 이를 충족시켜야 한다.

- 짧고 분명하며 익숙한 단어를 사용하고, 정보는 간단한 문장으로 전달하고, 천천히 그리고 낮은 목소리로 부드럽게 이야기하며, 명령조로 이야기하지 않는다.

- 환자와 대립하기보다는 먼저 인정하고 받아들이는 것이 좋다. 즉, 환자가 어떤 실수나 문제행동을 했을 때 화를 내거나 말다툼을 하기보다는 가벼운 웃음으로 넘길 수 있어야 한다.

- 환자가 위축되어 있거나 초조한 징후를 보이면 대화를 중단한다.

- 한 번에 한 가지씩 질문하거나 지시하며, 환자에게 질문을 한 경우는 대답을 기다리고, 반응이 없을 경우에 다시 반복하여 질문한다.

- 천천히 움직이고, 환자의 주의를 집중시키기 위하여 얼굴 표정이나 손동작을 활용한다.

- 환자에게 얘기할 수 있는 충분한 시간을 주고, 환자와 수발자가 교대로 이야기한다.

- 환자가 적합한 단어를 생각해 내지 못하는 경우는 비슷한 말을 하거나 관련 단서를 제공한다.

- 언어적 칭찬과 같은 즉각적인 보상을 해 주거나 재확인을 한다.

- 환자의 말이 사실과 다르더라도 환자가 표현한 감정을 수용하고 중시하여야 한다.

- 환자와의 약속은 꼭 지키도록 노력하며, 혹시 잊거나 지키지 못했을 경우에는

반드시 사과한다.

4. 노인상담에서의 임파워먼트

1) 노인상담에서 임파워먼트의 필요성

노인은 삶의 경험과 지혜를 바탕으로 한 많은 자원을 가지고 있다. 직업적 영역에서의 전문지식과 기술 및 경험, 지혜, 경제적 자원의 확보, 인적자원의 확보 등 다른 연령층에 비해 결코 적은 자원을 가졌다고 할 수 없다. 하지만 현대 자본주의사회는 노인의 능력과 역량이 부족할 것이라 판단하는 경향이 있다. 노인상담영역에서는 노인이 가진 능력이나 역량을 발휘할 수 있도록 임파워먼트 기법을 활용하여, 그들의 잠재능력과 자원을 충분히 발굴하고 활용하도록 지지한다. 노인 스스로의 지지와 집단 간의 지지 등을 통해 노인 삶의 질 향상이 이루어지도록 노인복지실천현장에서 다루어져야 한다.

2) 노인의 사회적 지위와 임파워먼트

각 사회가 노인을 어떻게 대접하는가 하는 것은 자연적인 환경과 함께 사회적 환경과 기술적 변화라는 다양한 변수 간의 상호작용에 따라서 형성된다. 노인의 지위를 결정하는 기본 원칙은 사회에 대한 노인의 기여도와 노인을 위한 비용 간의 균형을 맞추려는 노력으로 나타난다. 역사적이고 문화적인 비교를 통해서 나타난 증거는 노인의 사회참여를 극대화하면 젊은 세대가 노인을 적극적으로 수용하고 존경하게 된다는 것이다(Hooyman & Kiyak, 2002: 56). 그렇다면 노인의 사회참여를 극대화할 수 있는 방법은 무엇인가? 교환이론에서는 노인의 자원과 교환가치를 증가시킴으로써 사회적 가치를 인정받는다고 한다. 노인의 자원을 증가시키고 교환가치를 높여 사회참여를 극대화할 수 있는 방법은 무엇이며, 이렇게 하는 데 방해가 되는 요인은 무엇인가?

사회적 효용성과 효율성에 대한 지나친 가치부여는 노인이 사회에 참여하고 기여할 수 있는 부분을 경시하고 배제함으로써 주류세력의 위치에서 밀려나게 만들고 있다. 즉, 노인의 건강이 증진되고 더 많은 일을 할 수 있음에도 어느 정도의 나이가 되면 물러나도록 만든 제도를 통해 사회가 구조적으로 노인을 배제하고 사회적 약자로 만드는 것이다. 이렇게 사회적 과정에서 배제됨으로써 다시 노인의 경제적 지위는 약화되고 정보에 대한 접근성도 더 어려워지는 악순환이 반복된다. 이러한 요인이 모두 결합하여 결과적으로 노인은 힘을 가지지 못하며 자원분배에서 불리한 위치에 놓인다. 이렇게 노인이 무력화되는 것은 정치적 과정을 통해서 일어난다. 즉, 현대사회는 노인의 힘을 무력화하고 불공정한 자원분배를 함으로써 노인을 소외시키고 있다.

현대사회에서 노인문제는 개인적인 차원에서의 심리적이고 신체적인 문제뿐만 아니라 사회적 차원에서의 자원분배 불평등과 정치적 과정에서의 소외라는 양면을 지니며, 이러한 문제는 사회적 소외계층과 약자가 주장하는 개인적인 것이 정치적인 것이라는 주장과 맥락을 같이하는 것으로 볼 수 있다. 임파워먼트는 개인적인 것이 사회적인 것이라는 인식에서 출발한 것으로, 약자집단의 힘과 능력을 키워 주기 위한 사회복지실천이론이자 강력한 실천모델로 부상하고 있다.

3) 노인상담과 임파워먼트

임파워먼트 모델의 개인적이고 대인적인 수준에서의 실천은 클라이언트로 하여금 필요한 자원에 접근하는 것을 돕고, 통제력 회복에 대한 자기효능감을 증가시키며, 타인과의 관계에서 영향력을 미칠 수 있는 문제해결능력을 높이는 데 있다. 이러한 실천의 결과로 클라이언트는 자기효능감이 증가하고, 자존감이 향상되며, 비판의식이 향상되고, 변화에 대한 책임을 수용하게 된다(김인숙 외, 2000).

임파워먼트 실천모델의 특성을 살펴보면 다음과 같다.

- 임파워먼트는 자원에 대한 접근성과 자원을 효과적으로 사용하는 능력을 포함

한다.

- 임파워먼트 모델은 클라이언트 체계가 자원과 기회에 대한 접근성이 확보되면 능력을 발휘할 것으로 본다.
- 인간은 스스로 임파워먼트에 매우 중요하며 정보는 변화를 위해서 반드시 필요하다.
- 클라이언트는 변화에 영향을 미칠 수 있다고 스스로 인식하고, 능력은 생활경험에서 획득되고 강화된다.
- 임파워먼트는 협동과정으로 클라이언트와 실천가는 파트너로 함께 일한다.
- 임파워먼트는 개인의 능력 강화와 사회경제적인 발전이 동시에 이루어질 때 달성된다.

임파워먼트 실천모델의 핵심개념은 강점사정과 활용, 적응유연성, 자기결정권, 대화, 협동이다.

- 강점사정과 활용은 모든 인간을 능력과 가능성을 가진 존재로 여기고 상실된 능력과 힘의 회복을 원조한다.
- 적응유연성이란 자신의 강점을 인식하고 자신감을 회복하며, 요구되는 변화를 수용하고 적응할 수 있는 잠재적 능력이 발휘되어 상황적 어려움을 극복하고 대처해 나갈 수 있게 됨을 의미한다.
- 자기결정권은 클라이언트가 주도적이고 자발적으로 자신의 문제를 해결해 나가며 해결책에 관한 결정권을 지닌다는 것을 의미한다.
- 인간은 대화를 통해서 의식화되고 자신의 문제를 해결해 나갈 수 있는 정보와 지식 그리고 힘과 용기를 얻을 수 있다.
- 협동은 공동기반을 가진 사람들이 역량을 강화하기 위해서 서로를 필요로 하며, 클라이언트와 사회복지사는 일대일의 관계를 정립해야 한다.

노인을 위한 임파워먼트에서 사회복지사는 비위계적으로 동료 내지 협력자로서의 역할을 하고 상호적인 자기노출을 한다. 개별 노인의 강점과 자원을 파악하고 이러한 자원을 통해서 노인의 역량강화를 돕는다. 노인이 무력감에서 벗어나 자신감을 회복하도록 돕고 스스로의 욕구충족과 문제해결을 해 나갈 수 있도록 격려하고 조장한다. 예를 들면, 시설보다는 자신의 집에서 머물기를 원하는 장애를 가진 노인을 위해서는 집 안의 물리적 환경을 생활하는 데 불편하지 않도록 조성해 주며, 사회서비스를 통해 노인에게 필요한 생활상의 도움을 제공하도록 도울 수 있다.

그리고 노인 관련 정책과 서비스를 요구하기 위한 연계과정을 돕고, 정보를 제공하고, 정치적 과정에 참여하고, 사회적 활동에 참여할 수 있는 여건을 마련해 나가도록 도울 수 있다. 사회복지사는 노인을 위한 정책 마련과 노인에게 필요한 서비스 제공을 위한 대변인으로서의 역할을 해 나아가야 한다.

5. 노인사례관리

1) 사례관리의 등장배경과 필요성

영국은 1970년대 「시봄 보고서(The Seebohm Report)」에 따라 대인서비스를 강화하는 정책변화의 일환으로 복지와 보건서비스 간의 연계와 조정에 관심을 기울이면서, 케어(care)에 중점을 둔 사례관리가 등장하였다. 그리고 미국에서는 1970년대 정신장애인의 퇴원 후 지역사회서비스 연계, 조정, 지속관리에 목적을 둔 사례관리를 강제 적용함으로써 사례관리가 등장하게 되었다(권중돈, 2012).

이후 사회복지 대상자의 증가와 사회복지 비용 지출의 증가, 인권의식의 강화 등 다양한 차원에서 지역사회보호의 중요성이 증가하게 되었다. 지역사회보호는 지역사회 내에서 클라이언트의 삶의 질 향상을 위한 사회복지실천으로서 클라이언트의 욕구변화와 문제해결에 관심을 가져야 하는 실천방식으로서 대두되었다. 하나의 문제해결이 모든 문제를 해결하지 않음을 발견하고, 클라이언트를 위한 지속적인 지원과 지지가 지역사회보호의 효과성과 효율성을 증대시킬 수 있음을 발견하였다. 또한 클라이언트의 문제해결모델이 하나의 모델(접근방법)로서 해결하기보다는 통합적 접근모델방법이 선호되면서 사례관리에 관한 관심이 증대되는 계기가 되었다. 특히 노인 클라이언트 집단의 특성과 노인복지정책, 전달체계상의 문제로 다음과 같이 사례관리의 필요성이 높아지고 있다.

첫째, 급격한 인구고령화와 함께 빈곤노인, 중증질환이나 장애노인, 독거노인 등의 의존성 노인이 증가함에 따라, 그들이 지닌 다양하고 복합적인 욕구와 문제를 해결하는 데 필요한 포괄적이고 종합적이며 연속적인 서비스를 제공할 수 있는 사례관리가 필요하다.

둘째, 노인의 경우 지역사회에 여러 가지 서비스가 존재한다고 할지라도 서비스 접근성이 제한되는 경우가 많아 필요한 서비스를 이용하기가 어렵다. 따라서 가정방문 등을 통하여 적극적으로 사례를 발굴하고, 지역사회 내에 산재한 서비스를 연결·조정하는 사례관리가 필요하다.

셋째, 가족의 노인부양 기능이 점진적으로 약화되고, 부양자의 부양부담이 가중됨에 따라 더 이상 가족이 1차적 복지체계로서의 기능을 수행하지 못하기 때문에 노인에게 적절한 사회적 보호를 제공하기 위해서라도 사례관리가 필요하다.

넷째, 현행의 노인복지서비스가 기능중심(예: 의료, 소득, 교육 등) 또는 문제중심(예: 빈곤, 정신장애, 소외 등)으로 분리되어 있기 때문에, 노인에게 필요한 복합적인 서비스 욕구를 충족하는 데 한계가 있으므로 사례관리가 필요하다.

다섯째, 노인의 경우 보건, 복지, 교육 등의 다양한 서비스가 필요하지만 이러한 서비스를 제공하는 전문직이나 서비스 기관들의 혼재로 통합적 서비스를 제공하지 못하고 있으므로, 서비스의 연계와 조정·통합을 이룰 수 있는 사례관리가 필요하다.

여섯째, 가족의 부양기능이 제한되고 지역사회의 노인복지서비스가 충분하지 못할 경우 불필요한 시설입소를 조장할 수 있으므로, 이러한 시설입소를 억제하고 장기요양보호에 따른 사회적 비용을 경감하기 위해 사례관리가 필요하다.

2) 사례관리의 개념

사례관리(case management)라는 용어는 임상적 개입의 의미가 강한 사례(case)와 행정적 의미가 강한 관리(management)가 합쳐진 용어로서 통합적 사회복지실천의 성격이 강하다. 이러한 사례관리는 요양보호(managed care), 케어관리(care manage-ment), 보호조정(care coordination), 서비스 조정(service coordination) 등의 용어와 혼용되고 있다.

사례관리는 학자마다 다른 정의를 제시하고 있으나, 일반적으로는 "복합적 문제나 욕구를 가진 사람들의 기능과 복리를 최대화하기 위하여 공식적 · 비공식적 지지망과의 활동을 조직하고 서비스를 연결 · 조정 · 평가하는 서비스 전달방법"이라고 정의할 수 있다(권중돈, 2012).

3) 사례관리의 목적과 기능

사례관리의 목적은 다음과 같다(이근홍, 1998).

첫째, 노인 클라이언트의 경우 질병의 치료나 문제해결의 가능성이 낮고 점진적 악화의 과정을 거치며 그에 따라 보호욕구 또한 지속적으로 상승하기 때문에 지속적인 서비스를 보장하여야 한다. 만약 서비스가 중도에 단절되거나 중단되었을 경우, 자기보호 능력이 부족한 노인 클라이언트는 기본적 생활유지가 어려울 뿐만 아니라 질병이나 문제가 더욱 악화될 가능성이 있으므로 서비스의 점검, 재사정, 평가 등을 통하여 지속적인 보호나 서비스가 제공되어야 한다.

둘째, 노인의 경우 보건, 의료, 재활, 간호, 복지, 건축, 예술 등 다양한 전문분야의 서비스가 통합될 때 사회적 기능의 개선과 유지가 가능하므로 통합적 서비스를 제공하여야 한다. 부양가족의 경우도 가족생활, 교육, 건강, 사회활동 등의 다양한 영역의 서비스 욕구를 지니므로, 이러한 서비스를 통합적으로 제공해야만 그들의 부양부담을 경감하고 건강한 가족기능을 유지해 나갈 수 있다.

셋째, 노인이나 부양가족은 서비스에 대한 정보와 인식이 부족하고 이용방법을 몰라서 서비스에 접근하지 못하는 경우가 많으므로 방문원조, 안내 및 의뢰 등과 같은 좀 더 적극적인 서비스 방식을 채택하여 노인과 가족의 서비스 접근도를 높여 나가야 한다. 그리고 서비스 제공자에 대한 조정과 점검을 통하여 노인과 가족이 적절한 서비스를 받을 수 있도록 보장하고, 질 높은 서비스가 유지될 수 있도록 책임짐으로써 서비스에 대한 책임성을 제고해 나가야 한다.

넷째, 노인은 문제가 생겼을 경우 가족이라는 1차 비공식적 관계망에 가장 먼저 원조를 요청하므로 1차 집단의 보호부양 기능을 강화하여야 한다. 그러므로 부양가족의 노인부양 방법에 대한 지식과 기술을 교육하고, 가족의 제한된 자원과 부양기능을 보완해 나감으로써 노인이 안정되고 우호적인 분위기의 가정에서 지속적으로 보호받을 수 있도록 하여야 한다. 또한 노인을 부양하는 데서 발생하는 스트레스나 부양부담으로 생기는 가족갈등과 이에 따른 가족해체를 예방하기 위해서도 가족의 보호부양 능력을 향상해 나가야 한다.

다섯째, 노화에 따른 신체적 · 심리적 · 사회적 기능의 저하를 방지하고 노인 스스로가 자립적 생활을 영위할 수 있도록 노인 클라이언트의 사회적 기능과 복리증진을 도모하여야 한다.

여섯째, 노인의 가정이나 지역사회에서 삶의 연속성을 보장받으면서 안정된 노후생활을 영위해 나가기 위해서는 가족은 물론 공공행정기관, 의료기관, 복지기관, 각종 사회단체 및 조직, 민간기업, 친구, 이웃, 자원봉사자, 치매가족 자조집단 등의 다양한 사회자원의 개발과 동원, 그리고 제한된 자원의 효율적 이용이 이루어져야 한다.

다음은 노인사례관리 기능에 대한 설명이다.

첫째, 사례관리자가 노인과 부양가족에게 유용한 현존 자원과 서비스를 적극적으로 연결 · 의뢰하여야 하며, 서비스 연결 또는 의뢰과정에서 장애가 되는 요인을 제거해 주어야 한다.

둘째, 현재 노인과 가족을 위한 공식적 서비스가 제한되어 있는 점을 고려하여, 사례관리자는 가족, 친척, 친구, 이웃, 자원봉사자 그리고 자조집단과의 상호작용을 촉진하고 이들 비공식적 지원망을 체계화해 나가야 한다. 특히 노인과 가족이 지니고 있는 내적 자원과 장점을 최대화하여 가족의 기능을 강화해 나아가면서 주변의 이용 가능한 비공식적 관계망의 지지를 최대한 활용할 수 있도록 가족을 도와야 한다.

셋째, 현재 노인과 가족에게 서비스를 제공하는 기관은 공공행정기관, 보건의료기관, 사회복지기관, 비영리 봉사단체가 있지만, 이들 간의 교류나 협력은 매우 제한되어 있다. 따라서 사례관리자는 이들 기관 간의 정보교류, 상호 의뢰, 시설의 공유, 서비스의 조정과 연계를 촉진하여 노인과 가족이 필요한 서비스를 받을 수 있도록 해야 한다.

넷째, 사례관리자는 노인과 가족에게 유용한 서비스에 접근할 수 있도록 정보를 제공하며, 그들의 욕구와 문제에 대한 이해를 증진하고, 서비스 제공 기관과의 접촉을 향상할 수 있도록 상담을 진행해야 한다. 따라서 노인과 가족에 대해서 문제해결, 현실검증, 간호 지식과 기술의 교육, 서비스에 대한 정보제공, 노인의 자기보호 능력 향상, 가족관계의 개선 등에 목적을 둔 상담을 활발히 해야 한다.

다섯째, 노인을 위한 사례관리에서는 문제를 정확히 인식하게 하고 문제해결을 위한 동기화를 촉진하고, 문제해결에 필요한 기회와 자원에 접근할 수 있도록 하여 문제해결 능력을 강화하기 위한 직접서비스를 해야 한다. 그리고 이 과정에서 사례관리자는 노인과 가족이 일상생활에서 직접 활용할 수 있는 문제해결기술을 배양함으로써 가족의 자발적 문제해결능력을 제고해 나가야 한다.

여섯째, 현재 우리나라의 노인복지정책은 노인과 부양가족의 욕구와 문제를 반영하고 있기는 하지만, 그들의 욕구에 기초한 정책보다는 복지재정에 기초한 정책 결정이 이루어지는 경우가 많다. 그리고 노인과 가족은 시민과 서비스 제공자로서의 의무를 성실히 이행하면서도 서비스 수혜자로서의 권리는 박탈당하고 있는데, 이들은 스스로 자신의 권리를 주장할 수 있을 만큼 여유가 있거나 조직화되어 있지 못하여 자신의 요구를 충분히 주장하지 못하고 있다. 따라서 사례관리자는 전문가 집단과의 연계로 그들을 대신해 정부나 서비스 제공기관에 그들의 욕구와 권리를 주장·교섭·협상하여 노인과 부양가족의 권리를 옹호하는 활동을 적극적으로 수행해야 한다.

4) 사례관리의 구성요소

일반적인 사례관리의 구성요소는, 첫째, 다양하고 복합적인 욕구를 지닌 클라이언트, 둘째, 사례관리를 실천하는 사례관리자, 셋째, 사례관리의 과정, 넷째, 클라이언트에게 보호를 제공하는 사회자원 등으로 나눌 수 있다. 이를 도식화하면 [그림 8-2]와 같다.

노인과 사례관리 대상자인 클라이언트는 복합적인 욕구나 문제를 지닌 노인은 물론, 노인의 주된 부양책임을 맡은 주 부양자, 동거가족, 노인과 별거하는 가족 모두가 포함되어야 한다. 그러나 별거가족이나 부양책임을 맡지 않은 동거가족은 클라이언트인 동시에 비공식적 자원체계에도 속할 수 있다.

사례관리팀은 의사, 간호사, 사회복지사, 임상심리사, 재활치료사, 간병인, 가정도우미, 영양사, 자원봉사자, 차량서비스 운전자, 가족, 종교인 등 다분야 전문가나 비전문가로 구성된다. 사례관리자는 핵심관리자(key worker)로서 이런 사례관리팀의 서비스와 활동을 조정·통제한다. 만약 사례관리가 보건서비스 중심인 경우는 의사나 간호사가 사례관리자의 역할을 담당한다. 노인을 위한 사례관리자는 방문원조자, 사정자, 계획자, 중재자, 조정자, 상담자, 문제해결자, 자원개발자, 점검자, 평가자, 교사, 지도감독자, 행정가, 옹호자 등의 역할을 수행하며, 욕구를 사정하고, 서비스와 클라이언트를 연결하고, 서비스를 점검한다.

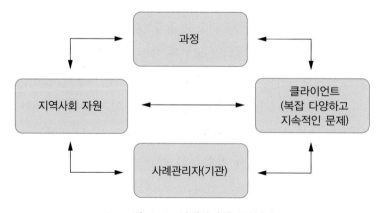

♨ 그림 8-2 **사례관리의 구성요소**

사례관리는 일반적으로 접수, 사정, 계획, 계획의 실행과 조정, 점검, 평가의 과정으로 서비스가 이루어진다.

노인과 가족의 다양하고 복합적인 욕구를 충족할 수 있는 사회자원에는 시설, 설비, 자금이나 물자, 개인이나 집단의 지식과 기능 등이 모두 포함되나, 개인이나 가족의 내외적 자원, 공식 및 비공식 자원, 실제적 자원과 잠재적 자원 등이 있을 수 있다.

6. 노인사례관리 과정

사례 💬

김동순(가명, 여, 78세, 이하 김 할머니) 할머니는 노인복지관 회원으로 활동하던 어느 날 복지관 복도에서 쓰러져 종합병원 응급실로 후송되었다.

노인복지관 사회복지사가 병원에 동행하여 김 할머니의 건강상태를 체크하고, 가족에게 인계하기 위해 인테이크를 하게 되었다. 김 할머니를 인터뷰하는 도중 할머니가 혼자 살고 있으며, 가족이 전혀 없다는 사실을 알게 되었다. 김 할머니는 독거노인이지만 기초생활수급자이거나 저소득 노인가구가 아니라 보호대상이 되지 않았다.

김 할머니는 결혼하지 않은 독신으로서, 35평 아파트에 혼자 살고 있었다. 항상 옷차림이 남루했고 목욕이나 신변청결상태는 극히 불량하였다. 복지관에서는 누구와도 대화하지 않는 등 사회적 관계 또한 지극히 협소하였다. 복지관에서도 영양실조로 쓰러진 이후 사회복지사가 가정방문을 요청하였지만 가정방문을 원하지 않았다.

김 할머니에게 도시락서비스를 제공하고자 하였으나, 완강히 거절하여 도시락을 로비에 두고 혼자 가져갈 수 있도록 하였더니, 매일 도시락을 가져가고, 다음 날 먹은 도시락을 가져다 두었다. 도시락서비스를 통하여 김 할머니와의 라포가 형성되었다고 판단한 사회복지사가 인터뷰를 시도하였으나 실패하였다. 그러던 중 눈이 펑펑 내리는 겨울날 목욕탕 슬리퍼를 신고 복지관에 온 김 할머니의 발이 예사롭지 않아 병원에 동행하였고, 동상에 걸렸다는 진단을 받았다. 이후 노인복지관에서는 김 할머니의 신체적·정신적·환경적 상황이 심각하다 판단하여 사례관리를 진행하기로 결정하였다.

김 할머니의 집은 냉난방은 물론 전기, 수도, 가스가 모두 사용한 적이 한 번도 없이 차단되어 있었고, 할머니는 치매초기증상을 보였다. 할머니의 원가족으로 오빠와 남동생, 여동생 등이 6명이나 있었으나, 모두 70대 이상의 노인이었다.

할머니에 관한 사례관리를 진행하는 과정에서 집에서 심한 악취가 난다는 이웃 주민들의 민원이 주민센터에 제기되었고, 사회보험료 등을 한 번도 낸 적이 없고, 공공요금을 쓴 흔적이 전혀 없는 등 새로운 사실이 밝혀졌다.

이 사례를 중심으로 사례관리의 5단계를 살펴보면 다음과 같다.

1) 인테이크 단계(조사)

사례관리의 접수단계에서 수행해야 할 과업은, 첫째, 발견, 둘째, 적격심사, 셋째, 사례관리의 계약이다. 사례의 발견과 접수는 여러 방법으로 이루어진다. 노인이 문제해결을 위해 사례관리기관에 접수하기도 하고, 기관 사회복지사나 사례관리자가 발굴하는 경우와 지역주민이나 지역사회 관련 기관의 요청으로 이루어지기도 한다. 사례의 발견 후 사례관리자는 클라이언트를 방문하거나 기관에 방문하게 하는 방법으로 사례관리 대상자로서의 적격여부심사를 거치게 된다. 이때 노인상담기술을 적절하게 활용하여야 한다. 사례관리자로 적격심사를 거친 후에는 사정의 단계 바로 전에 클라이언트와 계약을 성립하여야 한다. 만약 클라이언트가 계약을 원하지 않을 경우 강제적 사례관리 대상자로 정하지 않는다. 클라이언트의 자기결정의 원칙을 준수하여야 하며, 사회복지실천윤리와 가치의 우선순위에 대한 이해를 기반으로 하여야 한다.

2) 사정단계

사정단계에서 수행해야 하는 과업은 노인의 욕구와 문제, 현재의 기능상태, 장점과 잠재능력, 공식 및 비공식 자원체계의 보호능력 등에 대한 전반적 자료를 수집하고 종합적으로 분석하는 것이다.

독거노인의 욕구와 문제를 사정하기 위해서는 주거, 경제상태, 건강상태, 여가 및 사회참여, 사회 관계, 서비스 이용 등에 관한 자료를 수집하여야 한다.

사회적 관계 및 지지망 사정도구와 종합사정 결과표는 〈표 8-2〉, 〈표 8-3〉과 같다.

3) 계획단계

계획단계에서 수행해야 할 과업은, 첫째, 사례관리의 목적과 목표 설정, 둘째, 원조나 서비스의 우선순위 결정, 셋째, 서비스 제공 전략 수립이다.

먼저 사례관리의 목적과 목표로는 종합사정 결과에서 나타난 욕구와 문제를 완화 또는 해결할 수 있도록 노인의 안전을 확보하고, 손상된 기능 회복을 보완 또는 대체하고 자립적 생활능력을 증진하기 위한 노인의 역량을 강화하며, 공식 및 비공식적 자원의 연계와 조정이 이루어져야 한다.

이러한 노인의 안전 확인과 지원을 위한 서비스 계획을 수립하기 위한 점검표는 〈표 8-4〉의 형식으로 작성할 수 있다.

표 8-2 **사회적 관계 및 지지망 사정도구**

관계	이름	연령	교류기간	위치와 접근성	연락빈도	접촉빈도	관계 특성	도움받는 내용	도움 가능성
			(몇 년, 몇 월 기입)	1. 바로 옆 2. 걸어갈 수 있는 곳 3. 치 디면 가까운 곳 4. 가기가 쉽지 않은 곳(시간과 공간을 동시에 고려하여 판단)	1. 매일 2. 주에 수회 3. 주 1회 4. 월에 수회 5. 월 1회 6. 드물게	1. 매일 2. 주에 수회 3. 주 1회 4. 월에 수회 5. 월 1회 6. 드물게	1. 매우 친함 2. 친한 편 3. 보통 4. 소원한 편 5. 갈등 있음	1. 경제적 도움 2. 간병이나 수발 3. 청소 등 일상생활 지원 4. 정서적 도움 5. 기타	1. 늘 도와줄 것 2. 필요할 때 도와줄 것 3. 마음은 있어도 돕지 못할 것 4. 도와줄 마음이 없음 5. 판단하기 어려움
가족									
친구									
이웃									
단체성원									

🔖 **표 8-3 종합사정결과표**

독거 노인명			생활 지도사명		서비스 관리자		사정일자	
	욕구의 영역		**욕구와 문제의 내용**				**강점**	
독거노인	주거	안전						
		설비개조						
	경제	소득						
		경제활동						
	건강	보조기						
		건강관리						
		ADL						
		질병치료						
	여가 및 사회 참여	여가활동						
		사회활동						
	구분		**지원 욕구**				**자원**	
비공식 지원 체계	가족							
	친구							
	이웃							
	단체							
	구분		**서비스 욕구**				**서비스 연계**	
공식 지원 체계								
	종합사정 의견							

💡 표 8-4 독거노인 서비스 계획 수립 사례

서비스 영역	사정결과 (욕구와 문제)	목표	서비스 계획					
			서비스 내용	서비스 담당자	회(월)	일시	비용	순위
안전 확인 사회 관계	기분이 우울하고, 자살충동을 느낀다.	우울감을 경감하고, 안전을 확인한다.	안전 확인, 안부전화, 말벗, 레크리에이션 지도	생활지도사	20회	수시	무료	1
주택 설비	보일러가 고장 났다.	난방설비를 점검, 수리한다.	주택개조 서비스	기업A/S 센터, 주거개선사업단, 서비스 관리자	1회	가능 일시	무료 실비	2
소득 경제 활동	수입이 적어 생계비가 모자란다.	후원이나 부업거리를 연결한다.	시니어클럽 연계, 후원자 발굴, 고용안정센터	서비스 관리자	수시	수시	무료	4
질병 치료	말이 분명치 않다.	전문적인 치료를 받는다.	언어치료 서비스 연계	언어치료사	4회	월 오전 9시	무료 실비	9
건강 관리	당뇨병이 있으나 식이요법이 안 된다.	특별식단을 마련하여 식사관리를 지도한다.	지역복지 기관 또는 영양사와 연계	영양사, 생활지도사	1회	가능 일시	무료	7
일상 생활	목욕을 하지 못한다.	목욕이 가능하게 한다.	이동목욕서비스	방문목욕 서비스 담당자	3회	1, 3 주 목 오전 10~11시	무료	6
	쇼핑과 조리가 어렵다.	쇼핑 시 동행하고 밑반찬서비스를 연결한다.	쇼핑동행 및 대행, 밑반찬 배달 서비스	생활지도사, 밑반찬 배달사업 기관 담당자	4회	금 15~16시	실비 무료	3
여가 활동	하루 종일 하는 일 없이 무료하게 시간을 보낸다.	여가활동 참여기회를 부여한다.	경로당·노인 복지관 등록 레크리에이션 지도	경로당·복지관 담당자 생활 지도사	수시 4회	수 13~15시	무료	8
사회 참여	종교생활을 할 수가 없다.	종교단체 참여기회를 부여한다.	종교행사 참여	지역 종교단체 담당자, 서비스 관리자	4회	수, 금 10~12시	무료	10
사회 관계	하루 중 홀로 있을 때가 많다.	사람들과의 접촉 기회를 넓힌다.	말벗 서비스 친구 만들기	생활지도사	8회	화, 목 10~14시	무료	5

출처: 장인협, 우국희(2001).

4) 개입단계

실행, 조정과 점검단계를 모두 포함하는 단계가 개입단계이다.

실행 및 조정단계는 수립된 보호계획을 실행에 옮기는 단계로서, 서비스 관리자의 역할이 더욱 중요한 단계이다. 이 단계에서 서비스 관리자는 노인에게 제공되는 서비스의 연속성을 보장하고, 단편적이고 다양한 서비스를 통합·조정하며, 서비스에 대한 접근 및 서비스 제공과 활용에서의 장애를 극복할 수 있도록 노력해야 한다. 이를 위해서 서비스 관리자는 〈표 8-5〉에 의거하여 서비스 계획과 연계상황을 조정하여야 하며, 이때 서비스 중개자, 서비스 전달의 조정자, 옹호자, 자문 등의 간접서비스 역할을 주로 수행해야 한다.

점검단계는 노인에게 제공되는 서비스의 적시성, 충분성, 적절성 및 연속성을 보장하기 위해서 서비스 제공자를 포함한 독거노인 지원체계의 서비스 전달과 실행을 추적하고 재사정하는 과정이다. 즉, 점검은 보호계획이 적절하게 실행되고 있는지, 클라이언트가 기대하는 서비스를 제공받고 있는지, 독거노인에게 제공되는 서비스가 필요하고 적절한 것인지, 그리고 독거노인의 공식적 지원체계가 서비스 제공과 지지의 역할을 제대로 수행하고 있는지를 추적하고 감독하는 과정이다. 이러한 서비스 점검과 재사정을 위해서는 사정단계에서 사용한 〈표 8-2〉의 공식적 서비스 평가도구를 그대로 활용할 수 있을 것이다. 이러한 점검과 재사정을 위하여 서비스 관리자는 독거노인은 물론 서비스 제공자와 지속적으로 접촉하여야 하며, 서비스 제공자에게 간섭으로 간주되지 않도록 유의하면서 권위와 영향력을 발휘할 수 있어야 한다. 그리고 서비스 계획의 실행을 점검하고 재사정에서 나타난 문제를 해결하기 위하여 서비스 계획을 지속적으로 수정·보완해 나아가야 한다.

表 8-5 서비스 계획 및 연계의 조정방안

서비스명	기관명	세부 서비스 내용	제공된 서비스		서비스 장애요인	서비스 조정방안
			계획	실행		
무료급식 (경로식당)						
재가노인						
식사배달						
가정봉사원 파견						
방문간호						
방문보건사업						
건강음료 배달						
노인돌보미 바우처						
주거개선사업						
간병도우미						
안부전화 안전확인						
이동목욕 서비스						
단체 후원금						
단체 봉사활동						
기타( )						
기타( )						
기타( )						

5) 평가 · 종결단계

평가단계에서는 클라이언트에게 제공된 서비스, 클라이언트의 진척상황, 보호계
획, 서비스 활동 및 서비스 체계의 효과성과 효율성을 전반적으로 판단하고, 사례관
리를 종결하는 과정이다. 이러한 사례관리의 평가를 위해서는 클라이언트에 대한 직
접면접, 전화면접, 사례회의, 전문가의 기록에 대한 검토, 시설과 기관의 이용빈도
등을 활용할 수 있으며, 결과평가와 과정평가를 동시에 실시하는 것이 바람직하다.
그리고 사례의 목표가 달성되었거나, 더 이상 서비스가 필요하지 않거나, 클라이언
트의 중대한 변화로 사례관리를 지속할 수 없는 상황에서는 사례관리 과정을 종결하
되, 종결 이후의 미래계획 수립을 원조하고 지속적인 사후관리가 이루어져야 한다.
노인 사례관리의 과정을 간단하게 도식화하면 [그림 8-3]과 같다.

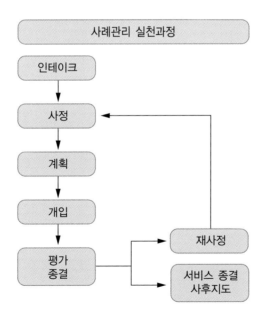

⌂ 그림 8-3 사례관리 실천과정

토론해 볼 문제

1. 사례관리의 등장배경에 대해 설명해 보세요.

2. 제시한 사례로 사례관리를 연습해 보세요.

   2-1. <표 8-1>을 채워 보세요.

   2-2. <표 8-2>를 채워 보세요.

   2-3. <표 8-3>을 채워 보세요.

   2-4. <표 8-4>를 채워 보세요.

3. 노인상담과 일반상담의 차이점은 무엇이라고 생각하는지 설명해 보세요.

제4부

주요 노인문제의 현황 및 과제

제9장

노인치매와 노인부양

1. 치매의 이해

1) 치매의 개념

치매(dementia)라는 용어는 라틴어 'dement'에서 유래된 말로서, '없다'라는 'de'와 '정신'이라는 'ment'가 합해져 '제정신이 아니다, 정신이 나갔다(out of mind)'라는 의미를 지닌다(Beaver, 1983).

치매는 인간의 뇌가 성숙하여 정상적인 지적 수준에 도달한 이후, 질병이나 외상 등과 같은 후천적 원인 때문에 뇌가 손상됨으로써 고등정신기능에 장애가 나타나는 복합적인 임상증후군이다. 즉, 치매는 뇌의 병변에 따라 기억장애, 사고장애, 판단장애, 지남력(식별력)장애, 계산력장애 등과 같은 인지기능과 고등정신기능이 감퇴되고 정서장애, 성격변화, 일상생활 동작능력장애 등이 수반됨으로써 일상적 생활이나 도구적 일상생활, 직업, 사회활동 또는 대인관계에 장애를 초래하는 노년기의 대

표적인 기질성 정신장애이다(권중돈, 1995). 이러한 치매의 개념을 좀 더 명확히 하기
위하여 정신장애 진단분류체계의 하나인 DSM-IV의 치매 진단기준을 살펴보면 〈표
9-1〉과 같다(APA, 1994).

𝒬 표 9-1 **치매의 진단기준**(DSM-IV)[1]

A. 여러 가지 인지 결핍이 발생하는데, 다음 두 가지로 나타난다.

1. 기억장애
   (새로운 정보를 학습하는 능력의 장애 또는 과거 학습한 정보를 회상하는 능력의 장애)
2. 다음 인지장애 중 하나 또는 그 이상
   a. 실어증(언어장애)
   b. 실행증(건강한 운동기능이 있음에도 불구하고 운동성 활동을 수행하는 능력의 장애)
   c. 실인증(건강한 감각기능이 있음에도 불구하고 대상을 인지하거나 알아보지 못함)
   d. 수행기능의 장애(예: 계획, 조직, 연속, 추상)

B. A1 및 A2 기준의 인지적 결함이 각각 사회적 및 직업적 기능의 유의한 장애를 초래하며, 과거
   기능수준에서 유의한 감퇴가 나타난다.

2) 치매의 원인과 유형, 증상

(1) 치매의 원인

치매는 다양한 원인에 따른 뇌손상이나 뇌병변으로 인지기능 저하가 나타나는 기
질성 정신장애를 통칭하는 용어이다.

치매의 원인은, 첫째, 대뇌위축, 전두엽 기저부의 마이너트 기저핵의 손상, 노인
반, 신경섬유뭉치 등 뇌의 구조적 이상, 둘째, PS1, PS2 유전자의 돌연변이와 같은 유
전적 요인, 셋째, 신경염증, 에스트로겐, 혈관성 질환 위험인자, 두부외상, 교육수준
등의 환경적 요인으로 인지기능 유지에 필요한 신경세포가 소멸됨으로써 나타난다.

---

1) 치매진단기준에 DSM-IV 진단기준이 혼하게 사용되고 있으나, 2013년 발표된 DSM-5에서 치매진단기준이 변
   경되었다. 주요신경인지장애와 경도인지장애 등 DSM-IV에 비해 경한 증상의 인지장애 환자를 위한 진단기준
   이다.

치매를 유발하는 원인질환은 내과, 신경과 및 정신과 질환 등 60~100여 가지에 이를 정도로 다양한데, 전체 치매의 절반 정도는 그 원인이 정확히 밝혀지지 않고 있다. 그러나 앞으로 치매의 분자생물학적 발생기전이 밝혀지면서 점점 더 그 수가 증가할 것으로 보인다. 현재까지 밝혀진 치매의 주요 원인은 〈표 9-2〉와 같다.

표 9-2 치매의 원인성 질환

구분	원인 질환
퇴행성 뇌질환	알츠하이머병, 픽병, 파킨슨병, 헌팅턴병, 루이소체 치매, 진행성 핵상마비
뇌혈관 질환	다발성 뇌경색, 열공성 뇌경색, 빈스방거병, 만성경막하 출혈, 측두 동맥염
뇌염증 및 감염대사 장애	AIDS, 크로이츠펠트-야코프병, 헤르페스성 뇌염, 뇌막염 후유증, 신경매독, 뇌종양, 경막하혈종, 정상압뇌수종
내분비 장애	간성뇌병증, 요독증(만성신부전), 저혈당, 저산소증, 갑상선 기능저하증
결핍성 장애	엽산결핍, 비타민 결핍
중독성 장애	약물중독, 알코올중독, 중금속중독(납, 망간, 수은 등), 유기용매중독

(2) 치매의 유형

치매의 유형 분류는 신경병리학적 소견에 따른 분류, 원인에 따른 분류, 병변의 진행에 따른 분류가 있다. 국제질병분류 제10판(ICD-10)에서는 이러한 세 가지 기준을 통합적으로 적용하여, 치매를 '알츠하이머형 치매, 혈관성 치매, 기타 질병에 의한 치매, 불분명한 치매'로 구분하고 있다(WHO, 1993).

표 9-3 치매의 유형 분류(ICD-10)

구분	원인 질환
알츠하이머형 치매	조발성 알츠하이머형 치매, 만발성 알츠하이머형 치매, 비정형 또는 혼합형 알츠하이머형 치매, 분명하지 않은 알츠하이머형 치매
혈관성 치매	급성 혈관성 치매, 다발성 경색 혈관성 치매, 피질하 혈관성 치매, 혼합형 혈관성 치매, 기타 혈관성 치매
기타 질병에 의한 치매	픽병, 크로이츠펠트-야코프병, 헌팅턴병, 파킨슨병, HIV 감염에 의한 치매, 기타 질병에 의한 치매
불분명한 치매	분명치 않은 치매

표 238 **제9장** 노인치매와 노인부양

이러한 분류 이외에 치료 가능성에 따라서 치료 가능한 치매와 치료 불가능한 치매로 분류하기도 하는데, 전자는 가역성 치매, 후자는 불가역성 치매라고 부른다.

현재까지 부분적 호전을 포함하여 치료가 가능한 치매는 전체 치매의 20∼25% 정도로 알려지고 있는데, 이에 해당하는 것은 다음과 같다.

- 약물중독, 중금속중독, 알코올중독 등의 중독성 장애
- 심혈관계 질환 및 호흡기질환, 만성간질환, 만성신장질환, 전해질장애, 저혈당 및 고혈당, 갑상선 기능항진 및 저하증 등의 대사장애
- 비타민 결핍, 엽산결핍 등의 결핍성 장애
- 신경매독, 결핵성 수막염, 뇌종양, 진균성 뇌염, 정산압수두증 등의 감염성 질환에 의한 치매

그리고 노인의 연령에 따라 초로기 치매와 노인성 치매로 구분하는데, 일반적으로 역연령 기준에 의해 65세 이상의 자의 치매는 노인성 치매로, 65세 이전의 치매환자에게는 초로기 치매로 불린다. 최근 초로기 치매환자의 증가현상이 두드러지고 있다.

(3) 치매의 주요 증상 및 심리적 특성

노인인구 증가로 인하여 급속도로 증가될 것으로 보이는 치매의 증상은 원인이 매우 다양하지만 크게 인지기능장애와 정신증으로 구분된다(이은희, 2003).

인지기능장애에는 기억력장애, 지남력장애, 언어장애, 수행능력장애가 있다. 정신증장애로는 망각, 환각, 초조감과 불안감, 우울증과 무감동, 공격적 성향, 수면장애 등이 나타난다. 또한 신체적으로 증상이 나타나기도 한다.

① 기억력 감퇴

치매 초기부터 가장 흔하게 나타나는 증상으로 대화 내용을 기억하지 못하여 반복적으로 묻고 최근의 사건 등을 기억하지 못하는 현상이 자주 발생한다. 병의 진행 이

후에는 사람을 만난 일이나 식사 등의 일상적인 일들에 대한 기억도 잊게 된다. 특히 초기에는 자신의 신상에 대한 정보와 오래된 과거에 대한 기억은 유지되는 경향이 있으나, 병의 진행 정도에 따라 서서히 잊게 된다.

② 지남력장애

지남력이란 시간, 장소, 사람을 알아보는 능력이다. 지남력장애의 순서는 시간을 구분하지 못하다가 중요한 날의 기억 저하, 심해지면 계절의 변화, 연도 변화, 낮밤의 구분이 어려워지게 된다. 시간지남력장애 다음에는 장소지남력장애와 사람의 구분에 장애가 나타난다.

사람에 대한 지남력장애는 자주 만나지 못하거나 관련성이 먼 사람부터 잊게 된다.

③ 언어장애

초기에는 대화 시 적절한 단어를 사용하지 못해 '이것' '저것' 등의 대명사를 사용하다가, 점차 대화를 이을 수 없게 된다. 하지만 가족이나 주변에서는 언어장애를 잘 인지하지 못하다가 병이 진행되면서 대화의 수가 급격히 줄어들고, 타인의 말을 잘 이해하지 못해 대화가 불가능하게 된다.

④ 실행능력장애 및 저하

병의 진행속도에 따라 추상적인 사고와 문제해결능력이 저하된다. 즉, 일의 계획, 결정, 수행 등의 과정상의 절차대로 수행하지 못하게 된다. 그동안 집안에서 익숙하게 해 오던 일상생활도 수행하기 어려워지면 병의 진행이 상당한 정도가 되었다고 볼 수 있다. 식사하기, 위생 관리하기 등의 가장 기본적인 활동까지도 수행하기 어려워한다.

⑤ 정신증장애

성격의 변화, 우울증 동반, 망상, 환각과 환청, 공격성 행동, 무감동 및 무관심의 행동을 수반하기도 한다. 본래의 성격과 다른 행동이나 특성을 보이는데, 사람들과 어울리지 못하고, 짜증 내거나 고함을 지르며, 공격적인 행동을 보이기도 한다. 타인을 의심하거나 무엇인가 보인다고 주장하거나 무엇이 들린다고 하기도 한다. 배회증상이 나타나기도 하고, 일몰증후군을 보이기도 한다. 저녁에 배회증상이 특히 심해지고, 밤에는 깊은 잠을 자지 못하는 수면장애가 나타나기도 한다.

⑥ 신체증상

병의 진행이 상당 정도 진행되면, 다양한 증상으로 인해 신체에도 변화가 나타난다. 일상생활의 저하나 성격의 변화, 우울감의 증가 등으로 다양한 신체적 문제가 나타나기도 한다.

2. 치매가족 및 사회의 부양부담

1) 치매노인 부양자의 부양부담

치매노인을 부양하는 가족은 부양스트레스를 경험하게 된다. 특히 주 부양자의 부양스트레스는 극심한 것으로 나타나고 있다. 치매가족, 특히 주 부양자가 경험하는 부양부담의 차원을 시간의존적 부양부담, 신체적 부양부담, 경제적 부양부담, 심리적 부양부담, 사회적 부양부담 그리고 발달단계상의 부양부담을 개념화하여 정리하면 다음과 같다(이은희, 2003).

첫째, 시간의존적 부양부담은 부양자의 부양활동으로 인한 시간상 제약을 의미한다. 인지장애와 정신증장애가 심각한 중증도의 치매노인을 가정 내에서 부양해야 할 경우 24시간 부양해야 한다. 과도한 부양시간은 주 부양자의 시간을 극도로 제한하게 된다.

둘째, 신체적 부양부담은 치매노인의 부양으로 주 부양자의 신체적 피로감이 극도에 달하게 됨을 말한다. 치매환자의 다양한 장애나 기능저하가 심각할 경우 주 부양자의 신체적 어려움은 가중되고, 특히 노인이 치매환자를 부양해야 할 경우 신체적 어려움은 더욱 증가한다. 치매환자 가족의 건강문제는 다양한 연구에서 밝혀지고 있다.

셋째, 경제적 부양부담은 치매가족은 지속적인 환자 치료와 간병비용으로 가계운영에 압박을 받게 된다. 특히 경제활동에 참여하는 주 부양자는 부양과 경제활동에 따르는 요구를 동시에 충족하여야 하기 때문에 과도한 역할에 대한 갈등이 심각하다. 그리하여 치매노인 부양 때문에 경제활동 시간이 단축되고 활동이 중단되거나 재교육 및 훈련기회를 상실하며, 잦은 결근과 외출, 부양에 대한 염려에 따른 업무몰입장애, 승진기회 상실 등의 다양한 부담을 겪게 된다. 노인부부이거나 부양자녀가 노인인 경우에는 경제적 어려움이 가중된다.

넷째, 사회적 부양부담은 갑작스러운 치매환자의 주 부양자로서의 역할수행에 대한 부양부담으로, 가족성원과의 관계, 직장 및 지인과의 긍정적인 관계를 유지하기가 어려워지는 것을 말한다. 이러한 치매노인 보호로 인한 부양부담은 부정적 방식으로 불편감과 분노감 등을 표현하게 된다.

다섯째, 심리적 부양부담은 주 부양자의 심리적인 안녕상태가 불안해지는 것을 의미한다. 주 부양자는 치매노인을 보호하면서 우울감, 좌절감, 분노감, 자존감의 저하, 무력감 등 여러 가지 감정을 경험하게 된다. 특히 주 부양자의 이러한 심리상태는 가족성원과의 갈등을 초래하여 깊은 죄의식을 유발하기도 하며, 간병자살 및 동반자살 혹은 감정 통제력을 상실하여 치매노인을 폭행, 심하게는 사망에 이르게 하는 결과를 초래하기도 한다.

여섯째, 발달단계상의 부양부담은 주 부양자가 생애주기에 적합한 활동의 제한을 받는 것을 의미한다. 즉, 치매노인 보호로 인한 신체적·시간적·정신적 제약으로 주 부양자가 자신의 나이에 적합한 활동을 하지 못하게 되면서 가질 수 있는 부양부담을 말한다.

2) 치매노인 부양의 사회적 비용

(1) 치매노인의 증가

인구고령화는 필연직으로 가족이나 사회에 대한 의존욕구를 지닌 의존성 노인의 증가를 유발하게 되어 있다. 이러한 의존성 노인 중에서도 가족과 사회에 대한 의존성이 가장 높은 경우가 바로 치매노인이다. 치매는 인지기능의 장애로 시작하여 일상생활과 사회활동 능력의 점진적 황폐화를 초래하는 정신장애이므로, 치매가 심해지면 기본적인 일상생활조차 노인 혼자의 힘으로 영위하기 어려워진다. 그러므로 인구고령화는 곧 치매노인 인구의 증가를 의미한다고 해도 과언이 아니다.

우리나라의 2012년 전국치매역학조사 결과, 치매유병률은 〈표 9-4〉에서 보는 것과 같이 2000년에서 2012년까지는 9%대였고, 2040년 이후로는 11%대에 이를 것으로 추정되고 있다. 향후 치매환자 수는 2050년까지 20년마다 2배씩 증가할 것으로 추산되고 있다. 보건복지부(2021) 자료에 의하면 약 78만 6천여 명이 노인성 치매 환자로 등록되어 있으며, 전체 노인 인구의 10.33%인 약 84만 명에 이를 것으로 추정하고 있다. 치매 유병률은 65세 기준으로 나이가 5세 많아질 때마다 2배씩 증가한다고 한다. 60~64세 2.7%, 65~69세 4.2%, 70~79세 8.9%, 75~79세 22.0%, 80~84세 27.0%, 85세 이상 35.2%로 5세 단위로 급증함을 확인할 수 있다. 2023년 국회 보건복지위의 자료에 의하면, 우리나라 치매인구는 100만 명에 이르고 있다.

표 9-4 **치매노인의 증가 추이**   (단위: 천 명, %)

구분	2008	2009	2010	2011	2012	2013	2020	2030	2040	2050
65세 이상 인구수	5,016	5,193	5,357	5,537	5,742	5,962	7,701	11,811	15,041	16,156
65세 이상 치매노인 수	421	445	469	495	530	548	750	1,135	1,685	2,127
치매유병률	8.4	8.6	8.8	8.9	9.1	9.2	9.7	9.6	11.2	13.2

출처: 보건복지부지정 노인성치매임상연구센터.

📌 표 9-5 **치매유병률 조사** (단위: 천 명, %)

구분	2010	2013	2014	2015	2020	2023	2030	2050
노인인구	5,425	6,138	6,386	6,624	8,084	9,834	12,691	17,991
치매노인 인구	474	576	612	648	840	1,008	1,272	2,710
치매유병률 (%)	8.7	9.4	9.6	9.8	10.4	10.3	10.0	15.1

출처: 보건복지부, 국립중앙의료원, 중앙치매센터(2023). 「대한민국치매현황 2022」.

이와 같이 치매인구가 증가할 것으로 예측되는 것에는 여러 가지 이유가 있지만, 가장 주된 원인은 평균수명 연장에 따른 노인인구의 증가라고 할 수 있다. 우리나라는 물론 외국의 치매유병률 조사에서도 연령이 증가함에 따라 치매유병률이 높아지는 것으로 나타나고 있으며, 남성노인보다는 여성노인의 치매유병률이 공통적으로 높게 나타나고 있다.

우리나라의 인구추계에 따르면, 평균수명이 연장됨에 따라 80세 이상의 고령노인, 특히 여성고령노인의 수가 급격하게 늘어날 것으로 예측되고, 치매에 걸릴 가능성이 높은 위험군 노인집단의 규모도 커짐에 따라 자연히 치매노인의 수는 증가할 수밖에 없는 실정이다.

(2) 사회적 차원의 보호비용

급속한 노인인구 증가에 따른 노인성 질환자의 증가는 노인의료비의 증가를 초래하여 건강보험의 재정적자가 가속화되고 있고, 이는 고스란히 국민의 부담으로 이어질 것으로 전망되고 있다. 특히 노인장기요양보험제도상의 요양서비스를 받기 위한 등급판정 지표는 인지장애보다는 일상생활동작 기능에 주로 초점을 두던 것이 인지장애를 강화한 등급판정 지표로 변경되어, 치매노인을 위한 사회적 비용이 급격하게 증가할 것으로 보인다.

2021년 65세 이상 노인 진료비는 2017년 대비 46% 증가하였으며, 그중 알츠하이머치매 진료비가 가장 많이 발생하였으며, 노인진료비의 5.3%를 차지했다. 치매진료인원은 여성이 남성보다 2.5배 많았다(건강보험심사평가원, 2022).

향후 노인의료비 증가뿐만 아니라 노인복지를 위한 사회경제적 비용도 동반 상승할 것으로 보인다. 노인복지비용의 증가는 노인인구의 증가뿐만 아니라 노인복지서비스의 확대에도 원인이 있다고 할 수 있으나, 앞으로 핵가족화 및 가족의 노인부양 기능약화 등의 현상이 더 심화되어 노인부양이 점차 사회로 이양될 수밖에 없는 상황이다. 이에 향후 치매노인의 치료, 요양 및 보호에 따르는 사회경제적 비용은 급격하게 증가할 것으로 예측된다.

3. 치매가족의 부양부담 경감을 위한 지원방안

2014년 치매노인은 64만 8천 명에서 2023년에는 백만 명을 넘어섰다(건강보험심사평가원, 2023). 이 같은 추세를 반영하듯 의료서비스를 이용한 치매환자는 2014년에만 44만 2,855명에서 2026년에는 10만 5,253명을 예상하고 있으며, 치매진료비 역시 2006년 1,898억 원에서 2023년 2조 3,629억 원까지 늘었다.

가정에서 치매노인을 돌보는 가족의 부양부담은 앞에서도 설명하였듯이 다양한 측면에서 심각한 문제를 야기하고 있다. 이러한 치매가족의 심각한 부양부담을 경감하기 위한 정책적 · 실천적 지원방안에 대해 살펴보면 다음과 같다.

1) 정책적 지원방안

보건복지부 조사에 따르면, 현재 우리나라 치매노인 중 약 72%는 가정 내에서도 보호되고 있으며, 치매환자 중 56%만이 진료 및 치료를 받고 있고 나머지 치매노인은 진료나 치료를 받지 못한 채 방치되고 있다. 치매노인이 급격하게 증가하고 있고 다양한 문제가 노출되고 있음에도 우리나라의 치매노인 및 그 가족을 위한 정책적 지원수준은 매우 낮은 실정이다.

치매노인과 그 가족을 위한 정책적 방안을 제언하면 다음과 같다.

첫째, 치매환자 조기발견 및 치매검사 접근성을 높이기 위한 제도적 지원체계 마련이 시급하다. 치매진단 검사비의 현실적 지원이 필요하다. 일반노인을 위한 치매진단 검사비는 고액의 비용으로 많은 부담이 되는 것이 현실이다.

일부 지방자치단체에서 치매진단비용을 지원하고 있기도 하지만, 접근성을 높이기 위한 많은 정책적 배려가 필요하다. 보편적 노인복지서비스를 위해 보건소에 치매진단 장비를 설치하여 지역노인들의 접근성을 높여야 한다.

둘째, 저소득층 대상의 치매치료비 지원금의 현실화가 필요하다. 치매진단 이후 치매관리비 명목으로 기준 중위소득 120%의 60세 이상 노인에게 월 3만 원을 지원하고 있으나, 치매치료비로는 턱없이 부족하여 가정 내에서 방치되는 경우가 많아 치매를 지속적으로 관리하는 데 장애가 되고 있다. 그러므로 치매진단을 받은 저소득층 노인의 지속적인 치매관리를 위한 치매치료비의 현실화가 시급히 이루어져야 한다.

셋째, 치매안심센터 운영의 내실화가 필요하다. 중앙치매센터, 광역치매센터 및 기초자치단체의 치매안심센터가 설치·운영되고 있다. 치매안심센터는 지역노인들의 치매환자 발굴, 치매인식교육, 예방 및 치료의 기능과 역할을 수행하고 있으며, 치매안심센터는 치매환자의 초기 안정화, 증상악화의 예방을 위해 치매환자 맞춤형 사례관리 서비스 등을 운영하고 있다. 특히 치매에 대한 인식개선을 위해 치매안심마을 지정, 치매안심 가맹점, 치매서포터즈 등을 운영하고 있는 등 그 중요성이 증가하고 있으나, 경중 치매환자들과 그 가족들에게 실제적인 도움이 되도록 운영되어야 할 것이다.

넷째, 돌봄서비스의 치매지원 서비스 대상자 확대 지정이 필요하다. 각 지방자치단체는 노인복지예산의 부족으로 시·군·구가 지정한 노인에게만 돌봄서비스를 지원하기 때문에 지정받은 치매노인만이 돌봄서비스를 받을 수 있다는 한계점이 있다. 지정받는 조건도 까다로워 주로 기초생활수급 노인이나 저소득층 독거노인 등에 한정되어 있으며, 전체 돌봄서비스 대상자 중 치매노인 돌봄서비스 대상자는 극히 소수만 혜택을 받고 있다. 그러므로 돌봄서비스의 치매지원서비스 대상자의 확대 지정 및 서비스 실시가 요구되며, 이로써 지속적인 치매관리가 가능하게 되면 더 많은 치매노인 및 부양가족의 부담이 경감될 것이다.

다섯째, '치매환자 서포트' 제도의 실시가 필요하다. 치매환자 부양가족에 대한 신체적 · 경제적 · 심리적 · 사회적 부양부담의 어려움을 공감하고 치매 관련 교육을 실시하는 등 치매환자의 사회적 부양이라는 책임의식을 함양하기 위한 '치매환자 서포트' 제도를 도입하여야 한다. 치매환자가족에게 휴식과 쉼을 지원하는 프로그램이나 치매환자의 부양이나 보호를 위한 정보제공, 가정 내 부양 지원 프로그램 등의 실시가 확대 · 운영되어야 한다. 이는 치매환자진료비의 급격한 증가도 예방하며, 재가지원서비스를 활성화하는 방안이 될 것이다.

2) 실천적 지원방안

치매 관련 기관이나 협회에서는 치매가족의 부양부담을 경감하기 위하여 교육 · 지지집단 프로그램, 치매가족 상담과 치료, 휴식서비스, 치매가족 자조모임 등 다양한 직접개입 프로그램을 실시하고 있다(권중돈, 2004).

(1) 치매가족을 위한 교육 · 지지집단 프로그램

치매노인을 부양하는 가족의 부양부담을 경감하기 위한 집단개입방법으로는 교육집단, 지지집단, 교육 · 지지집단, 자조집단 프로그램 등 다양한 형태의 개입방법이 있다. 가족중심적 개입방법으로는 가족에 대한 심리교육적 접근, 가족자문, 가족워크숍 등이 있다. 그러나 이러한 집단 프로그램과 가족 프로그램은 명칭을 달리할 뿐 치매가족에 대한 교육과 지지의 제공이라는 공통의 목적을 추구한다.

치매가족 교육 · 지지집단은 교육집단과 지지집단의 목적을 동시에 추구하는 집단으로, 첫째, 치매에 대한 의학적 이해, 치매노인의 증상과 기능저하에 대한 대처방법, 환자와의 효과적 관계형성방법, 자기보존전략 등에 대한 교육과 정보 제공, 둘째, 집단성원이 경험하는 부양부담의 공유와 상호 지지에 목적을 두고 있다.

이러한 교육 · 지지집단의 구성에서는 먼저 가족의 부양부담 차원과 수준, 치매노인의 치매 정도, 그리고 부양자의 일반적 특성을 고려하여 최대한 동질적으로 구성하는 것이 바람직하다. 동질성이 높은 집단일수록 집단성원 간의 정서적 결속력이 높고 더욱 활발한 상호작용과 상호 지지가 이루어지기 때문이다.

(2) 치매가족 상담과 치료

① 전화상담

치매에 대한 낙인을 피할 수 있을 뿐만 아니라 사회활동에 제한을 받는 부양자의 상담 접근성이 높기 때문에 치매와 관련된 상담 유형 중에서 가장 활용도가 높다. 전화상담, 치매간호 기술 등에 대한 전문교육을 이수한 전문지식과 기술을 가진 상담원을 배치하여야 한다.

② 온라인상담

치매 관련 인터넷 사이트가 급격하게 늘어나 전화상담과 더불어 근래 상담건수가 빠르게 증가하고 있다. 인터넷을 이용한 실시간 정보제공과 사이버 치매간호교육이 가능하며, 전국 시설에 대한 정보서비스가 가능하다.

③ 가족상담과 가족 지원

가족 구성원 중 누군가가 치매진단을 받게 되면 가족은 큰 혼란을 경험하게 된다. 치료의 문제, 부양의 문제, 경제적 지원대책 등에 대한 가족구성원의 합의가 이루어지지 않으면 가족의 갈등이 발생하게 된다. 상담자는 치매가족이 겪게 된 위기와 닥치게 될 어려움에 대해 예견하고, 가족이 함께 할 문제해결방법에 대해 제안하고 지지할 수 있어야 한다. 가족의 역기능에 대한 이해, 가족 간의 역할분담 등에 대한 논의 구조의 지원 등 협력적 가족부양체계에 대해 논의하고 지원하여야 한다.

(3) 휴식서비스

치매노인을 수발하는 주 수발자는 다양한 어려움에 놓이게 된다. 다른 가족성원과의 치매환자 부양에 대한 심리적 · 정서적 갈등의 문제 해결과 부양에 따른 다양한 어려움에 처한다. 개인적 시간의 부족, 가사활동 등과 역할의 과중 등의 어려움도 있다.

따라서 치매노인 가족을 위한 교육·훈련서비스와 병행하여 실시되어야 할 보완적 가족서비스는 휴식서비스이다. 휴식서비스는 치매노인에게 일상생활 원조와 같은 구체적인 서비스를 제공함과 동시에 부양자들에게는 부양책임에서 벗어나 자신만의 시간을 가질 수 있게 해 주므로, 부양자의 부양부담과 역할부담을 경감함은 물론 신체 및 정신건강과 사기를 증진하며, 지속적인 부양역할 수행에 대한 확신을 주는 효과가 있다.

가장 직접적인 휴식서비스로는 치매가족에게 가정도우미나 가정방문 간호사를 파견하여 서비스를 제공하는 것이다. 치매가족을 위한 또 다른 휴식서비스로는 부양자를 대상으로 한 문화기행이나 다양한 형태의 여가서비스 제공이 있다.

(4) 치매가족 자조집단

치매가족으로 구성된 자조집단은 정서적 지지는 물론 자신이 필요로 하는 자원과 정보를 상호 교환할 수 있는 이점을 지니고 있다. 자조집단의 특성은 공통의 어려움을 함께 나누면서 문제해결방법을 스스로 찾아내고, 함께 공유한다는 것이다. 실천현장에서는 그들이 문제해결방법과 대처능력을 향상할 수 있도록 자조집단 구성을 지원할 필요가 있다.

토론해 볼 문제

1. 치매에 관해 언론매체에서 다룬 내용을 공유해 보세요.

2. 노인치매가 사회문제라고 보는 이유에 대해 설명해 보세요.

3. 치매의 원인, 증상에 대해 설명해 보세요.

4. 치매노인 부양가족의 문제에 대해 설명해 보세요.

5. 국가가 왜 치매가족을 지원하는 정책(치매국가 책임제)을 마련해야 하는지 토론해 보세요.

6. 외국의 지역사회대응형 치매프로그램을 조사하고 토론해 보세요.

제10장
노인인권과 노인학대

1. 노인인권

1) 노인인권의 개념

인권(human rights)의 개념은 17~18세기의 서유럽 자유주의 정치사상인 자연법에서 시작되었고, 페인(Paine, 1791)의 책 제목인 '인간의 권리(rights of man)'에서 인권이라는 단어가 유래되었다고 한다(안치민, 2003).

세계인권선언에서는 인권의 개념을 '인간이 지닌 권리'의 의미에서 '인간이 존엄한 존재가 되기 위해 가져야 할 당연한 권리'로 선언하고 있다(국가인권위원회 홈페이지). 유엔인권센터(2005)에서는 인권의 개념을 '인간의 타고난 천성에 내재되어 있는 것으로, 이것 없이는 인간으로 살 수 없는 권리'라 정의하고 있다. 우리나라의 국가인권위원회법에서는 '헌법 및 법률에서 보장하거나 대한민국이 가입·비준한 국제인권조약 및 국제관습법에서 인정하는 인간으로서의 존엄과 가치 및 자유와 권리'로 규정하고 있다(박현주, 2015).

인권의 개념은 소극적 의미에서 적극적 의미로 확장되어 가고 있으며, 이는 인간이 존중받을 당연한 권리로서 인식되고 있음을 의미한다. 하지만 인간에게 주어진 권리로서의 인권은 개인이 그것을 지키고자 할 때 더욱 중요성이 강조된다.

노인도 타 연령층과 마찬가지로 인간으로서의 존엄성과 가치를 가진다. 따라서 인간으로서의 권리를 가지는 주체이다. 노인인권에 대한 개념은 '노인이 존엄한 존재로 존중받고, 인간다운 노후생활을 영위하는 데 필요한 모든 권리'라고 할 수 있으며, 노인의 특성과 사회환경을 충분히 반영한 노인인권의 개념정의가 필요하다고 할 수 있다(권중돈, 2016).

장애인, 여성, 아동의 인권문제보다는 노인인권에 대한 관심은 이제 시작되었다고 할 수 있다. 국제사회는 고령화문제 해결을 위해 비엔나회의(1982)와 마드리드회의(2002)를 개최하여 노인문제에 대한 관심을 집중시켰다. 이러한 회의가 진행되는 사이에 유엔총회에서는 노인인권에 대한 뼈대를 논의하는 '노인을 위한 유엔원칙'(1991. 12.)을 채택하게 되었다.

'노인을 위한 유엔원칙'은 5개 영역과 18개 원칙으로 이루어져 있다.

① 독립(Independence)

노인이 독립성을 누릴 수 있는 소득과 교육 등에 대한 접근이 보장되어야 함을 제시하고 있다.

- 가족과 지역사회의 지원 및 자조를 통하여 적절한 식량, 물, 주거, 의복 및 건강보호를 받을 수 있어야 한다.
- 일을 할 수 있는 기회를 제공받거나, 다른 소득을 얻을 수 있는 기회에 접근할 수 있어야 한다.
- 직장에서의 은퇴결정에 참여할 수 있어야 한다.
- 적절한 교육과 훈련을 받을 수 있어야 한다.
- 개인의 선호와 변화하는 능력에 맞추어 안전하고 적응할 수 있는 주거환경에서

살 수 있어야 한다.
- 가능한 한 오랫동안 가정에서 살 수 있어야 한다.

② **참여**(Participation)

노인의 사회참여는 단순한 임금노동 이상의 것으로 일상생활의 영위, 지역사회 참여 등을 포함하며, 노인 자신을 위한 사회운동과 단체를 형성하고 참여하도록 원칙을 제시한다.

- 사회에 통합되어야 하며, 노인복지정책 수립과 시행과정에 적극적으로 참여하고, 노인들의 지식과 기술을 젊은 세대와 함께 공유하여야 한다.
- 지역사회 봉사 기회를 찾고 개발하여야 한다.
- 노인을 위한 사회운동과 단체를 형성할 수 있어야 한다.

③ **돌봄**(Care)

- 각 사회의 문화적 가치체계에 따라 가족과 지역사회의 보살핌과 보호를 받아야 한다.
- 신체적·정신적·정서적 안녕의 최적수준을 유지하거나 되찾도록 도와주고, 질병을 예방할 수 있는 건강보호를 받을 수 있어야 한다.
- 노인의 자율과 보호를 확보하기 위해 사회적·법률적 서비스에 접근할 수 있어야 한다.
- 인간적이고 안전한 시설에 입소해서 적절한 보호, 재활, 사회적·정신적 서비스를 제공받아야 한다.
- 노인이 보호시설이나 치료시설에 거주할 때도 그들의 존엄, 신념, 욕구와 사생활을 존중받으며, 노후생활에 필요한 보호와 삶의 질에 대한 사항을 스스로 결정할 수 있는 인권과 자유를 향유할 수 있어야 한다.

④ **자아실현**(Self-fulfilment)

● 노인의 잠재능력이 충분히 발휘될 수 있는 기회를 추구하여야 한다.

● 지역사회가 제공하는 교육, 문화, 종교, 여가프로그램에 접근할 수 있어야
한다.

⑤ **존엄성**(Dignity)

● 존엄과 안전 속에서 살 수 있어야 하며, 착취와 육체적·정신적 학대로부터 자
유로워야 한다.

● 나이·성별·인종이나 민족 배경, 경제 수준의 정도 등에 따라 차별받지 않고
공정한 대우를 받아야 하며, 그들의 경제적 기여와 관계없이 평가되어야 한다.

또한 마드리드 고령화국제행동계획(2002년)은 건강과 영양, 주택과 환경, 소득보
장과 고용, 교육 등에서 취해야 할 98개의 권고조항을 통해 21세기 세계가 직면하고
있는 인구고령화에 대한 기회와 도전에 대한 대책을 마련하여 모든 연령의 사람을
위한 사회발전방안을 논의하였다.

2) 노인인권에 관련한 정책

보건복지부는 노인복지시설[1]에서 생활하는 노인의 기본적 인권을 규정하고, 이를
보장하기 위한 구체적 행동강령을 제시하고 있다. 즉, 시설에서 생활하는 노인들을
존엄한 존재로 존경하고 건강하고 안정된 노후생활을 영위할 수 있도록 지원하는 것
이다(보건복지부, 2023). 생활시설 거주노인들의 인권보호지침이 제정된 배경으로는
노인인구의 급격한 증가로 다양한 국가정책을 수립하였으나, 노인의 권리보호는 여
전히 제한적이라는 것이다.

「노인복지법」 제3조, 「장애인·노인·임신부 등의 편의증진 보장에 관한 법률」 제

---

1) 노인주거복지시설, 노인의료복지시설, 재가노인복지시설 중 주·야간보호시설과단기보호시설을 말한다.

6조, 「건강가정기본법」 제25조, 「교육기본법」 제3조에서 노인의 권리보호를 위해 국가 및 지방자치단체의 책임과 가족의 노력을 명시하여, 노인의 권리보호에 국가와 사회, 가족의 책무를 밝히고 있다. 즉, 노인의 기본권을 확보하기 위한 주거권보호, 보호의 사각지대 해소, 신체적·정신적 의존상태에 있는 노인의 건강보호, 노인교육 프로그램의 개발 및 고용기회 제공 등을 통해 노인의 기본권을 보장하기 위한 법률의 제정이 이루어졌다.

또한 국가는 제1차 국가인권정책기본계획(2007~2011)을 발표하여 노인의 신체적·정신적 상황에 맞추어 노인의 생활욕구에 대응할 수 있는 인적 서비스 체제를 갖추고 노인의 인간다운 생활을 보장하기 위한 근로기회 제공 및 노후 소득보장, 평생교육체계를 구축할 것을 권고하기도 하였다.

이에 정부는 노인복지시설의 생활노인의 인권을 명확하게 규정하고, 이를 보호하기 위한 관련자들의 행동강령을 마련하였다.

(1) 시설 생활노인의 권리선언

노인복지시설 생활노인은 다음과 같은 기본적 권리를 가지는 국민으로서 어떠한 이유로도 권리의 침해를 받아서는 안 되며, 국가와 시설은 생활노인의 인권을 보호하고 삶의 질을 향상시키기 위하여 최선의 노력을 기울여야 한다.

- 존경과 존엄한 존재로 대우받고, 차별, 착취, 학대, 방임을 받지 않고 생활할 수 있는 권리
- 개인적 욕구에 상응하는 질 높은 수발과 서비스를 요구하고 제공받을 권리
- 안전하고 가정과 같은 환경에서 생활할 권리
- 시설 내·외부 활동에 신체적 구속을 받지 않을 권리
- 개인적 사생활과 비밀보장에 대한 권리
- 우편, 전화 등 개인적 통신을 주고받을 권리
- 정치적·문화적·종교적 활동에 제약을 받지 않고 자유롭게 참여할 권리
- 개인 소유 재산과 소유물을 스스로 관리할 권리

- 비난이나 제약을 받지 않고 시설운영과 서비스에 대한 개인적 견해와 불평을 표현하고 이의 해결을 요구할 권리
- 시설 내외부에서 개인적 활동, 단체 및 사회적 관계에 참여할 권리
- 시설 입·퇴소, 일상생활, 서비스 이용, 제반시설활동 참여 등 개인의 삶에 영향을 미치는 모든 부분에서 정보에 접근하고 자기결정권을 행사할 권리

(2) 시설 생활노인의 권리보호를 위한 윤리강령

시설운영자, 종사자, 동료 생활노인, 가족, 지역사회 등 노인복지시설에서의 보호서비스와 관련된 모든 사람은 노인의 기본적 권리를 보장하고, 인간다운 생활을 보장하기 위하여 다음과 같이 행동해야 함을 윤리강령에 담고 있다.

① 존엄한 존재로 대우받을 권리

- 노인의 의사에 반하는 노동행위 금지
- 시설의 모든 서비스에 자유롭게 접근 또는 이용할 수 있는 기회 제공
- 생활노인이 시민으로서 또는 노인으로서 갖는 권리를 완전히 행사할 수 있도록 하고, 차별, 감금, 방해, 강압 또는 보복행위금지
- 신체적 학대, 정서적 학대, 성적 학대, 경제적 착취 또는 가혹행위, 유기 및 방임 등의 학대행위 절대금지 및 학대행위 발생 시 관련 법률과 지침에 따라 학대피해노인에 대한 신속한 보호조치
- 가족은 면회나 전화접촉 등을 통하여 노인과의 유대관계의 지속적 유지, 시설의 서비스나 운영에 관한 적극적 협조노력
- 시설은 종사자에게 노인의 권리에 대한 홍보와 교육의 분기별 실시 의무
- 종사자는 수발 및 서비스 과정에서 노인의 권익신장을 위한 상담과 조치를 적극적으로 취하여야 하며, 노인의 권리가 침해될 우려가 있거나 침해받은 경우 이의 회복과 구제를 위한 적극적 조치의 강구

② 질 높은 서비스를 받을 권리

- 노인의 삶의 질을 증진시키고, 잔존능력을 유지하고 자립능력을 고양시키기 위한 질 높은 전문적 수발과 서비스의 제공
- 정기적인 상담을 통해 노인의 개별적 욕구와 선호, 기능상태를 고려하여 개별화된 서비스와 수발 계획의 수립, 이의 적극적 이행 의무
- 개인적 선호와 건강 및 기능상태에 따라 다양한 영양급식 제공
- 의학적 판정 없이 노인 개인 복용약물 금지의 부적절함 인식
- 시설은 종사자의 능력개발을 위한 충분한 직무훈련과 교육기회의 부여, 이들의 수발 및 서비스 능력 제고를 위한 노력
- 월별 입소비용 미납 등의 경제적 이유만으로 시설에서 제공하는 서비스 이용을 제한해서는 안 되며, 노인의 입소비용 문제 해결을 위한 지지망 개발, 노인의 전원 또는 퇴소 시까지 최선의 서비스 제공
- 종사자는 직무수행상의 사고로 인하여 노인에게 위험을 초래하지 않기 위해서 직무안전에 최선을 다해야 함

③ 가정과 같은 환경에서 생활할 권리

- 시설은 안전하고 깨끗하며 가정과 같은 환경 제공
- 공간이 허용하는 한 개별적인 수납공간 제공
- 목욕, 의복, 침구의 세탁 등의 노인위생관리에 만전을 기하여야 함
- 적절하고 편안한 조명과 음향의 제공
- 편안하고 안전한 실내온도의 유지

④ 신체적 구속을 받지 않을 권리

- 노인의 의사에 반하는 신체적 제한이나 구속의 금지. 단, 생명이나 신체에 해를 가할 가능성이 있는 경우나 대체수발방법이 없거나, 증상완화 목적일 경우에는 부분적 허용
- 긴급하거나 일시적인 신체제한 시에도 노인의 심신상황, 신체제한의 시간, 신

체구속 사유 등에 대한 기록과 본인이나 가족에게 그 사실을 통지하여야 함
- 신체적 제한이나 심리적 영향을 미치는 약물 처방 금지

⑤ 사생활 및 비밀보장에 대한 권리
- 노인 사생활의 보장, 비밀의 철저한 관리
- 인지능력이 제한된 노인의 경우 가족 등 관계자의 동의를 얻은 후 노인의 서비스 증진을 위한 전문적 목적에 한하여 정보공개 가능

⑥ 통신의 자유에 대한 권리
- 전화, 우편물의 이용과 노인 우편물을 개봉하지 않아야 하는 등 최대한 개인적 통신의 권리를 보장

⑦ 정치, 문화, 종교적 신념의 자유에 대한 권리
- 노인의 정치적 이념의 존중, 투표 등의 정치적 권리행사에 부당한 영향력 행사 금지
- 노인의 종교적 신념의 인정, 종교행사 참여 강요의 금지
- 노인의 문화적 다양성을 인정하고 생활양식의 차이 존중

⑧ 소유재산의 자율적 관리에 대한 권리
- 최대한 노인의 재산과 소유물에 대한 권리 보장
- 노인 스스로의 재산관리 능력이 없는 경우, 가족이나 후견인에게 분기별이나 수시로 노인의 재정사용에 대한 결과보고 의무

⑨ 불평의 표현과 해결을 요구할 권리
- 노인의견을 수렴하기 위한 공식적 절차 마련(건의함, 운영위원회 등의 설치)
- 제기된 불평의 즉각적 해결을 위한 조치
- 불평이나 불만을 제기한 노인과 가족에게 차별이나 불이익을 주어서는 안 됨

⑩ **시설 내외부 활동 참여의 자유에 대한 권리**

- 시설 내 자발적 모임이나 다른 노인과의 의사소통의 권리 보장
- 다른 생활노인의 권리를 침해하지 않는 범위에서 시설 내의 다양한 서비스, 여가, 문화활동에의 참여 기회 부여
- 시설 외부의 건강, 사회, 법률, 다른 서비스 기관 이용의 적극적 조장과 필요시에는 지역사회서비스의 연계
- 노인의 의사에 반하여 면회나 방문객을 거부하지 않아야 함
- 노인의 외출, 외박 기회의 최대한 보장
- 지역사회 주민들은 시설 노인들의 지역사회 활동 참여를 위한 적극적 조장의 지원과 지역사회와의 유대관계 증진을 위한 노력

⑪ **정보 접근과 자기결정권 행사의 권리**

- 노인의 의사에 반하는 전원·퇴소 금지, 불가피한 경우 그 사유를 노인과 가족에게 제공하고, 의사결정 과정에 참여토록 함
- 노인의 요구가 있을 경우 건강상태와 치료·수발, 제반 서비스에 관한 정보와 기록에 대한 접근 허용
- 의식주, 보건의료서비스, 여가활동 등 개인의 삶에 영향을 미치는 모든 부분에서의 자기결정권 인정
- 노인의 권리 변화, 건강과 일상생활의 변화, 수발 및 의료적 처치의 변화 등에 관한 내용은 노인과 가족에게 사전에 공지하고, 의사결정과정에 참여시키고, 그들의 결정을 존중
- 생활노인의 권리, 시설 입·퇴소 및 운영과 관련된 시설의 규칙과 규정을 구두·문서로 노인과 가족에게 설명하고 공지하여야 함

2. 사회문제로서의 노인학대

노인학대에 대한 연구가 선행된 미국의 경우 아동학대가 1960년대에, 아내학대가 1970년대에 사회문제로 크게 부각되고 연구되었지만, 노인학대가 알려진 것은 1970년대 후반이며, 연구가 본격화된 것은 1980년대 이후부터라고 할 수 있다.

우리나라에서 노인학대에 대한 학문적인 연구가 이루어진 것은 1990년대 중반 무렵부터이며 사회문제로 인식하여 제도화 단계에 들어선 것은 2000년대 이후부터라고 할 수 있다.

노인학대가 사회문제의 하나로 인식되기 시작하였지만, 부모와 자녀관계의 문제로 치부하여 그 심각성에 대해서는 많은 논의가 부족한 것이 현실이다. 가정폭력의 한 유형인 아동학대나 배우자학대에 대해서는 사회적 인식과 관심이 증가하는 것에 비하면 노인학대에 대한 인식은 낮은 편이다.

노인학대의 피해자는 피학대노인뿐만 아니라 가해자 역시 피해자라 할 수 있다. 산업화, 인구고령화, 핵가족화, 가치관의 변화와 같은 여러 가지 외적 요인이 노인학대에 직·간접적으로 영향을 미치고 있고, 더 이상 노인의 부양을 감당할 수 없게 된 가해자에게 노인의 부양을 전담시키고 있기 때문이다. 따라서 노인학대를 개인의 문제나 가정의 문제로만 방관하고 방치할 수는 없으며 사회문제로 인식하고 그에 대한 사회적인 접근과 대책을 마련하여야 한다.

노인학대 문제에서 한 가지 다행스러운 것은 그동안에는 노인학대가 1997년에 제정된 「가정폭력방지법」에 따라 소극적으로 대처되어 왔으나, 2003년 12월 29일에 이루어진 법 개정으로 2004년 7월부터는 전국 도 단위로 1개소 이상의 노인학대 관련 센터를 설치하여 제도적 틀 안에서 노인학대에 대응할 수 있도록 법적·사회적 대응 방안이 마련되었다는 점이다. 2008년 1월부터는 「노인복지법」 제39조에 근거해 '노인보호전문기관'을 공식 명칭으로 사용케 하였으며, 시·군·구별로 최소 1개소 이상의 '학대피해노인 쉼터'를 지정·운영하도록 규정하였다.

전국 지역노인보호전문기관은 2005년에 17개 기관으로 시작하여 2023년 전국광

🏠 **그림 10-1 연도별 노인학대 신고비율 추이**

출처: 중앙노인보호전문기관(2023).

역시 및 도에 37개소와 중앙노인보호전문기관이 운영되고 있으며, 노인학대 신고
접수 및 현장조사, 노인학대예방 교육과 홍보, 학대피해노인 지원을 위한 지역사회
네트워크 구축 등의 학대피해노인의 인권 향상을 위한 지속적인 활동을 수행하고
있다.

또한 전국 노인보호전문기관에 신고되는 학대 관련 신고접수 건수도 해마다 증가
하는 것을 볼 때, 노인학대 증가 추세에 따른 사회적 대책이 절실한 실정이다.

3. 노인학대의 이해

1) 노인학대의 개념

노인학대는 'elder maltreatment' 'elder mistreatment' 'neglect' 등의 용어를 사용하
기도 하나, 일반적으로 'elder abuse'라는 용어를 사용한다. 또한 국가, 지역, 학자에
따라 노인학대에 관한 연구주제 및 내용은 매우 다양하다.

미국에서는 1980년대 초부터 많은 연구자가 노인학대 문제의 수준 및 원인에 대

한 연구를 시작하였다.

1980년대 초 미국의 벡과 퍼거슨(Beck & Ferguson, 1983)은 학대를 권리의 침해, 신체적 학대, 물질적 학대, 심리적 학대의 네 가지 유형으로 나누었다. 다만 노인학대를 노화된 어버이가 더 이상 가족을 부양하지 못할 때 성인자녀나 배우자가 행하는 것이라고 정의하여 노인학대에 대한 정의가 불분명하였다. 그는 노인학대를 세 가지 범주로 구분하고 정의했다. 즉, 노인이 처해 있는 상황이나 환경적 요인에 따라 우선 노인이 생활하고 있는 가정 내에서 가족구성원이 행하는 학대, 요양원 등의 노인시설에서 시설종사자가 노인에게 행하는 학대, 그리고 노인이 신체적·정신적 손상으로 자신을 제대로 돌보지 못하는 자기방임이나 자기학대의 세 가지 범주로 구분하기로 한 것이다.

1990년대 이후에는 노인학대가 요양원 강제입소를 포함해 물리적 학대, 심리적 학대, 재정적 학대, 그리고 방임 및 권리를 침해하는 것이라고 주장하는 연구가 나오기 시작하였다. 즉, 노인학대란 노인에게 의도적으로 신체적·정신적·심리적·재정적 손상을 가하거나 부양의무를 소홀히 하는 것으로 정의할 수 있다.

2) 노인학대의 분류

노인학대에는 신체적 학대, 신체적 방임, 심리적 학대, 심리적 방임, 물질적 학대, 자기학대나 자기방임 등을 포함하고 있다.

다양한 노인학대 유형 중에서 우리나라의 사회문화적 정서를 고려해 볼 때 일반적으로 노인학대의 유형은 신체적 학대, 정서적 학대, 성적 학대, 재정적 학대, 방임, 유기의 여섯 가지이다. 이에 더하여 학대유형별 구체적인 학대행동을 살펴보면 〈표 10-1〉과 같다.

중앙노인보호전문기관의 노인학대현황보고서(2022)에 의하면 여러 유형의 학대 건수는 2022년 10,542건으로 그중에서 정서적 학대 4,561건(43.3%), 신체적 학대 4,431건(42.0%), 방임 689건(6.5%), 경제적 학대 397건(3.8%), 성적 학대 259건(2.5%), 자기방임 169건(1.6%), 유기 36건(0.3%) 순으로 나타났다.

🔖 표 10-1 학대유형별 학대행동

유형	정의
신체적 학대	물리적인 힘 또는 도구를 이용하여 노인에게 신체적 혹은 정신적 손상, 고통, 장애 등을 유발하는 행위
정서적 학대	비난, 모욕, 위협 등의 언어 및 비언어적 행위를 통하여 노인에게 정서적으로 고통을 유발하는 행위
성적 학대	성적 수치심 유발행위(기저귀 교체 시 가림막 미사용 등) 및 성폭력(성희롱, 성추행, 강간) 등 노인의 의사에 반(反)하여 강제적으로 행하는 모든 성적 행위
경제적 학대	노인의 의사에 반(反)하여 노인으로부터 재산 또는 권리를 빼앗는 행위로서 경제적 착취, 노인 재산에 관한 법률적 관리 위반, 경제적 권리와 관련된 의사결정에서의 통제 등을 하는 행위
방임	부양의무자로서의 책임이나 의무를 거부, 불이행 혹은 포기하여 노인의 의식주 및 의료를 적절하게 제공하지 않는 행위(필요한 생활비, 병원비 및 치료, 의식주를 제공하지 않는 행위)
자기방임	노인 스스로가 의식주 제공 및 의료 처치 등 최소한의 자기보호 관련 행위를 의도적으로 포기 또는 비의도적으로 관리하지 않아 심신이 위험한 상황이나 사망에 이르게 하는 행위
유기	보호자 또는 부양의무자가 노인을 버리는 행위

출처: 중앙노인보호전문기관(2023).

3) 노인학대의 요인

노인학대는 문화적인 요인을 배경으로 다양한 문제가 얽혀 있는 상황에서 발생하므로 관련 요인을 정확하게 규명하는 것은 매우 어려운 일이며, 또한 동일한 요인도 대상자에 따라 다르게 나타나기도 한다.

미국은 1980년대 초를 기점으로 노인학대가 아동학대와는 다른 별개의 연구로 주로 개념화 작업과 관련하여 수행되었으며, 1990년대 초에 이르러 비로소 노인과 가해자의 인구사회학적 특성을 중심으로 한 연구가 활발해졌다. 1990년대 중반 이후부터는 노인과 가해자의 인구사회학적 특성을 토대로 한 다른 변수, 즉 부양부담 스트레스, 노인질병 수준, 가족 기능, 사회적 지지 등과 관련된 것이 가정 내 노인학대 요인으로 확인되는 연구결과가 있었다. 이외에도 권력관계의 불균형을 설명하는 페

미니스트 이론이나 사회 내 노인의 지위를 설명하는 노인차별주의 이론(agism)을 이용한 접근이 다양하게 노인학대연구에 적용되어 왔다.

국내연구의 경우는 1990년대 중반 이후 노인학대에 대한 개념화 작업과 관련된 연구를 시작으로, 2000년대 들어서는 가정 내 노인학대 요인과 관련된 연구가 나오기 시작하였다. 노인학대 요인과 관련해서 노인 대상자 요인으로는 성별, 연령, 교육수준, 재산수준, 건강상태, 자아존중감 등과 같은 일반적 특성변인이 위험요인으로 확인되었다. 주 부양자 요인으로는 성, 연령, 교육 연수, 노인과의 관계, 종교, 월수입, 직업 유무, 건강상태, 음주, 질병, 정신장애 등의 문제, 무능력, 부양노인과의 기대감 불일치 등이 확인되었다.

그리고 노인부양에 따른 부양부담 스트레스 요인과 가족적인 요인으로는 가족원과의 관계, 가족 스트레스, 가족결속력, 관계만족도, 노인의 자녀와의 접촉수준 등 가족기능과 관련한 요인이 선행연구에서 확인되었으며, 사회문화적인 요인으로는 가족지지, 친구, 친척 및 지역사회 지지, 사회적 고립, 소외, 사회적 참여활동 수준 등 사회적 지지와 관련된 요인이 노인학대의 위험요인으로 확인되었다. 더불어 노인의 질병 종류와 문제적 특성이 부양부담을 유발하여 노인학대를 유발하는 요인으로 확인되었다.

우리나라에서도 노인 개인과 가해자의 특성, 노인과 주 부양자의 관계, 노인의 질환적 특성에서 오는 과도한 부양부담 스트레스 등이 노인학대 요인이라는 것이 선행연구에서 밝혀졌다.

노인학대는 매우 복잡하고 다양한 요인이 얽혀서 발생하는데, 가해자 관련 요인, 노인 관련 요인, 가해자의 노인과의 상호작용 요인, 가정환경적 요인, 사회문화적 요인 등이 포함된다. 이 요인들이 서로 복합적이고 역동적으로 영향을 미치면서 노인학대가 발생하게 된다는 것이다.

⚘ 표 10-2 노인학대의 주요 요인

학대요인	세부 내용
피해자 요인	• 노인의 개인적 특성(성격, 정신장애, 알코올중독, 무기력감 등) • 노인의 의존성(장애, 질병, 치매 등)
가해자 요인	• 가해자의 성격 • 가해자의 경제력 및 건강상태 • 가해자의 정신건강상태
가해자와 피해자의 상호작용 요인	• 부양자의 부양 스트레스(신체적 · 정신적 스트레스, 부양미숙, 부양 능력의 결여 등) • 세대 간의 학대 전이 • 피해자와 가해자의 불화
가정환경적 요인	• 경제적 문제 • 가족 간의 불화 • 재산문제 • 힘의 갈등
사회문화적 요인	• 노인차별 • 가치관의 변화 • 사회보장 및 노인복지서비스의 결여

출처: 중앙노인보호전문기관 홈페이지.

4) 학대가해자와 학대피해자의 관계

중앙노인보호전문기관(2022)의 보고서에 의하면, 정서적 학대와 신체적 학대행위자 유형은 "배우자-아들-딸" 순이며, 방임의 경우는 '기관-아들-딸' 순으로 나타났으며, 노인복지시설 생활노인이 시설이나 시설종사자에 의해 방임학대가 발생하는 것도 확인할 수 있다. 기타 학대 유형별 학대행위자 유형을 순서대로 나열해 보면, 경제적 학대는 '아들-기관-딸' 순으로, 성적학대는 '기관-배우자-타인', 유기는 '아들-딸-손자녀' 순으로 나타났다.

아들의 노인학대가 매년 가장 높게 나타나고 있는데, 이는 우리나라 가족관계 및 가족구조에서 아들의 부양의무자로서의 역할과 그에 따른 부양 스트레스가 존재하는 것을 알 수 있다. 학대가해자의 80% 이상이 친족임을 볼 때 가족의 기능과 역할

등이 상당한 정도로 약화되고 있음을 발견할 수 있다.

4. 우리나라 노인인권보호와 노인학대예방사업

1) 법적 근거

노인학대는 1977년 제정된 「가정폭력범죄의 처벌 등에 관한 특례법」과 「가정폭력 방지 및 피해자보호 등에 관한 법률」 등에 의해 가정폭력의 한 유형으로 다루어지기 시작하였다. 2002년 사회복지공동모금회 지원을 시작으로 '노인학대상담센터'가 운영되었으며, 2004년 1월 「노인복지법」 개정을 통해 노인학대예방을 위한 법적 장치가 마련되었다. 「노인복지법」 제6조, 제6조의 2, 제31조, 제39조의 5에서 9까지, 제39조의 11에서 12, 제39조의 15에서 18, 제39조의 20에서 노인학대예방을 위한 주요 내용은 다음과 같다.

- 노인보호전문기관의 설치 등
- 노인학대 신고의무와 절차 등
- 응급조치의무 등
- 보조인의 선임
- 금지행위

이러한 법적 근거를 통해 노인학대 신고전화 1389 설치, 노인보호전문기관, 학대피해노인전문쉼터의 설치 등이 이루어지게 되었다.

2) 노인보호전문기관

「노인복지법」 제39조의 5에 규정한 노인인권보호사업과 노인학대예방사업을 수

01
신고
1577-1389 또는
노인학대 신고앱을 통해 신고
(24시간 상담)

02
접수
학대피해노인의 이름,
주소, 연락처, 학대상황 등
파악

03
현장조사
학대피해노인 및 학대행위자를
만나 구체적인 상황과
정부 수집

04
학대사례판정
노인학대 여부 판정 및
서비스 계획 수립

05
서비스제공
개입계획에 따라 상담, 법률,
의료서비스 연계 및 쉼터입소
등의 보호서비스 제공

06
평가 및 종결
학대피해노인
안전확인 후 종결

07
사후관리
종결 이후 지속적 안전확인을
통해 노인학대 재발 방지

♨🏠 그림 10-2　노인학대 개입절차

출처: 중앙노인보호전문기관 홈페이지(2023).

행하는 기관으로서, 중앙노인보호전문기관은 노인인권관련사업, 노인학대예방사업
의 총괄적 관리 및 조정, 지역노인보호전문기관의 지원관리평가, 관련기관과의 사업
연계 및 전국 홍보, 그리고 노인인권보호를 위해 보건복지부장관이 위탁하는 사항을
수행하는 기관이다. 지역에는 지역노인보호전문기관이 있으며, 이들 기관은 노인학
대 신고전화의 운영 및 사례접수, 노인학대 의심사례에 대한 현장조사 등을 수행하
는 기관으로, 노인학대 의심 사례가 발견되면 [그림 10-2]의 순서대로 업무를 진행하
고 있다(보건복지부, 2023 보건복지사업안내).

3) 학대피해노인 전용쉼터와 학대피해노인의 일시보호

학대피해 노인에 대한 일정기간 보호 조치 및 심신치유 프로그램 제공을 통해 학
대피해노인을 보호하고자 하고, 학대행위자 및 그 가족들에 대해서는 전문상담 서비

스를 제공함으로써 재학대 발생 예방 및 원가족 회복을 지원하는 것이 목적이다. 그 동안 학대피해노인을 일시보호해 오던 양로, 노인시설의 서비스제공에 한계를 경험하고, 가족기능 회복과 학대재발 방지를 위한 전문상담서비스 제공의 필요성이 대두되었다. 따라서 정부는 노인보호전문기관을 쉼터 운영기관으로 지정하여 운영을 지원하고 있다. 입소정원 5명 이상 9명 이하의 시설로서 입소정원 1인당 연면적 15.9㎡ 이상을 확보하도록 권고하고 있다. 쉼터의 서비스내용은 식사제공, 법률서비스 연계, 의료서비스 연계, 상담서비스, 건강증진, 문화여가, 사회기능회복, 심리치료 등의 프로그램이 제공된다. 쉼터는 비밀보장이 지켜져야 한다. 쉼터 건물에 간판이나 표찰을 설치하여서는 안 되고, 쉼터관계자 및 관련자는 학대피해노인에 대한 정보를 누설하여서도 안 되며, 학대행위자와 학대피해노인의 면회도 이루어져서는 안 된다.

학대행위자로부터 긴급분리 보호가 필요한 학대피해노인의 일시보호를 위하여 지역 내 노인복지시설 중 시·군·구별로 최소 2개소(노인주거복지시설, 노인의료복지시설 각 1개소) 이상을 학대피해노인보호를 위한 기관(학대피해노인 전용쉼터)로 지정, 운영하고 있다.

학대피해노인 전용쉼터로 지정된 노인복지시설은 노인보호전문기관으로부터 입소의뢰 요청을 받은 경우, 신속히 입소되도록 조치하고, 노인보호전문기관에 그 결과를 통보하게 된다. 학대피해노인의 일시보호기간은 4개월 이내이나, 재학대사례가 발생하여 재입소가 필요한 경우를 포함하여 연 6개월 이내까지 일시보호가 가능하다(보건복지부, 2023b; 중앙노인보호전문기관, 2023).

4) 노인학대 예방 및 인권교육

노인학대 신고의무자가 소속된 기관의 장은 소속 노인학대 신고의무자에게 노인학대예방 및 신고의무에 관한 교육을 실시하여야 한다. 노인학대 신고의무기관은 노인복지시설, 요양병원 및 종합병원, 장기요양기관 종사자 등이다. 또한 노인복지시설과 장기요양기관에서는 노인인권 감수성 향상과 노인인권보호와 개선을 위해 연

4시간 이상의 노인인권교육을 받아야 한다. 노인학대 예방 및 신고의무, 노인학대 발견 시 신고요령, 피해노인 보호절차 등의 교육을 연 1시간 이상 수료해야 한다.

아동과 장애인의 학대예방과 인권교육은 일반인(기업)에게도 의무교육하고 있는 반면, 노인학대예방교육은 노인학대 신고의무자만을 대상으로 하고 있는 한계가 있다. 이에 전 국민을 대상으로 노인학대예방교육이 이루어져야 할 것이다.

5) 노인학대 신고방법 및 홍보

노인학대를 발견하였을 경우 신고전화 1577-1389, 정부민원안내 콜센터 110 및 경찰서 112로 전화하거나 관할 노인보호전문기관으로 전화나 방문 신고가 가능하다. 나비새김(노인지킴이) 앱으로도 신고할 수 있다.

노인학대신고의무자를 구체적으로 살펴보면, 의료인(기관의 장 포함), 노인돌봄서비스 및 관련 종사자, 가정폭력 관련 상담 및 피해자 보호시설의 장과 종사자. 사회복지관련 공무원, 가족센터 장과 종사자, 응급구조사, 의료기사, 사회복지시설의 장과 종사자 등이다.

지자체 등은 지역노인보호전문기관과 연계하여 분기 1회 이상 다양한 방법을 활용하여 노인학대 예방에 관한 홍보를 실시한다. 노인학대 심각성을 홍보하기 위해 「집중 홍보기간」을 정하고, '어버이날(5. 8.)' '노인학대예방의 날(6. 15.)' '노인의 날(10. 2.)'을 전후하여 각종 홍보활동을 집중적으로 유도하고 있다.

토론해 볼 문제

1. 노인인권 개념에 대해 설명해 보세요.

2. '노인을 위한 유엔원칙'의 5개 영역과 18개 원칙을 설명해 보세요.

3. 노인복지시설에서의 노인인권보호를 위한 윤리강령에 대해 설명해 보세요.

4. 노인학대의 유형에 대해 설명해 보세요.

5. 노인학대 가해자의 특성에 대해 설명해 보세요.

6. 우리나라에서 실제 노인학대 발생 수보다 신고 건수가 적은 이유가 무엇인지 토론해 보세요.

제11장

노인자살

1. 노인자살

인구구조의 고령화는 증가하는 노인의 부양과 보호문제, 노인의 빈곤 및 질병 문제, 노인의 소외 및 고독문제, 사회복지비의 지출 증가와 사회보장세 및 사회보장과 관련한 국민의 부담 등 다양한 형태의 사회문제로 확대되고 있다.

우리나라에서 노인자살과 관련된 연구는 자살을 금기시하는 문화와 자살시도자의 경우 매우 개인적이고 은밀하게 진행되기 때문에 사례발굴의 어려움 등으로 연구가 활발하지 못하다가, 2000년대 이후부터 사회문제로서의 노인문제에 대한 심각성과 함께 노인자살 문제가 대두되기 시작하면서 노인자살 관련 연구활동이 진행되기 시작하였다.

2000년대 초반까지는 주로 노인자살에 대한 이해와 정책적인 접근이 시도되었으며, 중반 이후부터는 예방 차원의 자살생각이나 사고에 대한 연구가 시작되었고, 노인자살의 원인으로 알려져 있던 우울과 스트레스, 만성질환과 건강, 심리·사회적 영향에 대한 연구가 이루어졌다. 최근의 연구는 좀 더 구체적 원인에 대한 접근으로서, 독거노인의 고독이나 빈곤 및 질병, 자녀의 부양기피, 학대 등의 요인이 자살충동이나 자살사고 형성에 영향을 주는가에 대한 세부 원인 관련 연구가 활발히 이루어지고 있다.

노인자살예방을 위한 국가적·사회적 예방대책이 마련되고 운영되고 있지만, 노인자살률은 감소세를 보이지 않고 있다. 경제적 어려움, 가족과의 소외와 갈등, 역할 상실 등의 다양한 문제에 노출되어 있는 노인의 위기에 관심이 필요한 이유이다.

우리나라의 자살률은 OECD 회원국에서 1위를 차지하고 있으며, 2018년 25.5명으로 자살률 1위라는 오명을 가지고 있다.

자살 연령대를 2018년 기준으로 살펴보면, 전체 연령 평균이 인구 10만 명당 26.6명인데, 40대부터 60대까지 31~33명인 수준이다. 하지만 70대부터 48.9명, 80세 이상은 69.8명으로 심각한 양상을 보여 주는 등 노인자살률은 심각한 수준이다.

2000년대, IMF 사태 이후 노인자살률이 급상승하다가 금융위기 시기인 2009~2011년 사이에 정점을 찍은 뒤 2012~2017년까지 감소하다가 다시 소폭 증가, 2020년 이후 소폭 감소하는 등 노인자살률은 소폭 증가, 감소의 현상을 보이고 있다. 2021년 60대 이상 자살률은 2009년도의 60대 이상 자살률의 절반 정도나, OECD 회원국 중 1위라는 불명예는 여전하다.

2. 노인자살의 이해

1) 노인자살의 원인

노인자살의 원인에 대해서도 다양한 주장이 제기되고 있으나, 일반적으로는 사회학적 관점과 심리학적 접근방식에 따라 노인자살과 관련된 사회적 요소인 외적 요인과 개인 심리적 요소인 내적 요인으로 나누어 설명할 수 있다.

(1) 외적 요인

자살의 원인을 주로 개인 내부 요인보다는 외부 요인에 있다고 주장하며 노인의 역할과 지위상실로 인한 사회적 고립과 사회통합감의 약화가 자살의 원인이라고 보고 있다. 즉, 노인의 역할과 지위 상실이 사회통합감을 심각하게 약화하여 결국은 자살하게 한다고 보는 것으로서, 현대화가 오늘날 노인을 자살로 이르게 한다는 것이다.

사회분리이론에 의하면 서로 교류하기 위해 전제되는 조건은 서로 주고받는 것에 대한 상호적 가치가 존재하여야 하는데, 노인은 경제, 건강 등 자원이 매우 결핍되어 있어 젊은 세대 입장에서는 상호교환적 가치가 없다고 보기 때문에 사회적으로 분리되고 만다. 이러한 사회적 분리가 노인자살에 이르게 하는 요인이라는 것이다.

(2) 내적 요인

노인자살의 원인을 개인 내부 요인에 있다고 주장한다. 노인자살에 영향을 미치는 내적 요인은 다음과 같다.

첫째, 유전·생물적 관점에 의한 것으로서, 자살에 취약한 유전적 특성이 있으며 자살시도자의 가족환경에서 자살을 시도하였거나 자살시도율이 높은 특질이 유전된다고 본다. 최근 인간의 뇌에 있는 많은 신경물질 중 하나인 '세라토닌'이 평균치보다 낮은 사람이 자살기도를 많이 한다고 연구되어 세라토닌과 자살의 연관성이 입증되고 있다.

둘째, 개인의 심리·사회적 특성 및 상황 스트레스 극복의 취약 등 개인적 특성이 자살에 이르게 한다고 본다. 노인의 정신적 장애, 특히 우울증, 알코올남용 등이 가장 위험한 자살의 요인이며, 갑작스러운 가족의 죽음이나 이별, 은퇴, 가족 간의 갈등, 질병 발생 등이 노인을 자살에 이르게 할 수 있다고 본다.

셋째, 신체적 질병과 기능적 장애는 노인의 자살행동에 중요한 역할을 한다. 서화정(2005)의 연구에서는 노인자살의 요인으로서 노인 개인의 신체적 질환이나 기능적 장애가 자살동기가 될 수 있음을 언급하고 있다. 특히 직접적으로 죽음과 관련 있는 악성종양을 가지고 있는 사람은 진단받은 다음 해에 가장 높은 자살위험성을 보이는 것으로 나타났고, 만성적인 신체질환도 노인자살의 요인으로 밝혀졌다.

넷째, 이전의 자살시도 경험 역시 자살의 위험 요인이 될 수 있다. 그러므로 자살시도 경험 노인을 대상으로 상담할 때 상담자는 특히 주의해야 한다. 즉, 과거 성공하지 못한 자살에 대한 좌절 및 죄의식이 항상 자살을 준비하는 행동을 하게 한다는 것이다.

다섯째, 노년기에는 대부분 경제활동을 하기 어렵기 때문에 빈곤상태에 있는 노인이 많다. 이러한 경제적 불안, 어려움을 겪고 있거나 일을 하려고 해도 재취업이 되지 않을 때 자살을 시도하게 할 가능성이 높다.

2) 자살시도의 분류

(1) 급성적 자살

자살은 목매달기, 약물과다복용, 고의적인 교통사고, 일산화탄소로 인한 질식, 추락으로 인한 사망과 같이 급작스러운 경우가 대부분이다. 이를 급성적 자살이라고 한다.

목을 매거나 약물을 정해진 용량 이상으로 과다복용하는 등의 갑작스러운 행동으로 인하여 죽음을 야기하는 경우, 대부분은 죽음의 원인을 쉽게 자살이라고 추정할 수 있다. 그렇지만 이런 방법을 사용한 경우에도 자연사 혹은 사고사로 기록되어 노년층에서의 자살빈도가 과소 추정되는 원인이 되기도 한다. 예를 들어, 한밤중에 노인이 인적이 드문 길에서 자동차로 가드레일을 들이받고 사망했다면 이 죽음을 자살이라고 추정하기보다는 교통사고로 인한 사망으로 볼 가능성이 크다.

또한 노인이 집에서 죽은 채 발견되었을 때 혹시 자살 가능성이 있는지를 확인하기 위해 부검을 실행할 가능성은 거의 없다. 이는 그들이 심장질환이나 만성질환과 같은 이유로 사망하였을 것이라고 짐작하기 때문이다. 검시관은 타인에 의한 죽음이라는 증거가 발견되지 않는 한, 노인이나 그 가족을 당혹스럽게 할 수도 있는 결과인 자살 가능성에 대해 탐색하는 것을 꺼릴 수 있다.

(2) 만성적 자살

자살의 경우에는 급성적 자살뿐만 아니라 만성적 자살에 대해서도 주의를 기울여야 한다. 죽을 의도를 가지고 스스로 한 행동에 의해 서서히 죽음에 이르게 되는 것을 만성적 자살이라고 지칭한다.

노인과 함께 일하는 상담자가 파악하기 훨씬 더 어려운 것은 만성적 자살이다. 만성적 자살의 가장 보편적인 유형은 아사지경에 이를 때까지 먹지 않는 것이다. 다른 형태의 만성적 자살로는 약물남용, 생명을 지속시키는 약물(예: 인슐린)의 투여 거부, 자기방임 등이 있다. 이러한 자살은 '침묵의 자살(silent suicides)'이라고 지칭되며, 중요한 임상적·법적·사회적 함의를 지닌다.

이와 같은 침묵의 자살은 다른 연령대보다 노년층에게 나타날 가능성이 높다. 이러한 형태의 자살을 다루는 것이 어려운 이유는 만성적 자살은 느리게 진행되며 자살의도가 확실하게 분별되지 않기 때문이다. 노인을 돌보는 사람이 노인의 행동을 통해 침묵의 자살을 인식해야 하는데, 그것을 인식하는 데에는 상당한 어려움이 있다. 대부분의 사람은 누군가가 굶는 방법을 통해 자살을 할 것이라고는 생각하지 못할 수도 있기 때문이다.

(3) 간접적 자살

간접적 자살은 만성적 자살과 밀접하게 관련이 있지만 약간 차이가 있다. 앞서 기술한 바와 같이 스스로에게 칼로 상처를 입히거나 약물을 과다복용하는 등의 생명을 앗아 가는 행동은 쉽게 자살이라고 판단할 수 있는 자살시도 방법이다. 그러나 세상에는 수많은 간접적인 자살방법이 존재한다. 노인은 스스로를 위험한, 심지어는 무모한 상황에 노출할 수 있다.

예를 들어, 심한 통증을 겪으면서도 병원에 가지 않거나 지병을 치료하는 약을 먹어야 하는 것을 알면서도 적절한 치료를 거부할 수도 있다. 이러한 경우에 간접적인 자살이라고 분류할 수 있는데, 이는 상담자나 주변 사람이 주의 깊게 살펴보아야 할 한 영역이다.

(4) 수동적 자살

수동적 자살은 간접적인 자살과는 달리 자신의 삶을 스스로 끝내려는 적극적인 의지 없이 자살생각을 지속적으로 하는 것을 말한다. 대부분의 노인은 자신이 가족이나 사회에 짐이 되고 있다는 죄책감으로 고통받고 있으며 고통의 끝은 죽음뿐이라고 생각하지만 쉽게 자살도구를 마련하는 등의 행위는 하지 못한다. 하지만 지속적인 자살생각을 가지고 있는 노인일수록 학대 등 강한 촉발사건이 발생하면 자살시도에 좀 더 적극적인 행동을 보인다. 노인에게 발생하는 촉발사건의 예는 다음과 같다(경기복지재단, 2009).

- 배우자의 죽음
- 자녀의 죽음이나 사고 또는 질병
- 만성질환이나 치매 등을 앓고 있는 배우자를 돌보는 데에서의 소진
- 가족이나 친척 간의 심한 갈등
- 가족 간의 소외경험
- 가깝게 지내던 친구의 사망이나 자살
- 불치병 진단
- 만성질환의 악화
- 신체기능의 급속한 저하 지각
- 경감되지 않는 신체적 통증의 심화
- 자신이 가족에게 폐가 된다고 느끼게 하는 사건
- 경제적 어려움의 심화
- 원하지 않는 이사
- 수치스러운 일을 당하거나 명예손상을 입을 것이 예상되는 상황

3. 노인자살예방실태

1) 노인자살예방 정책

「자살예방 및 생명존중문화 조성을 위한 법률(약칭: 자살예방법)」을 통해 국민이 자살위험에 노출되거나 스스로 노출되었다고 판단될 경우 국가 및 지방자치단체가 도움을 줄 수 있음을 명시하고 있다. 즉, 국가 및 지방자치단체는 자살위험자를 위험으로부터 적극 구조하기 위하여 필요한 정책을 수립해야 하고, 자살의 사전예방, 자살 발생위기에 대한 대응 및 자살이 발생한 후 또는 미수에 그친 후 사후 대응을 위한 정책과 시도자 및 그 가족 또는 유족을 보호하기 위한 방안을 이 법에 담고 있다(법제처 국가법령정보센터 홈페이지).

국가는 자살예방정책을 효과적으로 추진하기 위하여 자살예방기본계획을 5년마다 수립하여야 하고, 기본계획에는 생명존중문화의 조성, 자살상담매뉴얼 개발 및 보급, 아동 · 청소년 · 중년층 · 노인 등 생애주기별 예방대책, 우울증 및 약물중독관리 등 정신건강증진등과 중앙 및 지역협력기관의 지정 및 운영 등과 그 밖에 자살예방대책과 관련하여 필요한 사항이 포함되어야 한다.

2022년(2022. 6. 10. 개정) 「자살예방법」의 개정으로 한국생명존중희망재단의 설립 및 운영을 명시하고, 자살예방정책 수립을 위한 근거를 마련하여 자살예방센터를 각 지방자치단체에 설치 · 운영하고 있다.

자살의 위해성을 일깨우고 자살예방을 위한 적극적인 사회분위기 조성을 위해 매년 9월 10일을 자살예방의 날로 하고, 자살예방의 날부터 1주일을 자살예방주간으로 하며, 행사에 적합한 교육과 홍보사업을 실시한다. 특히 「노인복지법」에 의한 노인복지시설에서의 자살예방 상담 및 교육을 실시하기 위해 노력하도록 하고 있다.

제5차 자살예방기본계획(2023~2027)에서 국가가 적극적으로 자살예방정책을 수립하는 이유를 자살은 개인의 문제만이 아니라 사회적 문제이고, 자살은 남은 가족, 주변인에게도 부정적 영향을 끼쳐 적기에 개입해야 하며, 또한 코로나19의 장기화로 정신건강에 적신호가 켜졌으며, 생명안전망 조성이 필요하다고 보고 있다(보건복지부. 제5차 자살예방기본계획, 2023).

우리나라 자살사망자의 51.1%가 40~60대에 분포하고 있으며, 자살률은 70대 이상에서 높았다. WHO(2014, 2021)의 자료를 인용하면, 자살수단에 대한 개입은 자살예방을 위한 보편적으로 중요한 근거기반 정책이며, 수단에 대한 개입은 전체자살률 감소로 이어진다고 보고 있다.

2) 경기도 노인자살예방센터

경기도는 2009년 「경기도 노인자살예방지원조례」를 제정하여 노인복지관이나 지역사회복지관에 노인자살예방센터를 설치하여 노인자살예방을 위한 정책을 적극적으로 수행해 오고 있었다.

2010년 시범사업을 시작으로 31개 시·군에 42개의 노인자살예방센터(2015년)를 설치하고, 노인자살예방을 위한 정책을 적극적으로 수행하기 위한 경기도 노인자살예방 시스템은 지역사회통합체계를 구축하여 지역사회에서 노인자살을 예방하기 위한 다각적인 접근방법을 기반으로 하고 있다(이현아, 이준우, 2016). 상담전문가는 복합적인 요인에 의한 노인자살의 특성에 대한 이해를 기반으로 노인자살예방프로그램을 실시하여 좋은 성과를 보이고 있다. 노인자살예방센터에서 가장 중점을 둔 사업은 노인자살위험군에 대한 위기개입과 전문상담이다. 이러한 신속한 위기대응, 심리적 정서적 상담, 외부 지역사회유관기관과의 연계 등을 통해 경기도 노인자살이 감소하는 성과를 낳았다. 이후 노인자살예방의 전문성을 강화하기 위해 정신보건센터와 노인자살예방센터(생명존중센터)를 이원화하였으며, 지역사례관리에 기반을 둔 노인자살예방사업을 실시하고 있다(경기도노인종합상담센터, 2016).

정신건강복지센터 내에의 자살예방센터 사업내용을 보면, 우울 및 자살조기검진, 자살고위험군 사례관리 및 응급위기개입, 자살예방 생명존중 인식개선사업, 생명사랑 네트워크 활동사업 등이 있다. 특히 자살고위험군 사례관리 및 응급위기개입사업 내에 노인우울자살예방사업을 포함하고 있다. 노인자살예방사업과 관련하여, 노인

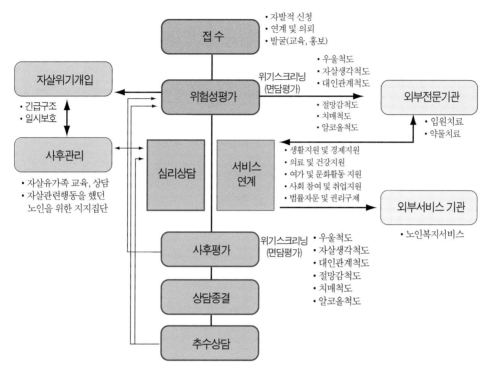

♨ 그림 11-1　노인자살위기 개입 흐름도

복지관 내 노인상담센터를 설치하여 노인과 그 가족에 대한 전문심리상담과 종합상
담을 실시하고 있다. 이는 노인자살예방만을 주요사업으로 해 오던 것을 노인복지관
등에서 종합상담으로 운영해 노인문제에 다차원적으로 접근하고 있음을 알 수 있다.

4. 노인자살에 대한 대책

우리 사회에서 이미 심각한 사회문제로 자리 잡은 노인자살문제를 극복하기 위해
서는 평소 자살사고를 지속적으로 하는 노인을 대상으로 예방적 차원의 접근을 해야
한다. 자살사고 형성에 영향을 미치는 요인에 대해, 특히 노인이 일상생활에서 겪는
다양한 생활 스트레스와 자아존중감이 자살사고에 많은 영향을 미칠 것이라는 인식

에 기초해 노인자살 예방을 위한 정책적 · 실천적 제안을 하고자 한다(이은희, 2011).

첫째, 자살예방을 위해 독거노인에 대한 현실적인 지원정책과 서비스 개발이 시급하다. 현재 빈곤한 독거노인에게 제공되는 노인돌봄종합서비스제도의 경우 노인일자리사업과 연계하여 다소 건강한 노인의 파견으로 단순가사 및 정서적 지원서비스만을 제공함으로써 노인의 자살사고 수준을 사전에 파악하고 원조하는 상담서비스는 거의 실시하지 못하고 있다.

그러므로 지역사회 차원에서 노인에 대한 종합적인 지지망으로서의 역할을 수행할 수 있도록 노인돌봄종합서비스사업 대상의 확대 및 전문가 배치 등 제도적인 측면에서의 보완책을 마련해야 한다.

즉, 현재의 빈곤수준과 건강상태에 따른 분류 및 지원 방식에서 벗어나 독거노인의 유형을 더욱 세분화하고 자살시도 경험이나 시도 가능성이 있는 노인을 주요 서비스 대상으로 확대하여야 하며, 이러한 노인을 대상으로 한 위기개입 프로그램은 필히 노인돌봄서비스제도 내에서, 노인사례관리센터 설치를 통해 사례관리 전문가의 개입을 통해 노인자살 예방에 기여하여야 한다.

무엇보다도 맞춤형 사례관리서비스의 성과를 위해서는 매우 개인적이고 은밀하게 발생하는 극단적이고 지속적인 노인자살사고 사례를 발굴하고 개입하기 위한 지역사회 내 공식적 · 비공식적 자원체계 간의 네트워크 구축과 체계 간의 적극적인 소통 및 명확한 업무분장이 필요하다. 이러한 네트워크 구축은 민 · 관의 공동참여 형태로 각 시 · 군 · 구에서 설치 · 운영되고 있는 지역사회보장협의체 기구의 적극적인 활용도 기대해 볼 수 있다.

둘째, 노인자살 예방을 위한 지역보건체계의 재구조화가 필요하다. 현재 지역보건체계는 단순히 노인성 질환이나 만성질환에 대한 사후적인 접근과 방법론을 취하고 있는 수준이며, 자살과 관련한 예방교육이나 지원, 홍보는 전무하고, 아직도 보건과 복지 체계 간의 실제적 네트워크 구축을 통한 업무 연계가 매우 부족한 실정이다.

따라서 이들 만성질환 노인에 대한 치료적 접근 외에 자살사고가 높은 노인의 조기발견 및 전문적 개입, 자살예방을 위한 교육의 의무화 등 지역보건 및 복지의 통합시스템 구축과 운영의 활성화가 요구된다. 무엇보다도 노인의 복잡 다양한 욕구를 충족하기 위해서는 지역사회 내 다양한 체계 간의 소통 및 연계가 절실히 필요하다.

셋째, 노인 소득수준 향상을 위한 지역사회복지관 및 노인종합복지관 내 노인사회참여지원사업 확대 및 시니어클럽의 재기능화가 필요하다. 노인사회참여지원사업은 기존의 노인일자리사업으로서 노인의 사회참여활동지원이 건강한 노년을 보낼 수 있도록 한다는 것이다. 노후소득보장제도를 통해 노년기의 어려움을 감소시키고자 하는 제도로서의 기능과 역할이 재정비되어야 한다.

넷째, 전국 노인자살예방센터의 확대 설치 및 운영지원 등과 관련한 법적 지원이 필요하다. 경기도에서는 노인종합복지관과 사회복지관 내에 설치·운영하던 '노인자살예방센터'의 기능을 강화하기 위하여 이원체계의 노인자살예방사업을 수행하고 있다. 즉, 기존의 노인복지관 내의 노인자살예방센터에서 노인상담영역은 노인복지관에서, 자살의 문제에 대해서는 지역정신건강복지센터에서 다루게 되었다. 자살과 노인상담을 이원화하여 체계적이고 전문적으로 다루고자 하였으나, 이후의 성과나 효과성에 대해서는 밝혀진 바가 없다.

노인자살예방을 위한 노인들의 접근성을 강화하고, 낙인감 해소를 위해 노인복지관 내에 노인상담센터 설치가 본래의 목적에서 어느 정도 성과를 가져왔는지 살펴볼 필요가 있다. 또한, 노인상담에서 자살생각을 하거나 자살시도를 하는 노인을 발굴하여 노인이 자살사고에서 벗어날 수 있도록 하는 위기개입 프로그램이 개발 및 보급되어야 할 것이다. 노인자살예방사업과 노인맞춤돌봄서비스, 그 외 지역사회 내 노인복지 관련 서비스 수행기관과의 네트워크를 구축하고 자원확보 및 업무적 상호 연계 등의 역할을 도모하여야 한다.

다섯째, 제5차 자살예방기본계획이 착실히 수행되어야 한다. 보건복지부는 향후 5년간 자살예방을 위하여, 맞춤형 대상자별 예방대책을 수립하여(제5차 자살예방기본계획, 2023) 노인에 대한 자살예방대책을 보면, 고독사 예방을 위한 대책들이 마련되어 있다. 노인자살예방대책이 성과를 거두기 위해서는 노인대상 서비스제공자에게 생명지킴이 교육을 강화하고 심리서비스 접근이 어려운 농어촌 거주자를 대상으로 찾아가는 서비스를 활성화하고, 노인맞춤돌봄서비스 중 특화서비스로 사회적 고립과 우울 위험이 높은 취약 노인 대상으로 맞춤형 사례관리를 통한 자살예방(2023)사업 수행이 연도별 목표에 맞게 수행되도록 지원하여야 할 것이다.

농어촌 노인 자살예방 서비스 접근성 강화를 위해 찾아가는 마음안심버스(2022. 17개 시·도 45대)의 활성화를 위한 적극적인 지원이 요구된다.

토론해 볼 문제

1. 노인자살의 심각성을 보여 주는 노인자살사건 사례(신문 스크랩)를 살펴보고 이에 대해 조별로 토론해 보세요.

2. 우리나라 노인자살이 지속적으로 증가하는 이유에 대해 토론해 보세요.

3. 노인자살 유발요인에 대해 설명해 보세요.

4. 우리나라 노인자살의 특징에 대해 토론해 보세요.

5. 노인자살이 다른 연령층에 비해 예방이 가능한 이유에 대해 설명해 보세요.

6. 여러분이 생각하는 노인자살예방을 위한 대책은 무엇인지 토론해 보세요.

노인여가와 사회참여

1. 노인과 여가

1) 여가의 개념

여가란 생리적인 필수시간을 제외한 시간으로서 개인에게 주어진 자신의 의지로 자유롭게 이용할 수 있는 시간을 의미한다. 여가의 개념은 시간적 개념, 활동적 개념, 주관적 개념으로 분류할 수 있다.

(1) 시간적 개념으로서의 여가

하루의 생활시간에서 구속시간과 생활필요시간을 제외한 나머지 시간을 의미한다. 구속시간은 노동시간, 생활필요시간은 생리적 의미의 기본시간을 말한다. 여가의 시간적 개념이란 하루 24시간 중 8시간은 수면시간, 8시간은 생계유지시간, 나머지 8시간은 자유재량적으로 사용할 수 있는 여가시간이라 할 수 있다.

(2) 활동적 여가의 개념

여가시간 중에 행하는 활동 그 자체로 해석하는 방법이다. 여가는 활동 자체에 목적을 갖는 것으로 의미는 매우 복잡하지만, 시간과 활동을 포함하고 있다. 자유롭게 선택할 수 있는 시간만이 아니라 그 시간에 의미 있는 활동이 있어야 여가로 정의할 수 있다는 의미다.

(3) 주관적 개념

마음의 상태와 경험으로 여가를 보는 개념이다. 여가는 항상 주관적인 마음의 상태 혹은 느낌의 질을 가리킨다는 것이다. 마음의 상태를 측정하는 것은 복잡하고 미묘하지만 여가의 질적인 측면을 연구할 때 사용하는 개념이다.

2) 노인과 여가

노인에게 여가는 삶의 질 향상뿐만 아니라 건강하고 행복한 삶의 유지와 실현을 위한 행복의 요소이다. 특히 노인에게 여가활동은 다양한 경험의 기회를 제공하고 적극적으로 상호작용할 수 있게 하는 수단으로 작용하며, 참여를 통한 건강증진, 생활만족과 사회구성원 간의 소통을 통해 사회통합을 이루게 하는 의미를 갖고 있다 (이은상, 조건상, 2015; 이영숙, 박경란, 2009).

노인의 여가활동 유형이나 특성에 영향을 미치는 교육수준 및 경제수준은 지난 10년 동안 꾸준히 상승하여 여가소비에 대한 욕구의 증가와 다양화로 나타나고 있다. 1990년부터 2000년까지의 무학자 비율은 감소하고 고등학교 이상의 교육수준을 가진 노인은 증가하고 있으며, 경제수준도 높아지고 있는 것으로 나타났다(오세숙, 김종순, 전상우, 2016). 따라서 노년기의 여가활동이란 경제적 보상과 개인, 가족 및 사회적 의무감에서 하는 활동이 아닌 자발적으로 선택하여 자유와 평화의 감정을 느낄 수 있는 활동이라고 정의하고 있다(장인협, 최성재, 2007).

노인여가복지시설에서의 노인교육, 사회참여 및 자원봉사활동 등을 노인여가의 개념으로 넓게 이해할 수 있다. 보건복지부(2023)의 노인보건복지사업안내에 의하면, 노인의 사회활동과 여가활동, 자원봉사활동을 폭넓은 개념의 여가로 정의함을 알 수 있다.

3) 노인여가복지시설의 종류

(1) 노인복지관

「노인복지법」 제36조 제1항에 의하면 노인복지관은 노인의 교양·취미생활 및 사회참여활동 등에 대한 각종 정보와 서비스를 제공하고, 건강증진 및 질병예방과 소득보장·재가복지, 그 밖에 노인의 복지증진에 필요한 서비스를 제공함을 목적으로 하는 시설로 정의하고 있다.

보건복지부의 노인보건복지사업안내(2023)에 의하면 노인복지관은 평생교육, 취미여가, 사회참여 지원사업 등을 수행하는 노인여가복지시설의 대표적인 기관이다. 시·군·구별로 노인인구수 및 지역면적 등 지역실정에 따라 최소 1개소 이상의 노인복지관을 건립하여 지역사회 노인들의 여가복지 증진을 위한 역할을 한다. 연면적 500㎡ 이상의 규모로 설치하고, 최소 직원 기준은 3~4명을 원칙으로 하고 있다. 사업내용은 기본사업과 선택사업으로 구분하고 지역실정에 맞는 노인복지사업을 수행하고 있다.

노인복지관 이용자격은 60세 이상의 모든 노인이 참여할 수 있도록 하고 있으며, 저소득층 등 소외계층이 소외되지 않도록 프로그램을 기획하도록 권고하고 있으며, 베이비부머세대의 노인계층 진입이라는 사회적 변화에 대응하기 위해 은퇴노인들의 사회참여 및 재취업 연계 프로그램 등에 대한 고려가 요구되고 있다. 노인복지관은 시대변화를 적극 반영하여, 성별, 연령별, 소득별, 세대별 등 욕구맞춤형 프로그램 개발을 통하여 노인여가복지시설로서의 역할에 충실할 필요가 있다.

(2) 경로당

지역노인들이 자율적으로 친목도모·취미활동·공동작업장운영 및 각종 정보교환과 기타 여가활동을 할 수 있도록 하는 장소를 제공함을 목적으로 하는 시설이다.

이용연령은 만 65세 이상의 자여야 한다.

1989년 개정 「노인복지법」에서 노인정을 경로당으로 명칭을 변경하였으며, 1990년대 경로당의 시설기준과 운영관리의 현대화, 운영비 지원 등이 추진되었다. 이후 1990년대 중반 이후 신도시 개발과 더불어 경로당 수가 폭발적으로 증가하였다(박용범, 2010).

(3) 노인교실

노인들의 사회활동 참여욕구를 충족시키기 위하여 건전한 취미생활 · 노인건강유지 · 소득보장 기타 일상생활과 관련한 학습프로그램을 제공함을 목적으로 하는 시설로서, 60세 이상의 자가 이용할 수 있다.

2. 노인사회참여

노인사회참여활동으로 대표적인 활동은 노인자원봉사활동과 노인사회활동지원사업이 있다. 노인자원봉사는 여가 개념에서 사회참여와 사회서비스로 확대되고 있으며, 정부는 노인의 사회참여활동 활성화를 위해 정책적으로 접근하고 있다.

우리나라 노인자원봉사활동의 법적 근거는 「자원봉사활동기본법」, 「사회복지사업법」, 「노인복지법」, 「대한노인회 지원에 관한 법률」, 「저출산고령사회기본법」에서 찾을 수 있다.

노인의 자원봉사활동 활성화를 통해 노인의 경륜을 사회에 재투자할 수 있도록 하고, 노인의 적극적인 사회참여 및 노인의 인적자원을 최대한으로 활용할 수 있는 장점이 있다.

1) 노년기 자원봉사활동의 의미

노인자원봉사활동은 노인의 여가를 유용하게 활용함으로써 사회문제를 해결하고,

노인의 사회참여를 통하여 사회통합적인 노후생활을 영위하게 하여 소외와 고독의 문제를 해결하는 데 중요한 역할을 하고 있다.

은퇴 후의 노년기는 평균수명의 연장으로 점차 길어져 가는데, 이 기간을 무위의 기간으로 볼 것이냐 또는 여가기간으로 볼 것이냐에 대한 견해는 인생행로에서 중요한 의미를 내포한다. 즉, 은퇴와 함께 자신의 자아를 재편성하여 노년기를 새로운 인생행보의 시작으로 보고 자신에게 적절한 역할(가정 및 사회)을 찾아서 살아간다면 노년기의 여가는 젊은 시절 일에 몰두하는 것 못지않게 창조적인 의미를 지닐 것이다.

노인에게 있어서 여가가 어떤 의미를 지니고 있는지를 살펴보면 다음과 같다. 여가란 노동에서 신체적으로 해방되고 자신에게 부과된 의무감에서 해방되어 자유롭게 휴식을 갖는 것을 의미한다. 이러한 여가에는 두 가지 의미가 내포되어 있다. 하나는 압박감에서 벗어나 휴식을 취함으로써 내일의 재창조를 위한 에너지를 충전하는 여가이며, 다른 하나는 즐거운 시간을 보내는 오락의 의미에서의 여가이다. 재창조를 위한 여가와 즐거운 여가 중 노인은 후자에 관심을 더 가져야 하고, 또 그렇게 생활하는 것으로 인식되고 있다. 그러므로 노후생활에서는 어떠한 프로그램이든지 노인이 원하고 즐겁게 대할 수 있는 것이라면 창조적인 활동이 될 수 있다.

2) 노인자원봉사활동의 필요성

오늘의 노인복지는 단순한 구빈사업이나 의료보호의 개념이 아니고, 노인이 하나의 독립된 인간으로서 기본적인 욕구 충족과 문화생활을 유지하며, 가정이나 사회에서 존경을 받고, 사회적인 역할과 활동에 참여하여 삶의 의미와 보람을 갖도록 하는 것이다.

노인이 스스로 실천하는 자원봉사활동이 필요한 이유는 다음과 같다. 일반적으로 노인자원봉사활동은 노인이 수혜자가 되는 자원봉사활동과 노인이 제공자가 되는 자원봉사활동이 있다. 이 장에서는 노인이 자원봉사활동의 주체자가 되는 활동을 다루도록 한다. 노인이 주체가 되는 자원봉사활동은 노인여가의 적극적 활용과 사회참여의 매개체로서 필요하다. 평균수명의 연장과 조기퇴직으로 길어진 노령기를 어떻게, 무슨 일을 하면서 보내는가에 따라 노후 삶의 의미와 보람은 달라질 수 있기 때문이다. 노인은 다른 연령층과 달리 정년이라는 퇴직제도 때문에 타의에 의해 직업인으로서의 역할을 상실한다. 은퇴자가 정년퇴직 후 새로운 역할을 찾지 못하면 결국 고독과 소외로 노령기를 지내는 경우가 많다. 이러한 경우를 피하기 위해 그 대체역할로 지역사회에서 수행할 수 있는 자원봉사활동을 들 수 있다. 노인은 자원봉사를 통하여 타인에게 도움을 주고 사회발전에 공헌하는 생산적인 활동을 계속하여 노후생활에서 느낄 수 있는 열등감이나 소외감을 극복하고, 자신감과 유용감을 가지고 지역주민과 더불어 통합적인 생활을 영위할 수 있을 것이다.

그러므로 노인자원봉사는 노인문제 해결과 노인복지 증진 차원에서 매우 중요함을 인정하고, 이를 활성화하기 위한 정부와 민간 차원의 긴밀한 협조와 노력이 있어야 한다.

3) 노인자원봉사활동의 내용

노인복지 증진 차원에서 살펴보면, 노인의 자원봉사활동은 노인이 주체가 되어 사회에 참여하고 그 활동을 통해 스스로 건강을 증진하고 소외·고독문제를 극복해 나가는 것이라고 할 수 있다.

우리나라 노인의 일반적인 여가활동은 친구·친척 방문, 집 보기, 라디오 청취·TV 시청, 집안일, 화투·장기·바둑놀이, 노인정·노인학교 참여, 손자·손녀 돌보기 등의 순으로 나타나고 있는 데 비해, 사회봉사활동 등의 적극적인 사회참여는 거의 없는 것으로 나타나고 있다(장인협, 최성재, 2006).

노년기의 여가활동이 사회참여를 통해 더욱 적극적인 형태로 발전되는 것은 노인 개인뿐 아니라 사회적으로도 다음과 같은 여러 가지 이점이 있다(이인수, 1999: 243-244).

● 여가활동을 개인적인 소일에서 벗어나 더욱 적극적인 사회참여의 형태로 발전

시킬 경우, 일상적인 생활을 좀 더 계획적이고 조직적으로 발전시켜 적절한 긴장과 규칙적인 활동을 유지함으로써 정신적·육체적 건강을 유지할 수 있다.

- 노년기의 적극적인 여가활동은 개인이 즐기는 것 이외에 친구 혹은 집단을 형성하게 할 수 있다. 그러한 집단활동 속에서 서로가 격려하고 고독감을 해소하며 위급한 상황에서도 서로 도울 수 있는 사회적 지지망(social support)을 구축하게 된다.
- 적극적인 여가활동으로서의 자원봉사활동은 오랜 기간 축적된 노인의 지혜와 경험을 토대로 하는 것이므로 문화창조와 전통문화의 발전적 계승에 도움이 된다. 특히 노인 자신도 필요시에 후손에게 도움을 주는 복지공동체 문화에 기여할 수 있다.

적극적 형태의 노인여가활동으로 인식되는 자원봉사활동은 크게 개인과 가정 중심의 자원봉사와 지역사회에서의 자원봉사 영역으로 구분된다(이인수, 1999: 224-246).

(1) 개인과 가정 중심의 자원봉사

개인과 가정을 중심으로 하는 자원봉사는 도움이 필요한 개인과 가정을 대상으로 활동하는 봉사이다. 활동내용으로는 가사보조, 의료 및 재활서비스, 사회적 보호 등이 있다. 가사보조에는 생활환경에 필요한 작업 지원(청소, 세탁), 식생활 지원(생필품 구입, 급식서비스), 난방관리(난로 청소, 점화 및 소화, 연탄가스 점검) 등이 있다.

의료 및 재활서비스에는 재활기구 사용보조, 병원 안내, 간병, 물리치료, 운동 및 마사지, 임종간호 등이 있다. 사회적 보호는 어려움에 처한 개인과 가정이 올바른 사회생활을 하도록 인도하는 봉사활동으로, 맞벌이가정의 아이 돌보기, 장난감 수집 및 공급, 장난감수리병원 운영, 아동놀이 지도, 어린이 놀이터 청소 및 관리, 한문교육, 도덕교육, 학습부진아 지도, 청소년상담, 청소년행사 돕기, 소년소녀가장 지원, 학원폭력예방 프로그램 지원, 미혼모 및 불우여성 상담, 윤리·도덕교육, 불우한 노인이나 장애인의 말벗, 외출동행 등이 있다.

이 중에서 특히 가사보조나 재활서비스는 60대 초반 노인이 80대 이상 고령노인을 대상으로 할 수 있는 자원봉사활동으로, 노인이 노인을 위해 봉사한다는 점에서 매우 의미 있는 일이다.

(2) 지역사회에서의 자원봉사

노후의 적극적인 여가활동으로서의 자원봉사는 지역사회를 대상으로 좀 더 광범위하게 이루어질 수 있는데, 그 활동영역을 정리하면 다음과 같다.

① 노인입소시설

양로시설이나 요양시설 등 노인입소시설에서 자원봉사를 하는 것으로, 예능 지도, 스포츠·레크리에이션 지도, 소집단 지도, 취미·기술 지도, 놀이친구, 신앙상담 및 생활상담, 이발 및 이·미용서비스, 일반가정 초대 및 생일축하 파티, 외출동행, 거동 불편자를 위한 식사보조, 옷 갈아입기 보조, 목욕보조, 산책 안내, 병간호, 말벗, 청소 등이 있다.

② 복지관

사회복지관이나 노인복지관에서 자원봉사를 하는 것으로, 전화상담, 시설의 운영을 돕기 위한 후원회원 모집, 직업 지도 및 알선 프로그램 보조, 시설입소자의 사회재활을 위한 프로그램 계획 및 지원, 가정봉사원으로서의 활동, 청소, 취사보조, 세탁, 기계류 고장수리, 사무보조, 운전기사, 자문위원, 시설 및 사회복지제도 개선을 위한 대변자 등으로 참여할 수 있다.

③ 근린공원 및 환경 정화

쓰레기 줍기, 쓰레기 분류 및 관리, 나무심기, 환경오염 조사 및 계몽, 산불감시 등의 활동을 할 수 있다.

④ 농촌 살리기 및 국산품애용 캠페인

대도시에서의 우리 농산물 애용운동, 농촌일손 돕기, 국산품애용 가두 캠페인 등의 활동을 할 수 있다.

⑤ 문화예술

판소리 지도, 미술교육, 서예 지도, 도자기 기술 지도, 연극 및 춤 지도, 각종 문화행사 지원, 전통문화 전승운동, 청소년에 대한 전통문화교육, 노인합창단의 병원위문 등에 참여할 수 있다.

⑥ 보건 및 의료서비스

병원업무 보조, 간병서비스, 임종간호, 환자 위문공연 등의 활동을 할 수 있다.

⑦ 범죄예방 및 법률문제

성폭력 상담·교육 및 계몽, 유해환경 조사 및 퇴치 캠페인, 지역사회 안전보호, 학교폭력 예방 및 치료 참여, 정책건의, 지역방범대 육성, 무료법률상담, 유언 및 유산상속절차 보조 등의 활동을 할 수 있다.

⑧ 교통 및 안전관리

건널목 교통정리, 지하철 안전지도원, 각종 행사를 위한 교통질서 정리, 교통단속 감시원, 학생 등·하교 시 사고예방·교통안전 지도, 지역 의용소방대 육성, 119 전화당번 등의 활동을 할 수 있다.

⑨ 정치 및 사회활동

부정선거 감시, 선거사무소 사무보조, 투표·개표 참관인 활동, 선거인 등록사업 보조, 정당활동, 북한동포 및 중국교포 돕기, 계몽운동, 부녀회와 공동으로 불우이웃 돕기, 전통음식 바자회 운영, 불량상품 조사 및 고발 등 소비자보호운동, 중소기업 살리기 프로그램 개발 및 자문 등의 활동을 할 수 있다.

4) 노인일자리 및 사회활동지원사업

노인일자리사업은 우리나라 노인이 가진 다양한 문제 중에서 경제적 문제가 중요한 요인으로 대두되면서 2001년 노인복지정책 시범사업으로 추진되어 오다가, 2004년 본격적으로 시작되었다. 사업의 법적 근거는「노인복지법」제23조와 제23조의 2와「저출산고령사회기본법」제11조와 제14조의 2에 근거를 두고 있다.

노인일자리사업은 매년 양적 확대를 계속해 오고 있으며, 활동내용 및 참여조건 등이 변화해 오고 있다.

표 12-1 노인일자리 및 사회활동지원사업

구분	유형	주요 내용	예산지원형태	활동성격
공공형	공익활동	노인이 자기만족과 성취감 향상 및 지역사회 공익증진을 위해 참여하는 활동	지자체경상보조	봉사 (사회활동)
사회서비스형		노인의 경력과 활동역량을 활용하여 사회적 도움이 필요한 영역(지역사회 돌봄, 안전 관련 등)에 서비스를 제공하는 일자리	지자체경상보조	근로
사회서비스형 (시범사업)		외부자원(인적, 물적)을 활용한 사회서비스 분야 신노년세대 맞춤형 일자리	민간경상보조	
민간형	시장형 사업단	참여자 인건비 일부를 보충지원하고 추가 사업 수익으로 연중 운영하는 노인일자리	지자체경상보조	
	취업 알선형	수요처의 요구에 의해서 일정 교육을 수료하거나 관련된 업무능력이 있는 자를 해당 수요처로 연계하여 근무기간에 대한 일정 임금을 지급받을 수 있는 일자리	지자체경상보조, 민간경상보조	
	시니어 인턴십	만 60세 이상자의 고용촉진을 위해 기업에 인건비를 지원하여 계속고용을 유도하는 사업	민간경상보조	
	고령자 친화기업	고령자가 경쟁력을 가질 수 있는 적합한 직종에서 다수의 고령자를 고용하는 기업 지원	민간경상보조	

출처: 보건복지부(2023b).

(1) 참여자 자격

공익활동 참여자 자격은 만 65세 이상의 기초연금수급자이며, 사회서비스형은 만 65세 이상 자가 참여 가능하며, 사회서비스형 선도모델(시범사업), 시장형 사업단, 취업 알선형 등 일부 유형의 경우 만 60세 이상도 참여 가능하다. 사업에 참여하고자 하는 자는 참여신청서와 관련 서류를 수행기관에 제출하면 된다. 국민기초생활보장법에 의한 생계급여, 의료급여수급자는 제외되지만, 시장형사업단의 경우 의료급여 2종 수급자는 참여할 수 있다. 국민건강보험 가입자는 제외되고, 장기요양보험 등급 판정자 및 타 일자리사업 참여자도 참여할 수 없다.

(2) 수행기관

지방자치단체는 노인일자리 및 사회활동지원사업위원회를 거쳐 수행기관을 선정한다. 시니어클럽, 노인복지관(노인복지센터), 대한노인회, 사회복지관, 지역자활센터, 노인보호전문기관, 지방문화원, 지역NGO, 청소년수련관, 지방자치단체전담기관 등에서 수행할 수 있다. 단, (예비)사회적 기업, 종교시설, 임의단체, 경로당 등은 수행기관으로 참여할 수 없다.

(3) 활동시간 및 활동비

공공형(공익활동)의 경우, 월 27만 원의 활동비가 지급되고, 참여기간은 평균 11개월 정도이다. 사회서비스형의 활동비는 59만 4천 원 정도이며, 활동기간은 10개월이다(보건복지부, 2023b). 민간형인 시장형 사업단과 취업 알선형은 연중활동이 가능하다.

3. 노인교육

1) 노인교육의 필요성

현대사회에서는 노년기의 장기화로 긴 노후시간을 무료한 일상으로 보내게 되는 것이 개인적으로나 가족적인 측면, 사회적 측면에서 불가능하게 되었다. 미래 노인들은 정체성의 기반을 가족이나 휴양에만 의존할 것이 아니라, 다양한 활동을 통해 자신을 변화시키도록 노력해야 한다(장인협, 최성재, 2006).

인간은 인간발달단계에서 연령에 따른 과업활동이 주어진다. 청소년기에는 교육, 중·장년기에는 근로, 노년기에는 여가가 중심이 되는 활동으로 이루어진다고 생각해 왔다. 하지만 현대에는 인간 전생애에 걸쳐 교육, 노동, 여가를 동등하게 중요시하는 연령통합적 사회의 필요성이 강조되기 시작하였다(Bolles, 1981; Riely, 1993: 권중돈, 2016 재인용).

이는 학교교육으로서 교육과정이 끝나는 것이 아니라 평생교육이 이루어져야 하며, 개인의 능력과 희망에 따라 교육, 노동, 여가를 선택할 수 있는 기회가 제공되어야 한다는 것이다. 이러한 사회적 요구나 개인적 필요성에 의해 노인을 위한 교육정책이나 프로그램의 개발이 요구되고 있다.

우리나라와 같이 고도로 급속하게 산업화된 사회에서 노인이 기존의 교육을 통해 습득한 지식과 기술만으로는 사회에 적응하기 어렵다. 따라서 노인교육을 통해 사회적응을 돕고, 사회변화에 동참하도록 하여야 지속 가능한 사회가 될 수 있을 것이다.

2) 노인의 학습욕구

교육이란 노인의 삶에 있어 중요한 욕구를 충족시켜 줄 수 있다(장인협, 최성재, 2006).

매슬로의 욕구단계설에 의하면, 인간의 기본욕구에는 성장의 욕구와 존경의 욕구, 자아실현의 욕구가 있다고 했다. 노인교육이 필요한 이유는 노인이라 하더라도 인간의 기본욕구를 가지고 있으며, 이러한 욕구를 최대한 충족시켜 주어야 하기 때문이다.

맥클러스키(McClusky, 1971)는 노인들이 왜 교육에 참가하며, 이를 통해 어떤 욕구를 충족하는지를 다섯 가지 욕구로 설명하고 있다(윤진, 1984 재인용).

(1) 대처능력 욕구

노인은 노화에 따라 자신의 능력과 지식이 감퇴하여 일상생활에 곤란을 겪기 때문에 이를 만회하고 사회에서 정상적인 기능을 유지하기 위한 교육을 받고자 한다. 문맹퇴치, 읽기와 쓰기, 일상생활에 필요한 규칙과 법률, 경제지식과 상식교육 등이 이에 해당된다.

(2) 표현적 욕구

단체활동 등의 참여욕구로서, 활동과 참여 그 자체가 목적이고 기본 동기가 되는 것이다. 노인은 자발적인 신체운동, 사회적 활동, 그리고 새로운 경험 그 자체에서 만족을 얻게 된다. 은퇴 이후 자유로운 시간 속에서 배우는 재미 그 자체, 관심 그 자체가 배우고자 하는 욕구를 갖게 한다는 것이다. 취미, 예술활동에 대한 교육이 그 예이다.

(3) 공헌적 욕구

노인도 남을 위해 헌신하고자 하는 욕구를 가지고 있다. 지역사회활동이나 자원봉사활동에의 참여는 노인의 자존심을 유지시키고 개인적 지위를 유지하게 한다. 즉, 새로운 교육을 통하여 자신의 에너지를 투여할 방법에 대해 정보를 획득하고 사회참여활동에 필요한 지식과 기술을 습득하게 된다.

(4) 영향력 욕구

사람은 누구나 사회 속에서 사회의 변화와 흐름에 대해 적극적으로 영향을 주고자 한다. 노인 역시 지역사회의 친목 혹은 봉사단체, 노인 관련 단체, 종교단체, 정치단체 등을 통해 많은 영향을 주고자 하는 욕구를 가지고 있다. 그들의 욕구를 충족시키기 위해 교육을 통해 사회적 역할, 집단 및 단체활동을 위한 기술훈련 등을 제공해 줄 수 있다.

(5) 초월적 욕구

노년기에 가까이 온 죽음을 실감하면서 인생의 의미를 더욱 깊게 깨닫고 파악하려는 욕구이다. 이는 매슬로의 욕구단계설에서 마지막 단계의 자아실현의 욕구와 맥을 같이하는 것이다. 인생을 회고하고, 인생의 의미를 깨닫는 죽음준비교육 등이 이에 해당한다.

노인의 학습욕구는 여러 가지가 복합적으로 작용할 수 있다. 한국보건사회연구원 (정경희, 2015)에 따르면 우리나라 노인의 25% 정도가 평생교육에 대한 욕구를 가지고 있으며, 교육희망 분야는 건강관리, 여가·취미, 일반교양, 자원봉사, 취업·직업교육, 노후준비 등 다양한 것으로 나타났다.

노년기에 학습에 대한 욕구가 있다 하더라도 노인의 학습을 방해하는 장애요인도 있다. 노인의 교육참여를 방해하는 요인은 다음과 같다.

- 학습경비, 교통편, 건강 약화 등 노인의 개인적 생활사정에 의한 상황적 노인학습 장애요인
- 노인 스스로가 학습활동 자체에 흥미를 느끼지 못하거나 혹은 배우기에 너무 늙었다고 느끼는 등 노인 개개인의 성향적 장애요인
- 교육기관이 노인교육의 필요성과 노인의 노인교육에 대한 욕구를 무시하고 이에 대한 지원을 소홀히 함으로써 나타나는 제도적 장애요인

노인교육을 촉진하고 활성화하기 위해서는 장애요인을 정확히 분석하고, 이를 개선하기 위한 다양한 해결방법을 모색하여야 한다.

3) 우리나라 노인교육의 현황

2020년 노인실태조사 결과에 의하면, 평생교육 참여율은 11.9%이며, 참여노인은 월평균 9시간을 학습활동에 참여하는 것으로 나타났다(보건복지부, 2021). 평생교육기관으로 구민회관 및 주민센터, 노인복지관, 사회복지관(여성회관, 문화예술회관 포

함), 경로당, 종교기관 등의 순으로 나타났다. 노인들의 교육프로그램으로는 예술문화활동, 건강관리 및 운동, 어학, 정보화, 인문학의 순으로 나타났다.

노인 평생교육을 담당하는 기관은 「노인복지법」상 노인여가복지시설로서, 노인복지관, 경로당, 노인학교(노인교실)가 대표적이다. 여기에서는 노인여가복지시설이면서 노인평생교육을 기본사업으로 수행하고 있는 노인복지관의 노인교육사업을 살펴보고자 한다.

노인복지관은 노인을 위한 다양한 사업을 실시하고 있으며, 많은 노인이 이용하는 기관으로서 접근성이 좋다는 장점을 가지고 있다. 노인복지관은 지역사회 노인들의 여가 · 건강 · 일자리 · 자원봉사 등의 활동을 지원하는 노인종합복지서비스의 기능을 수행하는 곳으로 시 · 군 · 구별로 지역 실정에 따라 최소 1개소 이상을 설치 · 운영하도록 되어 있다.

보건복지부 노인보건복지사업안내(2023)에 따른 노인복지관의 정의에서는 노인교육기관으로서의 정체성을 밝히고 있다. 이에 따르면 노인복지관이란 노인의 교양 · 취미생활 및 사회참여활동 등에 대한 각종 정보와 서비스를 제공하고, 건강증진 및 질병예방과 소득보장 · 재가복지, 그밖에 노인의 복지증진에 필요한 종합적인 노인복지서비스를 제공하는 시설이라고 명시하고 있다. 즉, 노인복지관은 교양과 취미생활 지원이라는 평생교육기관으로서의 역할을 수행하는 곳이다.

노인복지관의 주요 사업내용은 기본사업과 선택사업으로 나뉜다. 기본사업은 종합복지센터로서의 기능과 역할을 수행하기 위해 기본적으로 제공되어야 할 사업을 의미한다. 평생교육지원사업, 취미여가지원사업, 상담사업, 정서생활지원사업, 건강생활지원사업, 사회참여지원사업, 위기 및 독거노인 자립지원사업, 취약노인보호 연계망 구축사업 등을 명시하였다. 평생교육사업과 취미여가지원사업은 교양, 인문학, 외국어교육, 정보화교육, 노화와 노년기의 이해 등과 다양한 예능활동과 취미활동을 지원하는 사업이다. 노인복지관의 주요 사업을 통해 노인복지관이 노인교육의 주요 기관으로서의 역할과 기능을 수행함을 알 수 있다.

♀ 표 12-2 **노인복지관 사업 구분**

사업 구분		프로그램(예시)
상담	1. 일반상담 및 정보제공	노인의 복지 정보 제공 일반상담(이용상담, 접수상담) 외부 전문가 활용 정보제공 상담(경제, 법률, 주택상담, 연금상담, 건강상담, 세무상담)
	2. 전문상담	우울 및 자살예방프로그램, 죽음준비프로그램, 집단프로그램, 자조모임, 학대 및 인권, 인지 및 행동 심리 상담, 애도, 상실, 관계(부부관계, 또래관계, 자녀관계 등) 등에 대한 개별 혹은 집단 개입 등
사례관리 및 지역사회돌봄	3. 위기 및 취약노인지원	취약노인의 신체·정서·사회적 자립 지원 프로그램 운영, 노인맞춤돌봄서비스, 사례관리사업, 읍면동행정복지센터 및 유관기관 등과 연계(취약노인연계망구축사업)
	4. 지역사회 생활자원연계 및 지원	노인에게 필요한 서비스 조정, 중재, 의뢰, 옹호, 자원연계 강화를 위한 지원활동, 지역사회 읍면동 복지 허브화와 맞춤 돌봄에 관한 지역자원 발굴 연계
	5. 가족기능지원	노인과 관련된 가족상담, 가족관계프로그램, 가족캠프, 세대통합프로그램 등
건강생활 지원	6. 건강증진지원	건강교육, 건강상담, 건강교실(건강체조, 기체조, 요가 등), 독거노인지원사업(기존 재가사업), 노인건강운동, 치매예방 인지활동서비스, 물리치료 등
	7. 기능회복지원	양·한방진료, 작업요법, 운동요법, ADL훈련 등
	8. 급식지원	경로식당(중식서비스), 밑반찬·도시락배달, 푸드뱅크 등
노년 사회화 교육	9. 평생교육지원	노인역량강화교육, 정보화교육, 사회화교육, 시민사회교육, 한글교실, 외국어교실, 교양교실, 인문학교육, 예비노인 은퇴준비 프로그램, 경제교육, 생애말기 준비·설계 교육, 웰다잉교육 등
	10. 취미여가지원	예능활동(음악, 미술, 생활도예, 서예, 댄스), 문화활동(연극, 사진, 영화, 바둑, 장기, 레크리에이션), 취미활동(종이접기, 손뜨개질, 민속놀이), 체육활동(탁구, 당구, 게이트볼), 동아리활동 등
지역자원 및 조직화	11. 지역자원개발	자원봉사자 발굴·관리, 후원자 개발, 외부 재정지원기관 사업 수탁 등
	12. 지역복지연계	경로당 프로그램 연계 등의 지역복지기관 연계, 지역협력사업(경로행사, 나들이 등) 등
	13. 주거지원	주택수리사업, 주거환경 개선사업(도배 등) 등
사회참여 및 권익증진	14. 사회참여지원	노인자원봉사 활성화 사업, 노인일자리 및 사회활동지원 사업, 지역봉사활동, 교통안전봉사, 동아리·클럽 활동 지원, 교통편의서비스 등
	15. 노인권익증진	정책건의, 노인인권 옹호, 노인인식개선사업, 편의시설 설치, 노인소비자피해 예방교육, 양성평등교육, 성교육 등
	16. 고용 및 소득지원	고령자취업지원 사업, 취업교육, 창업지원(사회적협동조합 등)사업 등
(선택사업) 돌봄	17. 요양서비스	치매환자 프로그램, 주야간보호 등

* 기타 제시되지 않은 사업은 자체 수행 가능

출처: 보건복지부(2023b).

토론해 볼 문제

1. 노인 여가의 광의의 개념에 포함되는 것은 무엇이 있는지 설명해 보세요.

2. 우리나라 노인 여가의 특성에 대해 설명해 보세요.

3. 노인이 주체가 되는 자원봉사활동이 필요한 이유를 설명해 보세요.

4. 노인사회활동에서 노인근로와 자원봉사활동의 차이점에 대해 설명해 보세요.

5. 노인복지관에서 실시하는 평생교육사업의 예를 들어 이야기해 보세요.

고령사회와 실버산업

1. 실버산업의 개념

실버산업이란 용어는 학문적으로 개념이 정립되어 있는 것이 아니며, 각 학문의 측면이나 실천적인 측면에서 개념을 정의하고 있으므로, 이 장에서는 실버산업, 고령친화기술 등을 혼용하여 사용한다. 실버산업(silver industry)이란 65세 이상 고령층의 정신적 · 육체적 기능을 향상하거나 지속하게 하고, 완전한 사회활동을 위하여 민간이 시장경쟁의 원리(영리추구)에 따라 상품이나 서비스의 공급을 행하는 사업을 말한다(최혜경, 정순희, 2001).

실버산업이란 노인의 흰머리를 은발(silver)에 비유하여 나온 단어로, 노인의 부정적 이미지를 없애기 위해 일본의 민간업체에서 고안한 이름이다. 즉, 노인을 대상으로 한 산업을 의미하며, 실버비즈니스 또는 실버서비스 등으로도 불리고 있다.

노인중심의 편리성과 안전성이 고려되어야 한다는 관점에서 고령친화적 산업 등의 표현으로 사용되고 있으며, 우리나라에서도 2006년 「고령친화산업진흥법」이 제정됨으로써 이 용어가 공식적으로 사용되었다.

일본 후생성은 '실버산업'은 60세 이상의 노인을 대상으로 민간기업이 시장원리에 의해 상품이나 서비스의 공급을 행하는 산업이라 정의하고 있다. 우리나라는 1980년 중반부터 실버산업이란 용어가 사용되어 왔으나, 실버산업이라는 용어는 법적으로 나 행정적으로 정의되어 있지는 않다. 우리나라의 경우 정부에서 고령친화기술의 중 요성을 인식하고 다양한 시도를 하고 있다. 국정과제 중에 4차 산업혁명 기반의 다양 한 기술을 활용한 생활밀착형 돌봄기반 조성, 활동 감지 센서 등을 활용한 응급안전 안심서비스 등의 스마트기술을 활용한 돌봄확산, 고령친화산업과 연계하여 돌봄로 봇과 복지기술 R&D를 강화하고, 노인복지시설 등을 리빙랩으로 지정하는 등 돌봄기 술개발지원 등의 내용이 포함되어 있다(김영선, 2022).

실버산업은 넓은 의미에서 잠재적 노인층까지 포함하는 노후 대책을 위한 모든 상 품이나 서비스를 포함하며, 일반적으로 실버산업은 '노인을 소비대상으로 하여 기업 체를 중심으로 한 민간부문이 시장원리에 입각하여 상품이나 서비스를 공급하는 산 업의 한 형태'로 정의할 수 있다. 즉, 실버산업이란 구매력 있는 중산층 이상의 노인 을 대상으로 주택, 건강과 케어, 노인 관련 일상용품, 노인교육 및 여가서비스를 제 공하여 노인의 삶의 질을 향상시키고 노인의 욕구를 해결하려는 시장경제원리의 영 리사업이라 정의할 수 있다(이해영, 2013).

2. 실버산업의 등장배경

1) 고령인구의 증가와 고령사회

인간의 평균수명 연장과 고령사회의 진입은 전세계적인 현상이다. 더욱이 노인계 층의 건강수명과 의존수명의 연장은 고령사회의 특징이다. 반면, 노년기의 신체적 · 심리적 · 정서적 기능 저하로 인해 노인의 일상생활에 어려움이 수반되고 있고, 이로 인해 후기고령노인의 증가는 노인을 위한 산업의 발달로 이어진다.

2) 가족구조의 변화와 부양의식의 변화

가족구조 또한 급변하였다. 부모부양에 대한 책임의식이 희박해져 노인 스스로의 자립적이고 독립적인 생활을 요구하고 있다. 전통사회에서 여성의 역할이었던 노인부양은 이제 국가와 사회의 몫으로 이전되었으며, 사회적 부양부담을 경감시키기 위한 다양한 산업의 발달이 요구되기에 이르렀다.

3) 고령자의 경제적 능력 유지 및 향상

2008년부터 우리나라 국민연금제도의 수급자격이 시작되어, 부족하지만 노령연금수급이 가능하게 되었다. 그로 인해 노인부양의식의 변화를 서서히 경험하면서 노인 스스로가 노년기 생활에 대한 준비를 시작하게 되었다. 노후준비에 대한 인식이 확산되면서 고령사회에 대한 대비로서 국가와 사회의 대책도 필요하지만, 개인과 가족의 준비도 필요하다는 인식으로 노년층의 경제적 준비가 시작된 것이다. 연금제도의 안정화, 퇴직연금제도의 도입, 제2의 직업에 대한 인식전환 등 경제적 노후준비로 인해 노인계층의 구매력이 확보되기 시작하였다고 할 수 있다.

4) 복지서비스의 다양화와 다원화

노인계층이 경제적 능력의 향상과 유지를 기반으로 본인의 필요에 의한 서비스나 상품을 구매할 능력을 갖추게 되면서, 복지서비스에의 구매욕구도 증가하였다. 노인복지서비스를 제공하는 형태 또한 유형, 무형으로, 유료나 무료, 실비 등으로 다양해지고, 서비스 제공 주체도 다양해졌다. 이는 복지서비스의 구매력, 즉 수요의 증가가 공급으로 이어졌고, 다시 노인복지서비스(상품)에 대한 다양화로 이어진 현상이다. 또한 가능한 잔존기능을 그대로 유지하면서 자신의 거주지에서 계속 살기를 원하고, 노인복지정책 또한 재가노인복지서비스의 활성화를 주도하면서 노인을 위한 서비스 제공에 더욱 관심을 가지게 되었다. 집으로 배달하는 도시락, 세탁서비스, 시장 봐

주기 등의 서비스는 다양한 형태의 서비스(상품)라고 할 수 있다.

5) 실버산업의 특징

직접적으로 노인을 대상으로 한 실버산업을 비즈니스의 대상으로 볼 경우, 실버산업은 다른 산업과 구별되는 특징을 가진다.

- 실버산업은 국가 구성원인 노인의 공통적인 욕구와 문제를 해결해 주는 방법으로, 국가가 실버산업체계를 인정하고 지원하며, 동시에 노인의 권익보호와 안전보장을 위해 관여하므로 사회복지 성격을 지닌 산업이다.
- 실버산업의 공급 주체는 민간부문이고, 상품과 서비스는 시장경제원리에 따라 공급되며 본질적으로 수익자부담의 영리원칙을 추구하는 영리산업이다.
- 실버산업은 노인 고객의 관리와 정보가 사업 성패를 좌우하는 관건이므로 정보산업이며, 개인의 다양한 기호, 선호도, 신체적·심리적·정신적 기능 정도 등 특정한 요구에 대응할 수 있는 다품종 소량형 생산과 공급이 주류를 이룰 것이다.
- 실버산업은 소비자의 신용과 평판에 의존하는 평판산업이며, 서비스 지향형 산업이다.

3. 실버산업의 현황

1) 실버산업의 분야

실버산업의 분야는 매우 다양하다. 우리나라 경제의 새로운 활력이 필요한 시점에서 고령친화기술과 고령친화사업이 새로운 성장엔진으로 떠오르고 있다. 고령친화기술은 고령자를 위한 제품과 서비스를 모두 포함하며, 고령자, 신중년세대까지 확장된 개념이다(김영선, 2022).

2) 실버산업 분야별 현황

(1) 주거 관련 분야

노년기에는 활동영역이 가정 내에서 이루어지는 경향이 많아 주거가 노인의 심리적·정서적 안정에 미치는 영향이 크기 때문에 노인주거는 노인문제의 중요한 분야라고 할 수 있다. 특히 고령화에 따른 질병 및 장애 증가와 이에 따른 보호의 어려움 등으로 물리적·사회적·심리적인 면에서 노인이 생활하기에 적합한 주택, 즉 노인주택에 대한 욕구가 다양하게 나타날 것이다. 이처럼 독거노인 및 노인부부가구의 증가, 후기고령노인인구의 증가로 인해 노인적합주택이 필요하게 되었다. 특히 신체적 노화와 기능저하에 적응하고 최대한 잔존기능을 유지, 활용할 수 있는 주택 보급이 필요하다. 경제력을 갖춘 노인 수도 증가하여 유료노인주거시설의 수요가 증가할 것이므로 주거 관련 분야 실버시장은 점차로 팽창할 전망이다.

노인주택보장정책의 개입방안은 노인계층의 경제적 정도에 따라 달라질 수 있다. 저소득층을 위한 주택보장정책은 국가가 적극적으로 개입하고, 경제적 능력이 있는 노인계층은 수익자부담의 원칙을 적용할 수 있을 것이다. 민간사업자들이 시장경제 원리로 참여하게 하더라도 실버산업의 특징을 살리는 것도 중요하다. 민간주택건설업자들이 노인에게 적합한, 노인이 오래도록 살 수 있는 주택을 건설하게 하는 것도 실버산업의 주요 상품이다.

(2) 재가복지서비스 분야

현재 우리나라 노인의 대다수는 지역사회 내 일반가정에서 생활하고 있는 재가노인인 것으로 나타나고 있다. 독거 및 노인부부가구 등 노인단독가구는 2008년 66.8%에서, 2020년 78.2%로 증가하고, 노인의 83.8%는 건강할 때 집에서 거주하기를 희망하였다(보건복지부, 2021). 그리고 만성질환, 와상노인 등 요보호노인이 급증하고 노인의 부양에 대한 욕구는 증가하는 반면에, 핵가족화와 전통적으로 노인의 부양을 담당하여 왔던 여성인구의 사회참여 증가로 노인에 대한 가족의 부양기능이 약화됨에 따라 재가노인복지서비스의 확충이 요구되고 있다.

우리나라 재가노인복지서비스에는 재가노인지원서비스, 주야간보호서비스, 단기보호서비스 등이 있다. 이 중 재가노인지원서비스는 국가의 지속적인 지원과 서비스 자체의 유용성 때문에 가장 수요가 많은 사업이다. 재가노인지원서비스는 질병, 장애, 노약 등으로 혼자 힘으로는 일상생활을 유지하기 힘들거나 일상생활을 유지할 수 있어도 심리적·사회적 지지가 필요한 재가노인에게 구체적인 도움을 주는 서비스로서, 가사지원, 개인활동 지원(배급수행, 병원안내, 산책동반), 정서적 지원, 상담, 교육 등의 서비스를 제공하고 있다.

우리나라 노인복지서비스의 방향은 재가복지서비스의 활성화로 전환되어 가고 있으며, 대부분의 노인이 지역사회에서 거주하면서 생활하고 있는 재가복지대상자이다. 특히 만성질환이나 신체적·정신적 기능상의 장애는 있으나, 자신의 집에서 거주하고 필요한 서비스를 제공받고자 하는 욕구가 증가하고 있다.

가족구조의 변화와 가족기능의 약화가 증가하고 있음에도 재가서비스에 대한 욕구는 지속적으로 증가하는 추세이다. 특히 독거노인이라는 개념은 기존에는 저소득층이나 국민기초생활수급자라는 협의의 개념에 한정되어 있었지만, 최근에는 일반가정의 노인부부가구나 독거노인으로 개념이 확장되어 가고 있다.

이러한 사실은 다양한 노인복지서비스의 확충이 필요함을 예견할 수 있으며, 이들을 위한 유·무형의 서비스와 유·무료의 서비스 등에 대한 수요가 증가함을 예측할 수 있다. 코로나 팬데믹 상황에서는 서비스가 제공되지 않는 등 양로시설 등에서 발생할 수 있는 돌봄공백이 발생할 가능성이 있음을 발견할 수 있었다. 이에 4차 산업혁명의 시대에 사물인터넷(IoT), 인공지능(AI) 등 최신 정보통신기술(ICT) 등을 접목한 디지털 돌봄서비스의 필요성이 증가하고 있다.

2020년 정부에서는 양로시설 IoT디지털 돌봄 시범사업을 실시하여, 양로시설 내침상, 방 등에 응급상황 감지시스템등을 설치하는 등 노인복지시설의 디지털화를 구축하고 있다. 독거노인 응급안전안심서비스 역시, 노인복지영역에서의 실버산업의 한 분야로 성장하고 있다.

(3) 의료 관련 분야

노인인구의 증가, 후기고령노인의 증가, 의존수명의 증가 등으로 의료분야에서의 실버산업의 필요성이 대두되고 있다. 노인전문의료기관에 대한 요구, 일상생활을 보조해 주는 보조기구 수요, 노인의 신체적 특성을 고려한 의약품 및 영양식에 대한 수요도 지속적으로 증가하고 있다. 노인전문병원은 주로 노인을 대상으로 의료행위를 하는 시설로서, 2011년 6월 「노인복지법」 개정으로 노인복지시설에서는 제외되었으며, 의료법에 따라 요양병원이 일원화되었다. 이는 노인만을 위한 전문치료시설을 말하는 것이며, 노인성 질환을 치료의 대상으로 보는 인식 전환의 과정이기도 하다. 즉, 만성질환을 가진 노인을 간병에만 그치지 않고 적극적으로 치료하고자 하는 욕구로서 노인의료에 대한 수요가 증가할 것으로 예상할 수 있다.

노인을 위한 건강복지기기 산업이 성장하고 있다. 그 예로 노인을 위한 성인용 패드시장 또한 급속하게 성장중이다. 퇴직 이후 적극적인 여가활동에 참여하는 고령자가 증가하면서 성인용 기저귀시장도 빠른 속도로 증가하고 있다. 이러한 현상은 한국에서도 비슷하게 나타나기 시작하여 성인용 기저귀 생산업체의 생산라인이 확장되고 있다. 성인용 배설케어시장은 지속적으로 성장하고 있다.

성인용 기저귀 제조회사와 시장조사기관의 자료에 의하면, 2018년 약 651억 원이던 국내 시니어 용품 시장은 2021년 약 836억 원으로 증가한 것으로 추정했다. 관련 업계에서는 국내 시니어 위생용품 시장 규모를 추후 6천억 원 이상까지 늘어날 것으로 예상했다(한스경제, 2022. 7. 13.).

우리나라 성인용 기저귀의 공급량은 전체 일회용 기저귀 공급량 중 64.7%를 차지해 어린이용 기저귀 공급량을 앞선 것으로 나타났다. 이 수치는 어린이용보다 약 1.8배가 많은 것으로 매년 증가하고 있으며, 성인용 위생 깔개 수요도 매년 증가하고 있다(스카이데일리, 2023. 7. 24.).

(4) 여가활동 분야

우리나라의 노인여가복지시설인 노인복지관, 경로당, 노인교실에서 여가활동을 보내고 있는 노인은 여전히 소수에 불과하다. 대부분의 노인은 집이나, 지역사회에서 소극적 의미의 여가활동을 하고 있다. 현재 노인여가활동 관련 상품들로는 여행과 취미 및 여가교육프로그램 등이 있다. 이전 우리나라의 노인들은 노후소득보장정책이 미흡하여 여가상품을 구매할 경제력이 부족했지만, 최근에는 여가상품을 구매할 능력을 갖춘 노년층이 등장하고 있다. 이들은 액티브 시니어(Active senior)로 불리며, 유통업계, 소비·여가업계의 새로운 소비 주역으로 부상하고 있는 것이다.

베이비부머들의 본격적인 은퇴가 시작되고, 이들이 소비의 주요 계층으로 떠오르면서 문화·여가 산업에서 전반적으로 주목하고 있다. 카드업계의 자료에 의하면, 60세 이상 회원의 고객 수 및 결제액은 꾸준히 증가하고 있고, 특히 결제액 증가액이 가장 높았던 업종은 '여행'으로 확인됐다.

유통업계에서는 액티브 시니어들의 욕구를 고려해서 다양한 마케팅을 펼치고 있다. 음식, 뷰티, 문화, 여행과 관련한 상품기획전을 하거나, 이들이 주체적으로 활동할 수 있는 프로젝트, 강좌, 사업 기회 제공 등을 기획하는 등 노인들을 위한 실버산업 활성화를 꾀하고 있다(매일일보, 2023. 11. 23.).

(5) 금융 관련 분야

금융 관련 분야에 대한 고객은 현재의 노인뿐만 아니라 예비노인도 미래 고객이 될 수 있으므로 금융산업 분야에서는 노인고객 유치 마케팅이 활발히 이루어지고 있다. 50세 이상의 금융자산은 점차 증가하고 있으므로 금융시장에서 노인의 영향력은 상당해질 것으로 전망된다. 50대 이상의 중·장년층의 금융욕구에는 노후의 생활비 및 여가생활을 충분히 할 수 있는 현금보장욕구, 의료비 등 갑작스러운 목돈 사용에 대비한 욕구, 여유자산의 운용 및 관리 욕구, 자녀 등에 대한 자산상속, 증여설계와 관련한 욕구 등이 있다. 2000년 이후 이러한 금융욕구에 대한 다양한 금융상품 및 서비스가 국내 금융기관들에 의해 제공되는 것이 두드러지고 있다(이해영, 2013).

3) 고령친화산업

최근 정부는 실버산업을 '민간이 시장경제원리에 입각해 고령자의 복지욕구에 부응하는 상품 및 서비스를 공급하는 산업'으로 정의하고 있다. 대통령자문 고령화 및 미래사회위원회의 기조연설문인 '고령친화산업 활성화전략'에서는 국제경쟁력, 시장매력도, 공공성을 기준으로 고령친화 8대 산업과 19개의 전략품목을 선정하여 발표하였는데, 그 내용은 〈표 13-1〉과 같다.

♀ 표 13-1 실버산업의 분류에 따른 전략품목

구분	19개 전략품목
요양산업	재가요양서비스
기간산업	재택/원격진단/진료 및 휴대형 다기능 건강정보시스템, 한방의료기기, 간호지원 및 실내외 이동지원시스템
정보산업	홈케어, 정보통신 보조기기, 노인용 콘텐츠 개발
여가산업	고령친화 휴양단지
금융산업	역모기지제도, 자산관리 서비스
주택산업	구령자용 주택개조, 실버 고령자용 임대주택
한방산업	한방보건관광, 항노화 한방기능성식품, 노인용 한방화장품, 노인성 질환 약재개발
농업	고령친화 귀농교육, 전원형 고령친화농업테마타운, 은퇴농장

「고령친화산업진흥법」 제1조는 고령친화산업을 지원·육성하고 발전 기반을 조성함으로써 노인의 삶의 질 향상과 국민경제의 건전한 발전에 이바지함을 목적으로 하고 있다. 고령친화제품은 노인을 주요 수요자로 하는 제품 또는 서비스로 노인이 주로 사용하거나 착용하는 용구·용품 또는 의료기기, 노인이 주로 거주 또는 이용하는 주택과 그 밖의 시설, 노인요양서비스, 노인을 위한 금융·자산관리 서비스, 노인을 위한 정보기기 및 서비스, 노인을 위한 여가·관광·문화 또는 건강지원서비스, 노인에게 적합한 농업용품 또는 영농지원서비스, 그 밖에 노인을 대상으로 개발되는 제품 또는 서비스로서 대통령령이 정하는 것으로 규정하고 있다.

　노인의 경제수준의 상승은 노인의 소비욕구의 증가와 다양화로 이어지고 있다. 고령인구의 소비시장 크기는 2000년 전체시장 대비 약 20.4%에서 2010년에는 28.7%로 확대되는 추세이다(한국문화관광연구원, 2010). 또한 노인소비자의 시장세분화가 당연시되고, 세분화된 집단으로서 노인소비자의 구매력을 중요하게 인식되게 되었다(삼성경제연구원, 2011). 50대 이상 장년층의 여가생활유형은 친목모임, 스포츠 및 야외활동, 문화예술활동, 자기계발활동 등으로 점차 변화되고 있다고 밝히고 있다(박지숭, 2012).

최근 노인과 노인이 참여하는 실버산업은 다양해지고 있다. 대형유통업체에서는 온라인 '시니어 마켓'을 구축하여 노인생필품 소비 진작을 구축하고, 문화센터를 거점으로 시니어 디지털 강좌, 실버바리스타 자격증 취득반 등 시니어 전용강좌를 개설하여 노인을 주요 대상으로 하고 있다. 패션전문유통업체에서는 시니어모델대회를 개최하여 브랜드 모델 활동 기회를 제공하는 등 기업 마케팅과 실버산업 활성화를 꾀하고 있으며, 위생용품생산업체는 요실금 전문제품과 간병용품 등을 선보이고, 노인들이 활동적인 사회활동을 이어 갈 수 있도록 다양한 정보를 주고받는 플랫폼을 통해 실버산업 생태계 조성에 나서고 있다. 여행업계는 중장년층을 겨냥한 패키지여행 시장을 개척하기 위해 여행 종합 예약 플랫폼을 구축하고 고령층에 적합한 패키지여행 상품을 개발하는 등 실버산업을 다양한 형태로 성장시키고 있다(매일일보, 2013. 11. 24.).

4. 실버산업의 발전방안

1) 발전전망

(1) 전반적인 전망

고령인구의 지속적인 증가로 고령자를 대상으로 한 산업활동이 나타나고 있으며, 우리 경제의 지속적인 성장으로 유산 고령자의 수 또한 증가하고 있다. 우리나라보다 고령사회를 빨리 맞이한 국가들을 볼 때, 노인이 소비욕구를 충족할 만큼 경제력을 갖춘다면 노인 관련 산업은 성장하는 것으로 나타나고 있다. 우리나라도 고령자 수가 증가하고, 연금제도 등의 성숙으로 노인소비자층의 구매력이 향상되고 있으므로 노인 관련 산업, 즉 실버산업은 성장할 것으로 전망하고 있다.

현재 노인세대의 소비 및 구매욕구와 경제적 능력은 이전의 노인층과는 많은 차이가 있다. 특히 베이비부머의 노년층 진입은 새로운 산업의 발전을 예고하고 있으며, 실버산업의 활발한 발전을 예견할 수 있다. 2021년 기준 고령화율 28.6%를 보인 일본은 국가개호보험계획과 과학기술기본계획을 통해, 돌봄인력 수급문제를 해결하기 위해 돌봄로봇개발과 활용을 강조해 오고 있다. 미국은 백악관 보고서 '노령인구 지원을 위한 기술'을 통해 기업투자환경을 강조하고, 중국은 '신시대 고령화작업강화의견', 양로서비스발전추진에 관한 의견 반포 등을 통해 전자상거래업체의 투자가 급격히 확대되고 있다. 글로벌 기업들은 고령친화산업 관련 기업생태계를 구축하고 투자를 확대하고 있는 등 다양한 실버산업이 발전하고 있다(김영선, 2022). 따라서 우리나라에서도 4차 산업 플랫폼 기반의 실버산업의 발전을 전망할 수 있다. 노인세대 또한 인터넷과 스마트폰 사용에 능숙해지고, 소셜 플랫폼 사용이 크게 증가하는 등 4차 산업혁명은 실버산업에도 크게 영향을 미칠 것이다.

(2) 정책적 측면에서의 전망

정부는 민간부문의 참여를 유도하기 위해 고령친화산업지원법을 추진해 왔으며, 2006년 12월 「고령친화산업진흥법」이 제정되었다. 이를 통해 실버산업의 발전 기반이 마련되었다고 할 수 있다. 이후 몇 차례 개정되기는 하였지만 규제 위주의 정책은 민간기업의 자율적인 참여를 방해할 수 있는데, 예를 들어 주거시설의 설치와 운영에서 비영리법인만이 설치하도록 하는 법·규정은 민간 경쟁의 자유를 침해할 수 있다.

정부는 다양한 영역이 실버산업에 투자하게 함으로써 노인들의 다양한 욕구를 수용하도록 해야 한다.

(3) 분야별 전망
① 주거 관련 분야

노인 관련 주택은 건립단계에서부터 고령자의 특성이 충분히 반영되어야 하고, 건립된 시설의 관리·운영을 위해서도 충분한 지식이나 인력이 확보되어야 한다. 모든 관련 서비스가 연계되어야 하지만 이들 모두를 연계할 수 있는 여건이 부족한 실정이다. 노인과 관련한 주거시설을 실버타운이라 부르고 있으나, 실버타운은 법적·행정적 용어는 아니다. 우리나라의 실버타운은 이제 막 걸음마단계로서 서구 등의 다양한 유형의 실버타운으로 발전해 가는 단계이지만, 실버타운이 발전하기에는 경제력을 갖춘 노인층의 확보, 법적·제도적 구비 등이 함께 갖추어져야 한다.

② 의료 관련 분야

노인은 만성질환의 가능성과 유병률이 다른 연령층보다 높다. 따라서 의료 관련 분야의 실버산업은 발전 가능성이 많다. 하지만 의료 관련 분야는 공공재로서 기업이익만을 추구하는 민간영리 부문에게만 맡겨 둘 수 없는 분야이다. 노인전문병원과 요양병원, 노인장기요양보험기관 등이 대표적인 의료 관련 분야이다. 노인 의료고객 유치를 위한 다양한 영역의 각축전이 일어나고 있으므로 국가의 적절한 개입이 필요하다.

③ 여가활동 분야

건강수명의 연장, 교육수준의 향상, 경제력의 확보 등은 노인의 여가욕구를 증가시키고 있다. 여가활동은 기존의 단순한 휴식에서 벗어나 적극적인 활동으로 이어지고 있는데, 무료나 실비의 노인여가복지시설에서의 여가활동에서 문화센터나 스포츠센터, 여행이나 동아리, 취미활동 등으로 영역이 확장되고 있다.

④ 생활 관련 분야

의류, 식품, 생활용품 부문이 포함되며, 일상생활에 필수적인 것이다. 노인인구의 절대 수의 증가는 노인소비자의 증가를 의미한다. 신규업체와 기존업체와의 각축전이 일어나고 있는 산업분야이다. 노인소비자의 신체적 특성과 욕구에 대한 정확한 분석을 통한 시장진입은 생활 관련 분야의 실버산업 전망을 밝게 한다. 일상용품 구매 접근성에 어려움을 겪는 노인층을 위한 마케팅과 홍보가 더욱 필요하다.

건강식품 부문에서는 보약이라는 명분 아래 무허가 제품이 쏟아져 나오고 있는데,

이에 대한 적절한 대책과 함께 약효를 인정받은 허가 제품의 경우 적절하게 상품화하도록 해야 한다.

⑤ 금융보험 관련 분야

단기적 성장 가능성이 가장 큰 분야로 전망되고 있다. 금융보험 관련 분야의 경우 업종의 특성상 금융보험 관련 업체가 아니면 진입이 어렵고, 참여기업 간의 경쟁이 매우 치열하며, 신용과 지명도를 중시하기 때문에 중소기업의 참여가 어렵다는 단점이 있다. 반면, 대상고객을 모든 계층에 확대할 수 있다는 장점이 있다.

2) 실버산업 발전 방향

(1) 서비스 대상

실버산업의 대상은 상품의 구매력을 갖춘 노인이 될 것이다. 구매력이 있다는 것은 곧 경제적 능력이 있다는 것을 의미하는 것이지만, 앞으로의 실버산업 상품은 민간기업에서 생산하는 상품만을 대상으로 하는 것이 아니라 노인복지서비스도 실버상품이 될 것이다. 개인의 구매력이 부족하다고 하더라도 국가가 사회서비스나 바우처 형식으로 지원할 수 있으므로 실버산업의 대상은 모든 노인이 된다.

(2) 서비스의 수준과 종류

실버산업의 서비스는 시장경제의 원칙에 따라 제공되기 때문에 비용 정도에 따라 차등이 있을 수 있지만 비용에 상응하는 만큼의 수준이 보장되어야 한다. 실버산업의 성격이 사회시장과 경제시장의 양면성을 지니고 있는 만큼, 노인의 권리와 안전 그리고 사회적 공익성과 형평성을 보장하기 위해 정부통제가 불가피하다. 다만 통제는 어디까지나 경제시장의 기본 원리를 침해하지 않는 범위 내에서 행해져야 할 것이고, 통제를 위한 통제가 되어서는 안 될 것이며, 서비스의 종류는 다양화될 수밖에 없다. 노인의 욕구나 문제는 더욱 다양해지고 있고 경제력도 계속 향상되고 있기 때문에 이에 상응하는 다양한 서비스가 개발·제공되어야 한다.

우리나라의 실버산업시장은 발전단계 초기에 있는 만큼 범위와 분야가 매우 제한되어 있다. 즉, 건강보호서비스, 건강보호 관련 장비 및 기기, 의약품 및 건강식품, 금융서비스, 주거서비스, 의류 및 패션 분야 정도이고, 상품과 서비스의 종류도 제한적이다. 앞으로는 4차 산업의 가속화와 고령친화기술의 발전은 스마트돌봄기술 등 디지털 노인복지서비스에 대한 수요가 증가할 것으로 예상된다.

(3) 서비스의 전달체계

실버산업은 사적 경제시장의 전달체계에 속하지만, 그 성격상 사회시장의 일면도 지니고 있기 때문에 사적 전달체계 속에서 정부의 감독이 유지되어야 한다. 감독 정도는 서비스 분야에 따라 다르지만, 특히 노인의 집단생활이나 활동을 주된 서비스로 하는 주거시설이나 여행 및 집단 여가활동 등의 서비스에는 정부가 적절한 감독을 해야 한다. 정부는 감독기능의 적절한 수행이 실버산업을 발전시킬 수 있다는 의미에서 「노인복지법」에 별도의 유료노인서비스를 규정하는 법체계를 마련하는 것이 바람직하다고 본다.

(4) 서비스의 재정

실버산업서비스의 재정은 경제시장의 기본 원칙대로 자본투자와 소비자의 요금으로 조달되는 것이 당연하다. 그런데 실버산업은 정부가 노인복지사업의 일부를 민간시장에 이관하는 것이기 때문에 실버산업체의 업무를 돕고, 실버산업의 발전을 촉진한다는 의미에서 자금융자, 보조금, 세제혜택 등과 같은 재정적 지원을 해 줄 수 있다. 우리나라에서는 자녀 및 노인의 별거 지향성이 두드러지게 나타나고 있고, 또한 노인에게 설계된 주거시설은 장애, 질병, 허약노인의 가정 내 생활에 있어 독립성을 증진하는 한편, 노인보호의 업무량은 줄여 주므로 주거시설에 대한 정부의 지원은 바람직하다고 본다.

실버산업의 재정은 결국 소비자인 노인의 전적인 부담으로 이루어지므로 서비스 가격이 문제가 될 수 있다. 노인 소비자의 정보수집 취약성 문제를 해결하고 노인의 인권과 일반적 권리를 보장하기 위해 적절한 수준에서의 가격책정에 대해 국가가 개입해야 한다.

이상과 같이 실버산업은 노인복지에서 국가복지를 보완하고 사회의 전반적인 발전을 촉진하는 역할을 한다. 또한 실버산업은 사회복지적 성격(사회시장적)과 시장경제적 성격을 모두 가지고 있다고 보지만, 이에 대한 합의는 아직 명확히 이루어지지 않았다. 그리고 실버산업의 이중적 성격을 인정한다고 하더라고 어느 정도에서 두 가지 측면을 잘 조화할 것인지도 많은 논의를 통하여 합의를 이끌어 내야 할 과제이다.

3) 실버산업 활성화 방안

실버산업이 해결해야 할 과제는 크게 두 가지로 대변할 수 있다. 첫째, 실버산업과 함께 노인복지를 공급하는 여러 주체 간 역할의 한계와 범위가 명확하지 않다는 점이다. 둘째, 실버산업 시장의 공급자인 기업이 실버산업에 대한 이해가 부족하다는 점이다. 즉, 기업 내에서 실버산업에 대한 수요를 제대로 다룰 수 있는 조직 혹은 인재가 없거나 부족한 실정인 데다 실버산업에 대한 기업의 경영철학이라든지 장기개발 전략이 없는 상황이다.

(1) 중앙 · 지방정부와 민간의 역할분담

중앙정부는 노인의료 및 복지체계의 정비, 필요인력의 기준 제시, 비용보조의 역할을 하고, 지방정부는 해당 지역의 특성에 맞는 노인복지서비스 프로그램의 개발, 지역단위 계획의 수립 · 운영 등을 맡아서 실질적으로 각 지방자치단체의 책임 아래 노인의료 및 복지제도를 운영하여야 한다. 즉, 정부에서는 고령노인에 대한 최저생활의 보장에 목표를 두고 저소득층을 대상으로 사회적 최저기준 이상의 욕구나 전체 노인을 위한 최소한의 예방적 · 보편적 욕구를 중심으로 공공부문인 비영리산업을 분담하여야 한다. 반면, 민간에서는 고령노인의 다양한 욕구충족을 목표로 정하고 중산층 이상을 대상으로 사회적 최저기준 이상의 고급화된 욕구나 문화욕구, 다양화되고 개인화된 욕구를 토대로 민간부문을 영리산업으로 분담하도록 하여야 한다.

(2) 실버산업의 경영철학과 전문인력 확보

우리나라 기업이 실버산업에 참여하는 경영이념을 구체화하기 위해서는 경영관리층에서 새로운 인식 전환이 일어나야 한다. 기업은 기업활동에 전념하고 그 성과를 세금으로 납부함으로써 간접적으로 복지 향상에 기여하면 된다는 인식이 팽배했다. 그러나 고령사회에서는 기업이 직접적으로 복지수준의 향상에 기여하는 것이 사회적 책임 중 하나라는 인식의 전환이 이루어질 필요가 있다. 동시에 보유하고 있는 다양한 경영자원을 복지분야에 적극적으로 활용해야 한다. 또한 다양한 노인 소비자의 욕구를 제대로 읽고 그 욕구를 충족하는 상품 개발 및 마케팅 전략을 주도할 수 있는 선도적인 실버전문인력을 확보하여야 한다.

토론해 볼 문제

1. 실버산업의 개념에 대해 설명해 보세요.

2. 실버산업의 탄생 배경에 대해 설명해 보세요.

3. 실버산업의 분야에 대해 설명해 보세요.

4. 실버산업의 발전방안에 대해 설명해 보세요.

참고문헌

강현숙(2002). 노년기 성에 관한 질적 연구: 무배우자 노인의 성욕구 실태와 해소유형을 중
　심으로. 성신여자대학교 대학원 석사학위논문.

건강보험심사평가원(2020). 진료비 심사실적 통계.

건강보험심사평가원(2023). 진료비 심사실적 통계.

경기복지재단(2009). 노인자살위기개입 매뉴얼.

고양곤(1999). 노인자원봉사활동의 활성화 방안. 노인복지연구, 겨울호. 한국노인복지학회.

공무원연금공단(2012). 공무원연금통계.

국민연금공단(2012). 국민연금통계연보.

국토개발연구원(1994). 특성가구의 주택수요충족방안. 서울: 국토개발연구원.

국토교통부(2023). 주거급여사업안내.

권이경(2015). 한국고령자의 사회·문화적 변화인식이 자살생각에 미치는 영향. 호서대학교
　대학원 박사학위논문.

권중돈(1995). 한국 치매가족연구: 부양부담사정도구 및 결정모형개발. 서울: 홍익재.

권중돈(2000). 심리적 노화와 노인상담방법. 목원대학교(편), 노인교육전문가과정 교육교재.
　대전: 목원대학교 출판부.

권중돈(2004). 치매환자를 위한 프로그램의 실제. 서울: 현학사.

권중돈(2012). 노인복지론(제5판). 서울: 학지사.

권중돈(2016). 노인복지론(제6판). 서울: 학지사.

권중돈, 김동배(2004). 인간행동과 사회환경. 서울: 학지사.

권중돈, 윤경아, 배숙경(2002). 노인복지론. 한국사회복지사협회 사이버연수원 노인복지론 강의록.

김경혜 외(1995). 노령인구를 위한 재가 서비스 확대방안. 서울: 서울시정개발연구원.

김상균(1986). 영국의 사회보장. 서울: 유풍출판사.

김열규(2001). 메멘토 모리: 죽음을 기억하라. 서울: 궁리.

김영선(2022). 저출산고령사회위원회, 2022, 고령친화기술, 미래 성장엔진, 위원회 칼럼.

김영애(2006). 인간관계 및 부부관계 개선을 위한 사티어 의사소통 훈련프로그램. 서울: 김영애가 족치료연구소.

김영진(1992). 뇌사를 인정해야 하는가?. 세종의학, 9(1), 9-19.

김영선(2022). 고령친화기술(AgeTech), 미래 성장엔진.

김융일, 조흥식, 김연옥(1995). 사회사업실천론. 서울: 나남출판.

김인숙, 김혜선, 성정현, 신은주, 윤영수, 이혜숙, 최선화(2000). 여성복지론. 서울: 나남출판.

김종옥, 권중돈(1993). 집단사회사업방법론. 서울: 홍익재.

김주희, 이창은(2000). 유배우자 노인의 성에 대한 탐색적 연구. 한국노년학, 20(3).

김태현(2007). 노년학(개정판). 서울: 교문사.

김형수(2003). 노인자살의 현황과 과제. 밝은 노후, 4, 40-46.

김혜란, 홍선미, 공계순(2002). 사회복지실천기술론. 서울: 나남출판.

대통령자문 고령화 및 미래사회위원회(2005. 1. 21). 고령친화산업 활성화전략. 청와대 브리핑 자료.

문국진(1980). 최신 법의학. 서울: 일조각.

민재성(1985). 퇴직금과 연금제도. 사회보장연구, 1, 61-81.

박광준(1998). 주택보장과 주택정책. 서울: 세종출판사.

박광준 외(1999), 고령화사회와 노인복지. 서울: 세종출판사.

박양숙(2012). 노인일자리 참여노인의 활동지속성에 영향을 미치는 요인연구. 서울시립대학교 대학원 박사학위청구논문.

박용범(2010). 노인여가복지시설의 개선방안에 대한 연구. 한국체육과학지 제19권 제4호, p. 457.

박종한, 고효진(1991). 경북 영일군 1개면 노인들의 치매의 원인적 분류 및 주요 치매의 상대적 유병률. 신경의학, 3, 885-891.

박준기(2003). 노인 100인에게 묻는다: 노인 자살에 대해. 밝은 노후, 4, 52-55.

박지숭(2012). 도시지역 50대 장년층의 여가생활 실태와 정책과제, 보건복지포럼, 194호, 75-84.

박차상, 김옥희, 배창진, 엄기욱, 이경남, 정상양(2009). 한국노인복지론(3판). 서울: 학지사.

박현주(2015). 노인장기요양기관 종사자의 인권교육과 인권의식이 노인인권보호 실천에 미치는 영향. 한서대학교 석사학위논문.

박형규(2001). 고령화 사회에 있어서 노인의 성생활 실태에 대한 연구: 경기도 수원시 거주 노인을 중심으로. 사회복지, 봄호, 75-105.

배창진(2003). 우리나라 공적노인요양보호제도의 과제. 노인복지연구, 제22권, p. 246.

변용찬, 한혜경, 이상영, 조애저, 김희선(1996). 사회복지 이용시설 서비스 종합화방안. 서울: 한국보건사회연구원. 삼성복지재단.

보건복지부(2021). 2020 전국노인실태조사보고서.

보건복지부(2023a). 2023 의료급여사업안내.

보건복지부(2023b). 노인보건복지사업안내.

보건복지부 · 국립중앙의료원 · 중앙치매센터(2023). 대한민국치매현황 2022.

사립학교교직원연금공단(2012). 사학연금통계연보.

삼성경제연구소(2011). 노인소비자의 중요성.

삼성경제연구소, 삼우설계(1992). 실버산업의 현황과 전망. 서울: 삼성경제연구소.

서병진(2003). 노인복지현장경험론. 서울: 도서출판 솔바람.

서화정(2005). 노인자살예방을 위한 사회사업 개입전략. 부산대학교 대학원 박사학위논문.

석재은(1999). 우리나라 장기요양보호의 쟁점과 발전방향. 보건복지포럼, 40, 36-38.

선우덕 외(2006). 노인수발보험 시범사업(1차) 평가연구. 서울: 한국보건사회연구원.

손연기 외(1998). 복지정보통신 연구개발 방향에 관한 연구. 서울: 정보통신부.

신미식(2014). 한국 노인의 임파워먼트를 위한 노인교육 활성화 방안. 한국동북아논총, 73, pp. 269-290.

신수식(1983). 사회보장론. 서울: 박영사.

안치민(2003). 복지권의 구성과 성격. 한국사회복지학, 55, pp. 5-25.

여성가족부(2023). 2023 통계로 보는 남녀의 삶.

오세숙, 김종순, 전상우(2016). 여가활동유형별 노인여가정책 연구동향. 여가학연구, 제14호 제1권, pp. 63-82).

유지열 외(1999). 웹캐스팅의 현황 및 발전방향 연구. 서울: 한국정보문화센터.

윤진(1985). 성인 · 노인심리학. 서울: 중앙적성출판사.

윤형진, 안규리(1997). 신장질환. 의학교육연수원(편), 노인의학(pp. 365-400). 서울: 서울대학교 출판부.

이가옥 외(1994). 노인생활실태 분석 및 정책과제. 서울: 한국보건사회연구원.

이가옥 외(1999). 장기요양보호노인의 욕구 및 가족의 부양부담. 유한킴벌리보고서.

이근홍(1998). 케이스 매니지먼트. 서울: 대학출판사.

이동명(1997). 형법상 사람의 생명과 죽음. 호남대학교 논문집, 13(3), 409-428.

이성희, 권중돈(1993). 치매노인과 가족의 생활실태 및 복지욕구. 북부노인종합복지관.

이영균(1992). 죽음의 정의. 서울: 고려의학.

이영숙, 박경란(2009). 노인의 여가제약, 여가활동 참여와 생활만족도의 관계분석. 한국생활
    과학학회지, 18(1), 1-12.

이영희 외(1983), 현대사회와 노인복지(pp. 152-171). 서울: 아산사회복지사업재단.

이은상, 조건상(2015). 한국노인의 근현대사적 여가양상과 여가의 함의. 여가학연구, 13(4),
    pp. 101-126.

이은희(2003). 주부양자가 인지한 치매노인 학대영향 노인에 관한 연구. 숭실대학교 대학원
    박사학위논문.

이은희(2011). 재가노인의 자살사고에 미치는 영향 요인연구: 사회적 지지의 조절효과를 중
    심으로. 한국비교정부학회. 한국비교정부학보, 15(2), 369-392.

이인수(1999). 현대노인복지론. 서울: 양서원.

이준영, 김제선, 박양숙(2015). 사회보장론 원리와 실제(3판). 서울: 학지사.

이지영, 이가옥(2004). 노인의 죽음에 대한 인식. 한국노년학, 24(2), 193-215.

이해영(2013). 노인복지론. 서울: 창지사.

이현아, 이준우(2016). 노인자살 예방서비스 성과의 의미에 관한 사례연구. 한국노년학,
    36(3), pp. 649-671.

장인협(1986). 사회복지학개론. 서울: 서울대학교 출판부.

장인협(1996). 사회사업실천방법론(상). 서울: 서울대학교 출판부.

장인협, 우국희(2001). 케어·케이스 매니지먼트. 서울: 서울대학교 출판부.

장인협, 최성재(2006). 노인복지학(제2개정판). 서울: 서울대학교 출판부.

장창호(2001). 케어매니지먼트 실천론. 서울: 아시아 미디어리서치.

전국노인복지단체연합회(2006. 12). 2006년도 2차 노인복지 학술세미나 자료.

전남진(1987). 사회정책학강론. 서울: 서울대학교 출판부.

전시자(1989). 회상에 관한 개념 분석. 대한간호학회지, 19(1), 92-98.

전영기(2000). 죽음불안에 영향을 미치는 요인에 관한 연구. 목원대학교 산업정보대학원 석
    사학위논문.

정경희(2015). 노년기 독거 현황과 정책적 대응 전략. 보건·복지 Issue & Focus, 300.

정길홍(2006). 노인복지론. 서울: 한마음출판사.

조학래(2002). 노인상담의 방법과 기술. 목원대학교(편), 노인교육전문가 양성과정교육교재
    (pp. 135-148). 대전: 목원대학교 출판부.

조혜정, 김효심(1993). 노년부부의 결혼적응 향상을 위한 기초연구. 목포대학교논문집, 14(1),
    421-439.

중앙노인보호전문기관(2023). 2022 노인학대 현황보고서.

최선화(2004). 노인상담과 주거보호. 서울: 현학사.

최혜경, 정순희(2001). 노인과 실버산업. 서울: 동인.

최홍석 외(2003). 정보 불평등 측정을 위한 지표개발 및 대응방안 연구. 서울: 정보통신부.

통계청(2019). 장래인구 특별추계.

통계청(2023a). 고령자통계.

통계청(2023b). 시도별 고령인구비율.

통계청(2023c). 장래인구추계.

폴리스TV, 2023.1.27.

한국갤럽조사연구소(1984). 한국노인의 생활과 의식구조. 서울: 한국갤럽조사연구소.

한국노년학회(편), 노년학의 이해. 서울: 도서출판 대영문화사.

한국노인복지시설협회(2007. 4). 2007년도 전국노인복지시설 관리자 연수회 자료.

한국노인의전화(1997). 전화상담사례분석집, 3(1996. 1-1996. 12). 서울: 한국노인의전화.

한국문화관광연구원(2010). 노년층 대상 콘텐츠시장 창출을 위한 정책개발연구.

한국보건사회연구원(1996). 실버산업의 현황과 정책과제.

한국보건사회연구원(1998). 1998년도 전국 노인생활실태 및 복지욕구조사. 서울: 한국보건사회
　　연구원.

한국시니어클럽협회 홈페이지(2023).

행정안전부, 2020년 주민등록기준 자료(중앙일보, 2021. 12. 재인용).

허평화(2011). 한국노인자살의 연구동향과 과제. 호서대학교 벤처전문대학교 박사학위청구
　　논문.

현외성(1983). 한국노인복지정책의 형성과정과 그 특징에 관한 연구. 서울대학교 대학원 석
　　사학위논문.

현외성, 김수영, 조추용, 이은희, 윤은경(1998). 한국노인복지학 강론. 서울: 유풍출판사.

현외성, 박용순, 박용권, 권현수(1999). 사회복지학의 이해. 서울: 유풍출판사.

현외성, 장필립, 홍태용, 김은자, 조추용, 김혜경, 손덕옥, 남정자, 김용환, 윤은경(2001). 노인
　　케어론. 서울: 양서원.

현외성, 조추용, 윤은경, 김양이(2005). 한국노인복지학 강론(전정판). 서울: 유풍출판사.

홍숙자(2001). 노년학개론. 서울: 도서출판 하우.

황나미 외(1999). 병원중심 가정간호사업 모형개발 및 제도화 방안. 서울: 한국보건사회연구원.

황성철(1995). 사례관리 실천을 위한 모형개발과 한국적 적용에 관한 연구. 한국사회복지학,
　　27, 275-303.

황성철(1998). 서구 복지국가 재가복지정책의 발전과 전달체계. 한국사회사업의 쟁점과 과제.
　　정진영 교수 정년퇴임 기념논총. 서울: 서울여자대학교.

황성철(2002). 임파워먼트 모델과 사회복지조직관리. 서울: 한국사회복지행정학.

American Psychiatric Association[APA]. (1994). *Diagnostic and statistical manual of mental disorders* (4th ed.). Washington, DC: American Psychiatric Association.

Archivald, W. P. (1976). Face-to-face: The alienating effects of class, status and power divisions. *American Sociologist Review, 41*, 41-50.

Atchley, R. C. (1971). Retirement and leisure participation: Continuity or crisis? *The Gerontologist, 11*(1), 13-17.

Atchley, R. C. (2000). *Social forces in later life: An introduction to social gerontology* (9th ed.). Belmont, CA: Wadsworth.

Bark, Soonil (2004). Financial stabilization of social security system un the republic of Korea. 2004년도 일본사회정책학회 발표문.

Beaver, M. L. (1983). *Human service practice with the elderly*. Englewood Cliffs, NJ: Prentice-Hall.

Beaver, M. L., & Miller, D. (1985). *Clinical social work practice with elderly: Primary, secondary and tertiary interventions*. Homewood, IL: Dorsey Press.

Biegel, D. E., Shore, B. K., & Gordon, E. (1984). *Building support networks for the elderly*. Beverly Hills, CA: Sage.

Birren. J. E. (1959). Principles of research on aging. In J. E. Birren (Ed.), *Handbook of aging and the individual* (pp. 3-42). Chicago: University of Chicago Press.

Birren. J. E. (1964). *The Psychology of Aging*. Englewood Cliffs, NJ: Prentice-Hall.

Birren J. E., & Clayton, V. (1975). *History of gerontology*. In D. S. Woodruff & J. E. Birren. J. E. (Eds.), Aging-scientific perspectives and social issues. New York: Van Nostrand Reinhold.

Bjorksten, J. (1974). Cross-linkage and the aging process. In M. Rockstein, M. L. Sussman, & J. Chesky (Eds.), *Theoretical aspects of aging*. New York: Academic Press.

Blenkner, M. (1969). The normal dependencies of aging. In R. A. Kalish (Ed.), *The dependencies of old people* (pp. 27-37). Ann Arbor, MI: Institute of Gerontology.

Bornstein, R. (1980). Cognitive and psycho-social development in the older adult. In C. S. Schuster & S. S. Ashburn (Eds.), *The process of human development: A holistic approach* (pp. 825-842). Boston: Little, Brown & Co.

Botwinick, J. (1978). *Aging and behavior* (2nd ed.). New York: Springer Publishing.

Bowlby, J. (1961). Processes of mourning. *International Journal of Psycho-Analysis, 42*(4-5), 317-340.

Breen, L. Z. (1960). The aging individual. In C. Tibbitts (Ed.), *Handbook of social gerontology* (pp. 145-162). Chicago: University of Chicago Press.

Bretschneider, J. G., & McCoy, N. L. (1988). Sexual interest and behavior in healthy 80 to 102-year-olds. *Archives of Sexual Behavior, 17*, 109-129.

Brown, L. (1989). Is there sexual freedom for our aging population in long-term care institutions? *Journal of Gerontological Social Work, 13*(3/4), 75-93.

Burgess, E. (1950). Personal & social adjustment in old age. In C. Derber (Ed.), *The aged & the society* (pp. 138-156). Champaign, IL: Industrial Relations Research Association.

Burlingame, V. S. (1995). *Gerocounseling: Counseling elders and their families.* New York: Springer.

Burns, E. M. (1965). Where welfare falls short. *Public Interest, 1*, 85-89.

Butler, R. N. (1975). *Why survive: Being old in America.* New York: Harper & Row.

Butler, R. N. (1990). Buter's comment in the concluding discussion led by A. Svangborg. In R. N. Butler, M. R. Oberlink, & M. Schechter (Eds.), *The promise of productive aging: Form biology and to social policy* (pp. 102-108). New York: Springer Publishing.

Butler, R. N., & Lewis, M. I. (1973). *Aging and mental health.* Saint Louis: The C. V. Mosby.

Butler, R. N., & Lewis, M. I. (1977). *Aging and mental health* (2nd ed.). St. Saint Louis: The C. V. Mosby.

Cavan, R. S., Burgess, E. W., Havighurst, R. J., & Goldhamer, H. (1949). *Personal adjustment in old age.* Chicago: Science Research Associates.

Choi, S. J. (1996). The family and ageing in Korea: A new concern and challenge. *Ageing and Society, 16*, 1-25.

Clark, M., & Anderson, B. (1976). Culture and aging. Springfield, IL: Charles C. Thomas.

Corr, C. A., Nabe, C. M., & Corr, D. M. (1997). *Death and dying, life and living* (2nd ed.). Pacific Grove: Brooks/Cole.

Corso, J. F. (1977). Auditory pereption and communication. In J. E. Birren & K. W. Schaie (Eds.), *Handbook of psychology of aging* (pp. 535-553). New York: Van Nostrand Reinhold.

Council on Social Work Education [CSWE]. (1995). *Curriculum policy statement.*

Council on Social Work Education [CSWE]. (2000). *Working draft of the educational policy and accreditation standards.*

Covey, H. C. (1989). Perceptions and attitudes toward sexuality of the elderly during the middle ages. *The Gerontologist, 29*(1), 93-100.

Cowger, C. D. (1994). Assessing client strengths: Clinical assessment for client empowerment. *Social Work, 39*, 262-268.

Cowgill, D. O. (1974). Aging and modernization: A revision of the theory. In J. F. Gubrium (Ed.), *Late life: Community and environmental policy* (pp. 123-146). Springfield, IL: Charles C. Thomas.

Cowgill, D. O., & Holmes, L. D. (1972). *Aging and modernization*. New York: Appleton-Century-Crofts.

Cowgill, D. O. (1986). *Aging around the world*. Belmont, CA: Wadsworth.

Cumming, E., & Henry, W. E. (1961). *Growing old: The process of disengagement*. New York: Basic Books.

Dean, L. R. (1962). Aging and the decline of affect. *Journal of Geronology, 17*, 440-446.

Dennis, W. (1966). Creative productivity between the ages of 20 and 80 years. *Journal of Gerontology, 21*, 1-8.

Diokno, A. C., Brown, M. B., & Herzog, R. (1990). Sexual function in the elderly. *Archives of Internal Medicine, 150*, 197-200.

Erikson, E. H. (1963). *Childhood and society* (2nd ed.). New York: W. W. Norton & Co.

Evashwjck, C. J. (Ed.). (1996). *The continuum of long-term care: An integrated system approach* (pp. 223-254). Albany: Delmar Publishers.

Ferguson, D., & Beck, C. (1983). H.A.L.F.: A tool to assess elder abuse within the family. *Geriatric Nursing, 4*(5), 301-304.

Friedlander, W. A., & Apte, R. Z. (1980). *Introduction to social welfare* (5th ed.). Englewood Cliffs, NJ: Prentice-Hall.

Gans, H. J. (1973). *More equality*. New York: Vintage Books.

Gelfand, D. E. (1984). *The aging network*. New York: Springer Publishing.

George, V. (1983). The aims and consequences of social policy. In P. Bean & S. MacPherson (Eds.), *Approaches to welfare* (pp. 16-32). London: Routledge & Kegan Paul.

Gilbert, N., & Gibert, B. (1989). *The enabling state: Modern welfare capitalism in America*. New York: Oxford University Press.

Gilbert, N., & Specht, H. (1986). *Dimensions of social welfare policy* (2nd ed.). Englewood Cliffs, NJ: Prentice-Hall.

Gilbert, N., & Terrel, P. (1998). *Dimensions of social welfare policy* (4th ed.). Boston: Allyn & Bacon.

Gilbert, N., Specht, H., & Terrell, P. (1993). *Dimensions of social welfare policy* (3rd ed.). Englewood Cliffs, NJ: Prentice-Hall.

Gutierrez, L. M. (1990). Working with women of color: An empowerment perspective. *Social Work, 35*(2), 149-153.

Hampton, J. K. Jr. (1991). The biology of human aging. Dubuque, IA: Wm C. Brown Publishers.

Harman, D. (1981). The aging process. *Proceedings of the National Academy of Science, 78,* 7124-7128.

Harris, D. K., & Cole, W. E. (1985). 노년사회학(최신덕 역). 서울: 경문사. (원저는 1980년 출간)

Harris, D. K., & Cole, W. E. (1998). 노년사회학(최신덕, 김모란 공역). 서울: 하나의학사. (원 저는 1985년 출간)

Havighurst, R. J. (1972). *Developmental tasks and education* (3rd ed.). New York: David McKay.

Havighurst, R. J., & Albrecht, R. (1953). *Older people.* New York: Longmans, Green & Co.

Havighurst, R. J., Neugarten, B. L., & Tobin, S. S. (1968). Disengagement pattern of aging. In B. L. Neugarten (Ed.), *Middle age aging* (pp. 160-175). Chicago: University of Chicago Press.

Hendricks, J. H., & Hendricks, C. D. (1986). *Aging in mass society: Myths and Realities* (3rd ed.). Cambridge, MA: Winthrop.

Hennksson, M. M. et al. (1993). Mental disorders and comorbidity in suicide. *American Journal of Psychiatry, I5O,* 935-940.

Henry, W. E. (1964). The theory of intrinsic disengagement. In P. F. Hansen (Ed.), *Age with a future* (pp. 415-418). Copenhagen: Munksgaard.

Hickey T., & Douglas R. L. (1981). Neglect and abuse of older family members: Professionals' perspectives and case experiences. *The Gerontologist, 21*(2), 171-176.

Homans, G. C. (1961). *Social behavior: Its elementary forms.* New York: Harcourt Brace Javanovich.

Homans, G. C. (1974). *Social behavior: Its elementary forms* (revised ed.). New York: Harcourt Brace Javanovich.

Hooyman, R. N., & Kiyak, H. A. (1999). *Social gerontology* (5th ed.). Boston: Allyn & Bacon.

Hooyman, R. N., & Kiyak, H. A. (2002). *Social gerontology* (6th ed.), Boston: Allyn & Bacon.

Horn, J. L. (1967). Age differences in fluid and crystallized intelligence. *Acta Psychologica, 26,* 107-129.

Horn, J. L., & Cattell, R. B. (1966). Refinement and test of the theory of fluid and crystallized intelligence. *Journal of Educational Psychology, 57,* 253-270.

Huttman, D. H. (1985). *Social services for the elderly.* New York: The Free Press.

Huxley, P., & Warner, R. (1992). Case management, quality of life, and satisfaction with services of long-term psychiatric patients. *Hospital and Community Psychiatry, 43,* 799-802.

Jackins, H. (1994). *The human side of human beings.* Seattle, WA: Rational Island Publishers.

Johnson, J. M. (1975). Is 65+ old? In F. Riessman (Ed.), *Older persons: Unused resources for unmet needs* (pp. 18-24). Beverly Hills, CA: Sage Publications.

Kahn, A. J., & Kammerman, S. B. (1976). *Social services in international perspective.* Washington, DC: DHEW.

Kane, R. A., & Kame, R. C. (1978). *Long-term care: Principles, programs, and policies.* New York: Springer Publishing Company.

Kass, L. R. (1971). Death as an event: A community on Robert Morison. *Science, 173,* 698-702.

Kastenbaum, R. (1996). Death and dying. In J. E. Birren et al. (Eds.), *Encyclopedia of Gerontology* (vol. 1, pp. 361-372). New York: Academic Press.

Kaye, R. A. (1993). Sexuality in the later years. *Ageing and Society, 13,* 415-426.

Kesler, M. S., Denney, N. W., & Whitely, S. E. (1976). Factors influencing problem-solving in middle aged and elderly adults. *Human Development, 19,* 310-320.

Kim, Paul K. H. (1992). 노인복지의 이해(문인숙 역). 서울: 홍익재. (원저는 1991년 출간)

Korr, W. S., & Cloninger, L. (1991). Assessment model of case management. *Journal of Social Service Research, 14,* 129-146.

Kübler-Ross, E. (1969). *On death and dying.* New York: Macmillan.

Kuhlen, R. G. (1964). Developmental changes in motivatoin during the adult years. In R. G Kuhlen (Ed.), *Psychological backgrounds of adult education* (pp. 77-113). Chicago: Center for the Study of Liberal Educatoin for Adults.

Kutza, E. A. (1981). *The benefits of old age.* Chicago: University of Chicago Press.

Kuypers, J. A., & Bengtson, V. L. (1973). Social breakdown and competence: A model of normal aging. *Human Development, 16,* 181-201.

Larson, R. (1978). Thirsty years of research on the subjective well-being of older

Americans. *Journal of Gerontology, 33*(1), 109-123.

Lazarus, A. A. (1971). *Behavior therapy and beyond.* New York: McGraw-Hill.

Lehman, H. C. (1953). *Age and achievement.* Princeton, Nj: Princeton University.

Lemon, B. W., Bengtson, V. L., & Peterson, J. A. (1972). An exploration of the activity theory of aging: Activity types and life satisfaction among in-movers to a retiremnet community. *Journal of Gerontology, 27*, 511-523.

Liang, J., Dvorkin, L., Kahana, E., & Mazian, F. (1980). Social integration and morale: A reexamination. *Journal of Gerontology, 35*, 746-757.

Lowy, L. (1979). *Social work with the aging.* New York: Harper & Row.

Lowy, L. (1980). *Social policies and programs on aging.* Lexington, MA: Lexington Books.

Lowy, L., & Wiley, J. (1976). Scope, concepts and methods in the study of aging. In R. H. Binstock & E. Shanas (Eds.), *Handbook of aging and the social sciences* (pp. 3-34). New York: Van Nostrand Reinhold.

Ludeman, K. (1981). The sexuality of the older person: Review of the literature. *The Gerontologist, 21*(2), 203-208.

Maddox, G. L., & Donglass, E. B. (1973). Self-assessment of health: A longitudinal study of elderly subjects. *Journal of Health and Social Behavior, 14*, 87-93.

Mahoney, M. J. (1974). *Cognition and behavior modification.* Cambridge, MA: Ballinger.

Mahoney, M. J. (1977). Reflections on the cognitive-learning trend in psychotherapy. *American Psychologist, 32*, 5-13.

Malatesta, V. J., Chambless, D. L., Pollack, M., & Cantor, A. (1988). Widowhood study of married persons. *Journal of Gerontology, 46*(6), 338-344.

Marrhis, R. E., Lubben, J. E., Atchison, K. A., & Schweitzer, S. O. (1997). Sexual activity and satisfaction among very old adults: Results from a community-dwelling medicare population survey. *The Gerontologist, 37*(1), 6-14.

Marshall, T. H. (1976). The right to welfare. In N. Timms & D. Watson (Eds.), *Talking about welfare* (pp. 51-63). London: Routledge & Kegan Paul.

Martin, R. (1971). The concept of power: A critical defence. *British Journal of Sociology, 22*, 240-256.

Maslow, A. H. (1954). A theory of human motivation. *Psychological Review, 50*, 370-396.

Masters, W. H., Johnson, V. E., & Kolodny, R. C. (1995). *Human sexuality.* New York:

Harper Collins College Publisher.

Masters, W. H., & Johnson, V. E. (1970). *Human sexual inadequacy*. Boston: Little and Brown Publishing Company.

Mayo Clinic Health Letter. (February, 1993). Sexuality and aging, What it means to be sixty or seventy or eighty in the 90's. *Annual Editions, Aging* (9th ed., pp. 51-55). Guilford, CT: Dushkin Publishing Group.

McDonal, L. (1996). Abuse and neglect of elders. In J. E. Birren et al. (Eds.), *Encyclopedia of Gerontology* (vol. 1, pp. 1-10). New York: Academic Press.

Merton, R. K. (1971). Social problems and sociological theory. In R. K. Merton & R. Nisbet (Eds.), *Contemporary social problems* (3rd ed., pp. 793-845). New York: Harcourt Brace Jovanovich.

Miller, S. J. (1965). The social dilemma of the aging leisure participant. In A. M. Rose & W. A. Peterosn (Eds.), *Older people and their social world* (pp. 77-92). Philadelphia: F. A. Davis.

Mooradian, A. D. (1991). Geriatric sexuality and chronic disease. *Geriatric Sexuality*, 7(1), 113-131.

Mooradian, A. D., & Greiff, V. (1990). Sexuality in older women. *Archives of Internal Medicine, 150*, 1033-1038.

Moxley, D. P. (1989). *The Practice of Case Management*. New York: Sage.

Mulligan T., & Moss, C. R. (1991). Sexuality and aging in male veterans: A cross-sectional study of interest, ability, and activity. *Arch Sex Behav, 20*, 17-25.

Mulligan, T., & Palguta, R. F. (1991). Sexual interest, activity, and satisfaction among male nursing home residents. *Archives of Sexual Behavior, 29*(2), 199-204.

National Association of Social Workers [NASW]. (1992). *Standards for the classification of social work practice*. Washington, DC: NASW.

National Association of Social Workers [NASW]. (2000). *Social workers elected to congress*. Washington, DC: NASW.

National Telecommunications and Information Administration [NTIA]. (1999). *Falling through the net: Defining the digital divide*. Washington, DC: NTIA.

Neugarten, B. L. (1974). Age groups in American society and the rise of young-old. *Annals of the American Academy of Political and Science, 415*, 187-198.

Neugarten, B. L., & Weinstein, K. K. (1964). The changing American grandparent. *Journal of Marriage and the Family, 26*, 199-204.

Neugarten, B. L., Havighurst, R. J., & Tobin, S. S. (1964). Personality types in an aged population. In B. L. Neugarten et al. (Eds.), *Personality in middle and late life* (pp. 158-187). New York: Atherton Press.

Nickerson, D. (2001). *An introduction to co-counseling.* Seattle, WA: Rational Island Publishers.

O'Connor, G. (1988). Case management: System and practice. *Social Casework, 33*(1), 97-106.

OECD. (1997). *Ageing in OECD countries: A critical policy challenge.* Paris: OECD.

OECD. (2001). *Social expenditure database 1980~1998.* Paris: OECD.

OECD. (2021). *Health at a glance: OECD Indicators.* Paris: OECD.

OECD. (2023). 사회복지지출통계.

Ozawa, M. N. (1978). Issue in welfare reform. *Social Service Review, 52,* 37-55.

Paine, T. (1791). *Rights of man.* London: Binker North.

Parsons, R. J. (1991). Empowerment: Purpose and practice principle in social work. *Social Work with Groups, 14*(2), 7-21.

Peck, R. (1968). Psychological developments in the second half of life. In B. Neugarten (Ed.), *Middle age and aging* (pp. 88-92.) Chicago, IL: University of Chicago.

Pincus, L. (1974). *Death and the family.* New York: Random House.

Pynoos, J. (1995). *A Paper Pressnted To the 2nd International Symposium on Housing, July 18-21,* Seoul Korea.

Raws, J. (1985). 사회정의론(I): 원리론(황경식 역). 서울: 서광사. (원저는 1979년 출간)

Riley, M. W. (1980). Social gerontology and the age stratification of society. In J. S. Quadagno (Ed.), *Aging, the individual and society* (pp. 87-102). New York: St. Martin's Press.

Riley, M. W., & Foner, A. (1968). *Aging and society, Vol. 1: An inventory of research findings.* New York: Russell Sage Foundation.

Rose, A. M. (1965). The subculture of the aging: A framework in social gerontology. In A. M. Rose & W. A. Peterson (Eds.), *Older people and their social world* (pp. 3-6). Philadelphia: F. A. Davis.

Rose, M. G. (1955). *Community organization.* New York: Harper & Row.

Rosow, I. (1965a). And then we were old. *Tran-Action, 2,* 21-23.

Rosow, I. (1965b). *Social integration of the aged.* New York: Free Press.

Rosow, I. (1974). *Socialization to old age.* Berkeley, CA: University of California Press.

Rosow, I. (1976). Status and role change throughout the life span. In R. H. Binstock & E. Shanas (Eds.), *Handbook of aging and the social sciences* (pp. 457-483). New

York: Van Nostrand Reinhold.

Rothman, T. (1991). A model of case management: Toward empirically based practice. *Social Work, 36*(6), 520-528.

Rubin, H. J., & Rubin, I. S. (2001). *Community organizing and development.* Boston: Allyn & Bacon.

Rubington, E., & Weinberg, M. S. (Eds.). (1981). *The study of social problems.* New York: Oxford University Press.

Sadurski, W. (1986). Economic right and basic needs. In C. J. G. Samford & D. J. Galligan (Eds.), *Law, right and the welfare state* (pp. 49-66). London: Groom Helm.

Satir, V. (1972). *Peoplemaking.* Palo Alto. CA: Science and Behavior Books.

Schiavi, R. C., Mandell, J., & Schreiner-Engel, P. (1994). Sexual satisfaction in healthy aging men. *Journal of Sex & Marital Therapy, 20*(1), 3-13.

Shanas, E., & Maddox, G. L. (1976). Aging, health, and the organization of health resources. In R. H. Binstock & E. Shanas (Eds.), *Handbook of aging and the social sciences* (pp. 592-618). New York: Van Nostrand Reinhold.

Sheppard, H. L. (1976). Work and retirement. In R. H. Binstock & E. Shanas (Eds.), *Handbook of aging and the social sciences* (pp. 286-309). New York: Van Nostrand Reinhold.

Shock, N. W. (1977). Biological Theory of Aging. In J. E. Birren & K. W. Schaie (Eds.), *Handbook of the psychology of aging* (pp. 103-115). New York: Van Nostrand Reinhold.

Starr, B. D., & Weiner, M. B. (1981). *The Starr-Weiner report on sex and sexuality in the mature years.* New York: Stein and Day.

Steinberg, R. M., & Carter, G. W. (1983). *Case management and the elderly: A handbook for planning and administering programs.* Lexington, MA: Lexington Books.

Strehler, B. L. (1977). *Time, cells and aging* (2nd ed.). New York: Academic Press.

Thomas, E. L. (1991). Correlates of sexual interest among elderly men. *Psychological Reports, 68*, 620-622.

Thorman, G. (1995). *Counseling older persons: A professional handbook.* Springfield, IL: Charles C. Thomas Publisher.

Trager, B. (1972). *Home health care services on the United States.* Paper presented the 92nd Congress, 2nd Session. Washington, DC: Government Printing Office.

Vourlekis, B. S., & Greene, R. R. (1992). *Social work case management.* Hawthorne,

NY: Aldine De Gruyter.

Wan, T. T. H. (1985). *Well-being for the elderly: Primary preventive strategies*. Lexington, MA: Lexington Books.

Webster, F. (1997). 정보사회이론(조동기 역). 서울: 나남출판. (원저는 1995년 출간)

Wechsler, D. (1958). *The measurement and appraisal of adult intelligence* (4th ed.). Baltimore: Williams & Wilkins.

Weil, M., & Karls, J. M. (1985). *Case management in human services*. San Francisco, CA: Jossey-Bass.

Weisman, A. D. (1972). *On dying and denying*. New York: Behavior Publications.

White, M., & Goldis, L. (1992). Evaluation: Case managers and quality assurance. In B. S. Vourlekis & R. R. Greene (Eds.), *Social work case management* (pp. 167-180). New York: Aldine De Gruyter.

Whitehead, C. M. E. (1984). Privatization and housing. In J. Le Grand & R. Rovinson (Eds.), *Privatization and welfare state* (pp. 116-132). London: George Allen & Unwin.

Wilson, D. L. (1974). The programmed theory of aging. In M. Rockstein, M. L. Sussman, & J. Cheskj (Eds.), *Theoretical aspects of aging* (pp. 11-21). New York: Academic Press.

Woodruff, D. S., & Birren, J. E. (Eds.). (1983). *Scientific perspectives and social issues* (2nd ed.). Montery, CA: Books/Cole.

World Health Organization [WHO]. (1993). *The ICD-10 classification of mental and behavioral disorders: Clinical descriptions and diagnostic guidelines*. Geneva: WHO.

Wynne, E. A. (1980). *Social security: A reciprocity system under preasure*. Boulder, CO: Westview Press.

Zastrow, C. (1992). *The practice of social work* (4th ed.). Belmont, CA: Wadsworth.

〈참고 사이트〉
강남구 홈페이지.
경기도노인종합상담센터 홈페이지. http://noinmaum.or.kr.
국가인권위원회 홈페이지. http://www.humanright.go.kr
국민건강보험공단 홈페이지. http://www.nhic.or.kr.
국민건강보험 노인장기요양보험 홈페이지. longtermcare.or.kr
법제처 국가법령정보센터 홈페이지. http://www.law.go.kr.

보건복지부 홈페이지. http://www.mohw.go.kr.

보건복지부 기초연금 홈페이지. http://basicpension.mohw.gk.kr

보건복지부지정 노인성치매임상연구센터 홈페이지. public.crcd.or.kr.

서울시 홈페이지.

중앙노인보호전문기관 홈페이지. http://www.noinboho.or.kr.

통계청 홈페이지. http://kostat.go.kr.

후생노동성년금국 연금재정 홈페이지. http://www.mhlw.go.jp/topics/.

찾아보기

저자 소개

이은희(Lee Eunhee)

현　수원여자대학교 사회복지학과 교수
　　경기도사회서비스원 이사
　　경기동부노인보호전문기관 노인학대사례판정위원회 위원장
　　경기도광역치매센터 자문위원
　　건강보험관리공단경인지사 장기요양기관평가 자문위원
　　요양보호사 국가고시 검토위원 및 출제위원
　　경기장애인권익옹호기관 장애인학대사례판정위원회 위원장

〈주요 저서〉
새로 쓴 노인복지론(공저, 학지사, 2017)

〈주요 논문(최근 10년 이내 중심)〉
노인 1인가구의 자살생각에 미치는 영향요인 연구(공저, 2023)
노인학대 신고 의무자의 신고 의지 향상에 미치는 영향요인 연구(2022)
경기도 노인1인가구의 고독감이 삶의 질에 미치는 영향 연구(공저, 2022)
노인의 죽음준비 정도와 사회적 지지가 죽음 불안에 미치는 영향(2020)
종합사회복지관 서비스 질이 이용자의 심리적 안녕감에 미치는 영향(공저, 2019)
사회복지사의 보수교육성과에 미치는 영향요인에 관한 연구(2018)
1인 생활가구의 삶의 질에 미치는 영향요인연구: 주관적 건강인지정도와 건강증진행위의
　　매개효과 검증(공저, 2018)
저소득층의 삶의 질에 영향을 미치는 요인분석: 심리적 안녕감의 매개효과를 중심으로(2017)
요양보호사의 직무스트레스가 조직유효성에 미치는 영향 연구: 자아탄력성의 매개효과를
　　중심으로(2017)
치매예방 증진 행위에 영향을 미치는 요인: 치매 태도의 매개효과를 중심으로(2016)
사회복지사의 후원 성과 인지 경로에 관한 연구(공저, 2015)
사회복지사의 자기효능감이 서비스 질에 미치는 영향 연구: 직무만족도 매개효과 검증
　　(2014)
남성노인의 자살사고 인지경로에 관한 연구(2013)

박양숙(Park Yangsuk)

현   경기광주북부무한돌봄행복나눔센터(노인맞춤돌봄서비스) 센터장
전   안양시노인종합복지관장
     경기복지재단 지역복지실장

〈주요 저서〉
사회보장론(공저, 학지사, 2021)
새로 쓴 노인복지론(공저, 학지사, 2017)

〈주요 논문(최근10년 이내 중심)〉
사회복지사의 후원 성과 인지 경로에 관한 연구(공저, 2015)
노인일자리사업의 참여정도가 참여지속의사에 미치는 영향 및 참여만족도의 매개효과 검
       증: 시니어클럽에서 수행하는 시장형 노인일자리사업을 중심으로(공저, 2015)
남성노인의 자살사고 인지경로에 관한 연구(공저, 2013)

신노인복지론
Social Welfare for the Elderly

2024년 2월 15일 1판 1쇄 인쇄
2024년 2월 25일 1판 1쇄 발행

지은이 • 이은희 · 박양숙
펴낸이 • 김진환
펴낸곳 • (주) **학지사**

04031 서울특별시 마포구 양화로 15길 20 마인드월드빌딩
대표전화 • 02)330-5114　　　　팩스 • 02)324-2345
등록번호 • 제313-2006-000265호

홈페이지 • http://www.hakjisa.co.kr
인스타그램 • https://www.instagram.com/hakjisabook

ISBN 978-89-997-3040-5 93330

정가 20,000원

출판미디어기업 **학지사**

간호보건의학출판 **학지사메디컬** www.hakjisamd.co.kr
심리검사연구소 **인싸이트** www.inpsyt.co.kr
학술논문서비스 **뉴논문** www.newnonmun.com
교육연수원 **카운피아** www.counpia.com